JAN-UWE
ROGGE

DER GROSSE ERZIEHUNGS-CHECK

Die besten
Konzepte im
Vergleich

Klett-Cotta

Klett-Cotta
www.klett-cotta.de
© 2014 by J. G. Cotta'sche Buchhandlung
Nachfolger GmbH, gegr. 1659, Stuttgart
Alle Rechte vorbehalten
Printed in Germany
Schutzumschlag: Rothfos & Gabler, Hamburg
Gesetzt von r&p digitale medien, Echterdingen
Gedruckt und gebunden von Friedrich Pustet GmbH & Co. KG,
Regensburg
ISBN 978-3-608-94536-2

Bibliografische Information der Deutschen Nationalbibliothek
Die Deutsche Nationalbibliothek verzeichnet diese Publikation in der
Deutschen Nationalbibliografie; detaillierte bibliografische
Daten sind im Internet über <http://dnb.d-nb.de> abrufbar.

Inhalt

1. »Wird Erziehen immer anstrengender?« Fragen über Fragen …

Erziehung kennt Moden. In den gut drei Jahrzehnten in der Beratung von Eltern, Kindern und Jugendlichen hatte ich Gelegenheit, so manche Strömung und manchen Ansatz kennenzulernen. Zugleich lässt sich sagen: Jenseits des jeweiligen pädagogischen Zeitgeistes gibt es Fragen, die gleich bleiben und die über die Jahre hinweg immer wieder gestellt werden – von Müttern und Vätern, aber auch von Journalisten. Auf einige dieser Fragen möchte ich zu Beginn dieses Buches eingehen. Meine Antworten darauf sollen an die Stelle eines »klassischen« Vorwortes treten, und sie mögen – so hoffe ich – meine Position in erzieherischen Belangen deutlich machen. Kommen wir also gleich zur Sache:

Erste Frage: Wird die Kindererziehung immer schwieriger? Sind heutige Eltern mit ihrer Aufgabe überfordert? Oder andersherum gefragt: Hatten Eltern es früher einfacher?«
Antwort: Vergangenheit und Gegenwart gegeneinander aufzurechnen hilft nicht weiter. Erziehung war immer schon eine Herausforderung, und sie war auch in vergangenen Zeiten nie frei von Sorgen. Sicher: Die Vorzeichen, unter denen erzogen wird, haben sich geändert. Das gilt aber nicht nur für die Erziehenden, sondern ebenso für diejenigen, die erzogen werden, die Kinder und Jugendlichen. Auch sie sehen sich Anforderungen ausgesetzt, die beängstigend erscheinen können. Ich trete für eine Haltung ein, die sich nicht an Schwächen und Gefahren, sondern an Stärken orientiert –

denen der Eltern und denen der Kinder. Die Stärken gilt es wahrzunehmen und zu entwickeln. In Bezug auf die Eltern heißt das: Eltern sollen zu sich und ihrer Persönlichkeit stehen und ihre Erziehungsverantwortung wahrnehmen, dabei aber zugleich die Persönlichkeit ihres Kindes respektieren. Kinder haben ein Recht auf körperliche und seelische Unversehrtheit. Das gilt damals wie heute. Gute Erziehung muss man also nicht immer wieder komplett neu erfinden.

Zweite Frage: Erziehungsratgeber liegen im Trend. Zu fast jeder Frage gibt es mehr als nur ein Buch, und die Antworten fallen oft widersprüchlich aus. Ist die Flut von Erziehungsratgebern nicht doch ein Indiz dafür, dass Eltern verunsichert sind?

Antwort: Natürlich sind Eltern verunsichert. Das hat aber nichts mit der Vielzahl an Büchern zu Erziehungsfragen zu tun. Eine wichtige Ursache der elterlichen Verunsicherung liegt schlicht in dem Wunsch, beim Erziehen alles richtig zu machen. Wer keine Fehler begehen will, blockiert sich allerdings in der Praxis allzu oft selbst. Wie soll man im Umgang mit Kindern etwa noch spontan handeln, wenn jede Aktion erst einmal daraufhin bedacht werden muss, ob sie sich harmonisch ins große Ganze einfügt?

Eltern sollten sich wieder mehr auf ihr Bauchgefühl verlassen. Diesem Gefühl zu folgen heißt noch lange nicht, dass man gedankenlos ist. Es bedeutet vielmehr, sich von der Vorstellung zu lösen, man habe alles im Griff. Kinder ins Leben zu begleiten braucht Kraft und Engagement, aber eben auch das nötige Quentchen Glück. Hat man dieses Glück, kann man es dankbar annehmen. Sich dessen bewusst zu sein und zu bleiben, kann Eltern zu mehr Gelassenheit verhelfen.

Die Ratgeberflut ist wohl weniger ein Indiz als vielmehr eine weitere Ursache der Verunsicherung. Wer von Müttern und Vätern fordert, dass sie ihre Kinder annehmen, wie sie sind, der sollte seinerseits die Eltern annehmen, wie sie sind. Das bedeutet, nicht ständig den Blick auf mutmaßliche Versäumnisse, Fehler und Schwächen zu richten, sondern auf die Stärken der Mütter und Väter zu achten, und diese auch zu benennen und zu ihrem Recht kommen zu lassen.

Typisch für verunsicherte Eltern ist, dass sie meinen, nur in ihrer Familie laufe alles Mögliche schief, während andere Eltern keine Probleme hätten. Das ist natürlich eine Fehleinschätzung. Wer Eltern als Beratender zur Seite stehen möchte, sollte ihnen zunächst einmal diese Minderwertigkeitsgefühle und Versagensängste nehmen. Nur Eltern, die wissen, worin sie richtig gut sind, werden beim Erziehen eine Sicherheit gewinnen, die auch ihren Kindern zugutekommt.

Dritte Frage: Sind Väter und Mütter heute unselbständiger als früher? Es gibt unzählige Seminare und Vorträge zum Thema Erziehung; und es gibt Bücher und die Möglichkeit zur Einzelberatung. Machen sich Eltern nicht letztlich viel zu abhängig von sogenannten Erziehungsexperten?
Antwort: Erziehungstipps findet man schon bei Platon und Aristoteles, und Bildungsangebote für Eltern sind auch nichts wirklich Neues. Schon gegen Ende des 18. Jahrhunderts waren die Bücher des Pädagogen und Sozialreformers Pestalozzi Bestseller, auch wenn die damaligen Auflagen nicht vergleichbar sind mit den heutigen. Die vielen Ratgeber in Buchform erweitern durchaus das Wissen von Eltern, was dann den Kindern letztlich guttut.

Das ist die eine Seite der Medaille. Die andere Seite ist, dass natürlich nicht jeder Ratgeber ein alltagstauglicher Ratgeber ist. Mitunter wird der Eindruck erweckt, Kinder ließen sich gewissermaßen »nach Rezept« erziehen – mit den richtigen Zutaten in der richtigen Menge werde schon etwas Gutes dabei herauskommen. Eine solche Haltung lässt den individuellen Besonderheiten von Erziehenden und Kindern keinen Raum. Erziehung ist keine Technik. Zu erziehen heißt, eine bestimmte Haltung mir selbst und dem Kind gegenüber einzunehmen. Erziehen heißt in Beziehung treten, und das läuft nicht ohne Konflikte ab. Die Beziehung zwischen dem Kind und den Erwachsenen ist ständig im Wandel, muss immer wieder neu austariert werden. So gesehen ist Erziehung eigentlich eine Zumutung. Die Eltern muten sich selbst etwas zu, sie muten ihren Kinder etwas zu, und diese umgekehrt wieder den Eltern. Gute Erziehungsberater nehmen den Begriff der Zumutung beim Wort: Statt Eltern Rezepte zu geben, ermutigen sie sie dazu, ihren eigenen Weg durchs Land der Erziehung zu finden. Sie stellen eine Landkarte und einen Kompass zur Verfügung, nicht aber fertige Wanderrouten. Gehen müssen Väter und Mütter dann alleine, und dabei ist es erlaubt, gelegentlich umzukehren oder Umwege zu machen.

Vierte Frage: Brauchen Kinder heute mehr oder weniger Freiraum? Wird zu viel an ihnen herumerzogen, sodass sie sich nicht mehr frei entfalten können? Oder werden sie zu kleinen Tyrannen, weil man ihnen zu viele Freiheiten lässt? *Antwort:* Kinder haben es heute zugleich schwer und leicht. Sie bekommen viel Zuwendung; man achtet auf ihre Bedürfnisse und Wünsche und darauf, sie möglichst nicht zu frustrieren. Oft werden dabei allerdings emotionale und materielle Bedürfnisse verwechselt. Materielle Frustrationen können Kinder und Jugendliche aushalten, auch wenn sie natürlich dagegen protestieren werden. Man muss also dem Sohn, der Tochter nicht jeden Wunsch nach teuren Markenartikeln erfüllen.

Anders sieht es mit emotionalen Frustrationen aus. Wenn ein Kind sich nicht so angenommen fühlt, wie es ist, wenn es bestimmte Anteile seiner Persönlichkeit nicht zeigen darf, wird es dadurch nachhaltig verunsichert. Es fühlt sich von seinen Bezugspersonen allein gelassen. Möglicherweise richtet es sich dann in einer bestimmten Rolle ein, die ihm von außen zugeschrieben wird: »unsere Mittlere«, das »Problemkind«, der »Wildfang« usw. Stärken und Begabungen können hinter solchen Rollenzuschreibungen aus dem Blickfeld geraten. Das Kind aber hat seine vermeintlich bequeme Nische gefunden, in der ihm die Zuwendung anderer sicher ist.

Ich betone gerne immer wieder: Kinder brauchen nicht nur das Angenommen-Sein, sondern vor allem auch Raum und Zeit, um sich zu entwickeln. Jedes Kind hat sein eigenes Tempo, das ihm zugestanden werden sollte. Manche sind schneller unterwegs, andere eben langsamer. Weil gegenwärtig ohnehin alles schnell und oft genug verfrüht geschieht, ist Entschleunigung wichtiger denn je. Dass Kinder heute körperlich größer, robuster, widerstandsfähiger sind, heißt nicht, dass sie auch innerlich »größer« sind. Es führt zu nichts, wenn man Kinder möglichst schnell und effektiv auf »das Leben« vorbereiten will, das dann später irgendwann beginnt. Leben ist jetzt, in jedem Augenblick; und Erziehung ist Leben. Nicht von ungefähr äußern Kinder zwei Wünsche: »Beobachtet mich nicht ständig!« Und dann: »Vergleicht mich nicht immer mit anderen!« Letzteres hat schon Pestalozzi gefordert: Vergleiche ein Kind nicht mit einem anderen – es sei denn mit sich selbst.

Zum Thema Freiraum ist zu sagen: Kinder mögen Räume, die nur ihnen gehören. Zu diesen Räumen zählt das eigene Zimmer, das gelegentlich unaufgeräumt sein darf und in dem man nicht immer produktiv spielen muss, sondern auch mal einfach vor sich hinträumen darf. Raum für sich zu haben heißt im übertragenen Sinne aber wiederum, so akzeptiert zu werden, wie man ist.

»Meine Eltern hacken immer nur auf den Sachen herum, die ich nicht so gut kann wie andere Kinder«, berichtet die elfjährige Paulina. »Dass sie mal sagen: ›Mensch, das hast du jetzt aber gut hingekriegt!‹, kommt nur ganz selten vor.« Einem Kind gerecht zu werden, ihm Freiraum im besten Sinne zu lassen, bedeutet zu akzeptieren, dass Entwicklung niemals geradlinig verläuft, sondern dass sie vielmehr ein Gemenge aus Stillstand, Fortschritt und Rückwärtsgehen ist. Eltern, die wissen, dass all das ganz normal ist, brauchen sich zudem nicht ständig Gedanken über mutmaßliche eigene Erziehungsfehler zu machen. Denn auch für Väter und Mütter gilt, dass sie Freiraum brauchen. Wer immer nur an das denkt, was nicht funktioniert, gräbt sich selber das Wasser ab, lässt eigene Kompetenzen außer Acht und übersieht, was gelungen ist. Elternbildung, die wirklich ermutigen will, verweist auf diesen Freiraum – den der Kinder und den der Eltern.

Fünfte Frage: Gibt es zentrale Aspekte, die eine »gute« Erziehung ausmachen?
Antwort: Ja, die gibt es. Eine »gute« Erziehung wird elterlichen wie kindlichen Bedürfnissen gerecht. Sie ist davon geprägt, dass man sich gegenseitig respektiert und aufeinander achtet. Eltern und Kinder sind dabei nicht gleichrangig, aber gleichwertig. Eltern sind nun einmal älter; sie ha-

ben die Erziehungsverantwortung für ihre Kinder, der sie nachkommen müssen. Auf ihr Mehr an Erfahrung sollten sich Kinder und Jugendliche verlassen können, sie sollten sich aber auch daran reiben dürfen.

»Gute« Mütter und »gute« Väter sind nicht besserwisserisch. Sie verkneifen sich den Satz »Hab ich's dir nicht gleich gesagt?!«, wenn Kinder schmerzhafte Erfahrungen machen. Sie erkennen hingegen an, dass sie ihrerseits von den Kindern lernen können: Etwa neugierig zu sein, sich nicht zu schnell zufriedenzugeben oder den Dingen auf den Grund gehen zu wollen.

»Gute« Eltern haben nicht das Gefühl, sich für ihre Kinder aufzuopfern. Sie trauen sich, hinzustehen und zu sagen: »Ich weiß jetzt gerade auch nicht weiter.« Kinder lieben und wertschätzen Eltern, die unvollkommen sind. Kinder machen es Erwachsenen außerdem leichter, die eigene Unvollkommenheit zu akzeptieren. »Wenn ihr alles, aber wirklich alles richtig machen wollt, könnt ihr euch sicher sein, dass wir euch auf den Boden der Tatsachen zurückholen werden, und zwar genau dann, wenn ihr es nicht erwartet« – so könnte man eine der wichtigsten Botschaften der Kinder an ihre Eltern umschreiben.

»Gute« Mütter und Väter bremsen sich aus, wenn sie sich dabei erwischen, dass sie im Geiste schon wieder der Gegenwart weit voraus sind. »Wo soll das noch alles enden?«, »Wie soll das werden, wenn mein Kind in den Kindergarten / in die Grundschule / auf die weiterführende Schule kommt?« – solche und ähnliche Fragen führen meistens dazu, dass man sich Schreckensgemälde ausmalt. »Der Weg ist das Ziel!« Dieser viel zu häufig zitierte Satz hat für das Erziehen von Kindern nichts von seiner Bedeutung verloren. Den Weg dem Ziel zu opfern, das heißt, Erfahrung, Bewegung, letztlich das Leben zu opfern. So haben es einmal zwei Pädagogen formuliert. Kinder brauchen Bewegung und sie brauchen Erfahrung, weil beides Leben ausmacht.

Sechste Frage: Was erwartet Eltern in Ihren Seminaren und bei Ihren Vorträgen? Und was können sie von Ihrem Buch erwarten?

Antwort: Es soll viel gelacht werden. In meinen Seminaren und bei Vorträgen empfinde ich das gemeinsame Lachen als wohltuend. Es ist ungemein erleichternd, wenn Eltern gemeinsam mit anderen Müttern und Vätern herzhaft über die täglichen Erziehungsmühen lachen können. Sehr häufig bekomme ich danach zurückgemeldet, wie gut ihnen dieses Lachen getan habe.

Im Zusammentreffen mit anderen Eltern erfahren Mütter und Väter ganz unmittelbar: Anderen geht es genauso wie mir. Das Lachen ist dann kein Lächerlich-Machen, sondern schafft Abstand, befreit und gibt Raum für neue, andere Erfahrungen. Ich erlebe immer wieder, wie Freudentränen fließen.

Außerdem ist es mir wichtig, den Eltern immer wieder zu vermitteln: Ihr seid kompetent zum Erziehen. Ich möchte Väter und Mütter in ihrer Würde bestätigen. Wenn nach einem Seminar oder Vortrag jemand zu mir kommt und sagt: »Also, viel Neues habe ich nicht erfahren, aber ich habe mich ernst genommen und bestätigt gefühlt«, dann fasse ich das als Kompliment auf und als Bestätigung meines Ansatzes, der sich derart umschreiben lässt: Nur wenn es dir gut geht, geht es auch den Kindern gut.

Dieses Buch hat eine ähnliche Intention. Ich verstehe es als Einblick in meine Werkstatt, in die verschiedenen Aspekte der Elternbildung und -beratung. Dabei stehen jene Fragen und Themen im Vordergrund, die Eltern ganz besonders beschäftigen. »Werkstatt« meint aber auch: Die Dinge sind in Arbeit. In einer Werkstatt ist nichts vollkommen, und beim Erziehen gibt es nicht »das richtige« Konzept, das für alle Eltern passt. Aus diesem Grund werden im dritten Kapitel einige Konzepte der Erziehungsberatung vorgestellt. Notwendigerweise musste aus der Vielzahl dessen, was angeboten wird, eine subjektive Auswahl getroffen werden. Ich habe primär diejenigen Konzepte ausgewählt, die Erziehen nicht als ›Ziehen‹, sondern als Begleiten verstehen und Eltern nicht als zu Belehrende ansehen, sondern als Menschen, die Respekt dafür verdienen, dass sie sich gemeinsam mit ihren Kindern immer wieder neu auf den Weg machen. Zuvor jedoch möchte ich einen kurzen Blick in die Vergangenheit werfen: Wie ist Elternbildung überhaupt entstanden?

2. Ein Blick in die Historie der Elternbildung

Elternbildung ist kein Phänomen des 20. und 21. Jahrhunderts. Hinweise darauf, wie Eltern ihre Kinder zu erziehen haben, finden sich schon auf altägyptischen Steintafeln, später dann bei den Philosophen der griechischen Antike und noch später etwa bei Erasmus von Rotterdam oder John Locke – um nur einige wenige zu nennen.

Ende des 18. Jahrhunderts entstanden die ersten Zeitschriften, die Frauen aus dem Bürgertum mit Tipps zur Haushaltsführung und zur Kindererziehung zur Seite stehen wollten. 1801 erschien Johann Heinrich Pestalozzis Bestseller *Wie Gertrud ihre Kinder lehrt*, der bei der bürgerlichen Leserschaft regen Anklang fand. Im Gefolge dieses Elternratgebers wurden weitere pädagogische Bücher veröffentlicht, die sich in aller Regel an das gehobene Bürgertum richteten.

Knapp 100 Jahre später führten große soziale und wirtschaftliche Umbrüche zu einer Verelendung breiter Bevölkerungsschichten. Um 1900 entstanden vor allem in den Großstädten erste Beratungsstellen für Familien sowie Institutionen der Elternbildung. Das Wort »Bildung« ist dabei jedoch keineswegs im heutigen Sinne zu verstehen. »Bildung« bedeutete, das Kind einzupassen in die soziale und ökonomische Ordnung einer Welt, in der es zu »funktionieren« hatte. Kinder waren nicht Teil einer Erziehungsbeziehung, sondern Objekte von Erziehungsbemühungen, bei denen es primär um Unterordnung ging. Züchtigungen und Beschimpfungen galten als legitime Mittel der Erziehung.

Erst mit dem Beginn des 20. Jahrhunderts – beeinflusst unter anderem durch die tiefenpsychologischen Erkenntnisse Sigmund Freuds und Alfred Adlers – rückte die Erziehung als Beziehung allmählich ins Blickfeld. In den 1920er-Jahren entstanden in Wien erste individualpsychologische Beratungsstellen, deren Arbeit von humanistischen Überzeugungen geprägt war. Der Nationalsozialismus beendete diese frühen Versuche, Kinder als Subjekte in der Erziehung zu begreifen. Kinder wie Eltern wurden nun zu Objekten einer möglichst effektiven Indoktrination. Die Bildungsinstitutionen des NS-Staates dienten dem Zweck der weltanschaulichen Überwachung und Auslese.

In den 1950er- bis 1970er-Jahren kam es zu einem ersten wirklichen Boom der Elternbildung. Standen in der Nachkriegsgesellschaft, in der die Väter fehlten oder schwer geschädigt aus dem Krieg heimgekehrt waren, noch die Mütter im Zentrum der Beratung, so rückte Anfang der 70er-Jahre die »Familienbildung« in den Vordergrund. Elternbildung ist nun nicht mehr in erster Linie Hilfe in akuten Not- und Problemsituationen, sondern sie richtet sich an alle Familien, unabhängig von spezifischen Problemlagen oder der Zugehörigkeit zu einer bestimmten Bevölkerungsschicht. Elternberatung entwickelte sich damit von der medizinisch-pädagogischen Fürsorge der Nachkriegszeit hin zu einer systemischen Betrachtung von Familien. Sie verfügt inzwischen über eine Vielzahl unterschiedlicher psychologischer Konzepte. Die Familien sind in der Sichtweise der modernen Elternbildung nicht mehr Objekt pädagogischer Intervention; vielmehr konzentrierte man sich im Laufe der Zeit mehr und mehr auf die Fähigkeiten und Potentiale, die Eltern schon mitbringen, sowie auf die Rolle und die Bedeutung der Kinder im Verlauf eines Bildungsprozesses.

Parallel dazu gibt es seit langem den Vorwurf, Eltern würden ihre Kinder »nicht mehr erziehen«. Anders als sich vermuten ließe, kam er nicht erst nach 1968, sondern bereits in den 1950er-Jahren auf, seinerzeit mit der Stoßrichtung, Eltern sollten von ihren Kindern mehr Unterordnung und Anpassung einfordern. In den 70er-Jahren ertönte das Schlagwort vom »Mut zur Erziehung«, das sich jedoch auf akademische und bildungsbürgerliche Kreise beschränkte. Und seit Mitte der 1990er-Jahre wird der Ruf nach Disziplin und Disziplinierung wieder lauter. Breit rezipierte Bücher wie etwa *Lob der Disziplin* (Bernhard Bueb) oder *Warum unsere Kinder Tyrannen werden* (Michael Winterhoff) stehen mit ihren Überlegungen im Widerspruch zu dem, was in der Familienberatung und Elternbildung seit Anfang der 80er-Jahre allgemein verbindlich wurde.

Wirft man einen Blick auf die derzeit bekanntesten Konzepte zur Elternbildung und Kindererziehung, dann lassen sich drei verschiedene zugrunde liegende Eltern- oder Erziehertypen ausmachen: Da gibt es zunächst einmal den Wissensvermittler, der Kinder als unwissende Wesen begreift, die es mit möglichst viel Wissen zu füllen gilt (Stichwort »Super Nanny«). Dann gibt es das Bild vom Erziehenden als eine Art Schöpfer, der das Kind nach seinen Vorstellungen formt. Dazu ist natürlich erforderlich, dass sich dieses auch formen lässt, sprich: dass es gehorsam ist, sich unterordnet, Einschränkungen fügsam hinnimmt (Stichwort »Triple P«). Und zu guter Letzt gibt es noch den Erziehenden als Gärtner. Er schaut auf das, was die jungen Pflanzen, also die Kinder, von sich aus bereits mitbringen. Er weiß, dass manche Pflanzen mehr Wasser brauchen als andere, dass manche schneller wachsen und andere langsam, dass manche Sonne brauchen und andere eher Schatten. Erziehung ist hier Wachstums-Begleitung (Stichwort »Starke Eltern – starke Kinder«, »STEP«, »Encouraging«, »Familienkonferenz«, »Kess-erziehen«).

Nun soll hier gar nicht in Abrede gestellt werden, dass man Kindern im Laufe ihres Heranwachsens auch Wissen vermitteln soll. In erster Linie brauchen sie jedoch Begleitung. Sie brauchen Menschen an ihrer Seite, die erkennen:

– Entwicklung ist keine stetige Aufwärtsbewegung. Beim Lernen gibt es auch Rückschritte, Enttäuschungen, Frustrationen.

– Bildung ist nicht einfach die Aneignung eines vorgegebenen Wissenskanons. Bildung als Selbstbildung ist die Entwicklung hin zu Autonomie und Eigenständigkeit. Sie braucht Neugierde ebenso sehr wie Kreativität – und sie erzeugt Freude an dem, was man selbst geschafft und geleistet hat.

– Und last but not least: Jedes Kind ist etwas ganz Besonderes. Keines lässt sich ohne weiteres mit anderen Kindern vergleichen.

Konflikte selber lösen, aus eigener Verantwortung handeln, »gut sein« wollen und einsehen, warum bestimmte Normen und Werte ihre Berechtigung haben – das sind Dinge, die sich nicht mechanisch eintrichtern lassen, sondern die jedes Kind in seinem eigenen Tempo und auf seine ganz individuelle Art und Weise erst nach und nach lernen muss. Von dem Pädagogen Rolf Arnold stammt die Maxime, dass man Freiheit (und das meint auch die Freiheit zur Verantwortung) nicht durch Disziplin erwirbt, sondern umgekehrt Selbstdisziplin durch Freiheit. Eltern können Kinder nicht gut »machen«, sondern »nur« dahin bringen, dass sie sich ihrerseits wünschen, »gut« zu sein. Dazu braucht es nicht Drill und

Strafe, sondern Regeln, Rituale und Grenzen, die miteinander besprochen werden. Mit ihrer Hilfe können Kinder die typisch egozentrische Weltsicht des Säuglings- und Kleinkindalters überwinden und nach und nach altruistisches Handeln entwickeln, etwa indem sie anderen Kindern helfen, etwas mit ihnen teilen oder sie trösten.

Freiheit in der Beziehung heißt nicht, Kindern alles zu gewähren. Eine solche Entgrenzung macht ihnen letztlich Angst. Wenn nichts mehr gilt, ist es den Eltern ja möglicherweise auch egal, ob sie, die Kinder, da sind oder nicht. Kinder brauchen verlässliche Eltern, und sie brauchen Verbindlichkeit. Diese wiederum ist nicht zu verwechseln mit Machtausübung. Elterliche Autorität bedeutet nicht Höherwertigkeit. Wer sich körperlich, moralisch und intellektuell über sein Kind erhebt, der wird Konformität fordern statt Autonomie, bloßen Gehorsam statt Selbstdisziplin. Was dabei herauskommt, sind nicht eigenständige Erwachsene, sondern Gefolgsleute, die Regeln nur befolgen, um nicht bestraft zu werden.

Normen und Werte zu verinnerlichen bedeutet, ihre Notwendigkeit einzusehen und sie zu akzeptieren. Wer Zeit hatte, wirklich zu verstehen, dass andere ein Recht auf Unversehrtheit haben, der wird in der Lage sein, auf eine sozial verträgliche Weise die eigenen Bedürfnisse zu befriedigen. Wer nicht einfach bestraft, sondern in altersangemessener Weise mit den Konsequenzen seines Handelns vertraut gemacht wird, ist irgendwann in der Lage, eigenes Fehlverhalten einzugestehen, destruktiven inneren Impulsen zu widerstehen und gleichzeitig einzusehen, dass sie Teil des Lebens sind. Das geschieht aber nicht von heute auf morgen, sondern im Laufe eines Prozesses, bei dem die Kinder aktive Teilhaber sind.

3. Konzepte der Elternbildung – eine Übersicht

3.1 Ein Wort voraus

Die Vielzahl an Publikationen zum Thema Erziehung – sei es in Buchform oder als Zeitschriftenartikel – zusammen mit den Angeboten zur Elternbildung haben dazu geführt, dass Eltern heute sehr viel mehr über Kindererziehung wissen als zu anderen Zeiten. Vor allem was bestimmte, typische Konflikte angeht, haben viele Eltern von den einschlägigen Lösungsansätzen zumindest schon einmal gehört. Inwieweit sich diese mitunter idealtypisch angelegten Lösungen dann in der Praxis umsetzen lassen, ist freilich eine andere Frage. Läuft es mit den Kindern im wirklichen Leben dann dauernd ganz anders und viel unbefriedigender als in Büchern beschrieben, können Minderwertigkeits-, Schuld- oder gar Versagensgefühle die Folge sein.

So viel Eltern über Erziehungstechniken wissen, so lückenhaft informiert sind sie mitunter über die Entwicklung von Kindern und Jugendlichen. Erziehung ist aber eben keine rein technische Angelegenheit, wie manche Ratgeber und Kurse suggerieren. Kinder verhalten sich auf eine bestimmte Art und Weise, weil sie sich in einer bestimmten Phase ihrer Entwicklung befinden, und nicht etwa, weil ihre Eltern eine bestimmte Erziehungstechnik angewendet haben. Darüber hinaus drückt sich im Verhalten eines Kindes sein Charakter, sein Temperament, seine individuelle Besonderheit aus.

Viele Erziehungsratgeber und Ansätze in der Elternbildung verschweigen, dass Entwicklung nicht ohne gewisse
Mühen verläuft. Wo Kinder und Eltern miteinander leben
und sich entwickeln, ist Reibung unvermeidlich. Konflikte
und schwierige Zeiten gehören ebenso dazu wie Rückschritte. Kein Kind wächst vollkommen geradlinig heran, und jeder Schritt hin zu mehr Reife und Autonomie bedeutet, dass
das Kind nun eben auch Dinge tun kann, die den Eltern
möglicherweise nicht so sehr gefallen. Heranwachsen bedeutet, dass das Kind sich immer mehr von seinen Eltern
ablöst – ein Charakterzug von Entwicklung, der Vätern und
Müttern durchaus von Zeit zu Zeit Angst machen kann. Je
mehr Eltern dann zum Festhalten tendieren, desto heftiger
wird das Kind auf die eine oder andere Art darum kämpfen,
losgelassen zu werden.

Elternbildung sollte also mehr sein als nur die Vermittlung von Erziehungstechniken oder Ideallösungen für alltägliche Konflikte. Wichtiger sind die Grundhaltungen, die
man dem Kind gegenüber einnimmt. In Ansätzen wie zum
Beispiel »Starke Eltern – starke Kinder«, »Encouraging«,
»STEP«, »Kess-erziehen« oder in der »Familienkonferenz«
sind solche Haltungen berücksichtigt. Welche Grundeinstellungen sind es, die Eltern und Kindern guttun?

– Eltern führen ein »Fehl«verhalten von Seiten des Kindes
   nicht unmittelbar auf Erziehungsfehler zurück. Möglicherweise hat es viel mehr mit der Entwicklungsphase zu
   tun, in der sich das Kind gerade befindet. Zwischen Erziehung und Entwicklung zu unterscheiden ist mehr als
   nur graue Theorie. Erziehungsfehler gilt es abzustellen,
   Entwicklungsbesonderheiten gilt es hingegen anzunehmen und zu begleiten.

– Eltern erkennen an, dass sich Kinder höchst unterschiedlich entwickeln und dass deren Entwicklung nicht linear verläuft. Darüber hinaus sind sie sich dessen bewusst, dass jedes Kind sein eigenes Entwicklungstempo hat. (Tatsächlich können die Unterschiede zwischen Kindern so enorm sein, dass manche Kinder bis zu drei Jahre älter wirken als ihre Altersgenossen.) Eltern verstehen sich nicht als Antreiber, sondern als Begleiter der kindlichen Entwicklung. Dazu gehört auch, dass sie Disharmonien in der körperlichen, emotionalen, kognitiven, sprachlichen und sozialen Reifung eines Kindes aushalten, statt allzu schnell von »Störungen« zu reden, die es zu beheben gilt.

– Eltern leben mit ihren Kindern im Hier und Jetzt, statt ständig Prognosen darüber abzugeben, was in Zukunft möglicherweise sein wird.

– Eltern verstehen das Erziehen als partnerschaftlichen Prozess. »Erziehungspartnerschaft«, wie sie zum Beispiel in »Starke Eltern – starke Kinder«, »STEP«, »Encouraging« oder in der »Familienkonferenz« propagiert wird, meint nicht, dass Eltern und Kinder gleichrangig sind: Eltern haben ihren Kindern naturgemäß einiges an Lebenserfahrung voraus. Kinder möchten sich beim Heranwachsen auf das größere Wissen ihrer Eltern verlassen können, ohne es ständig vorgehalten zu bekommen. Ihr Erfahrungsvorsprung gibt Müttern und Vätern nicht das Recht zur Bevormundung oder Überbehütung. Eltern und Kinder sind nicht gleichrangig, aber gleichwertig. Das bedeutet, dass auch die Eltern von den Kindern lernen, die als Lehrer der Erwachsenen mitunter langmütiger, spontaner, einfühlsamer und geduldiger sind als diese. Mit Kindern zu leben heißt, gemeinsam mit ihnen zu lernen. Übrigens lassen sich die empfehlenswerten

Konzepte der Elternbildung daran erkennen, dass sich die Berater nicht einseitig als Lehrer der Eltern verstehen, sondern vielmehr gemeinsam mit diesen das Konzept gestalten, umsetzen und weiterentwickeln.

Das Bildungsangebot für Eltern ist inzwischen äußerst vielfältig (vgl. dazu Tschöpe-Scheffler, 2006): Es reicht von standardisierten Konzepten mit einem strukturierten Programm (vgl. die Übersicht weiter unten) über Einzelveranstaltungen etwa an Familienbildungsstätten bis hin zur Zusammenarbeit von Beratungsstellen mit Kindergärten oder Schulen. Diese Vielzahl an Angeboten ist zu begrüßen, weil sie der Unterschiedlichkeit der Eltern gerecht wird. Nicht jeder Ansatz passt für jede Familie. Im Großen und Ganzen lassen sich drei Elterntypen unterscheiden:

- Diejenigen Väter und Mütter, die alles richtig und perfekt machen wollen;
- Eltern, die sich für Erziehungsfragen interessieren und motiviert sind, aktiv zu erziehen;
- Väter und Mütter, die mit ihrem Latein am Ende sind, sich großen Problemen gegenübersehen und nicht mehr weiterwissen.

Eltern des ersten Typus' sind ganz auf ihr Kind fokussiert. In ihrem Bemühen, in allen Bereichen stets das Beste für ihr Kind zu tun, überfordern sie es mitunter. Diese Eltern sind stark auf die Zukunft konzentriert, statt ihr Kind im Hier und Jetzt zu begleiten. Das Kind soll etwas werden, etwas erreichen, es besser haben als die Eltern. Läuft es mal nicht glatt, fühlen sich die Eltern rasch bedroht, was die Beziehung zum Kind belastet und zu noch mehr Konflikten führt. In der Folge können bei den Eltern Schuld- und Versagensgefühle entstehen. Für den Fall, dass Sie sich in dieser Beschreibung wiedererkennen sollten, ist für Sie höchstwahrscheinlich ein Angebot geeignet, das Ihnen zu Ihrer Entlastung entwicklungspsychologische Grundkenntnisse und Techniken der Selbsterfahrung vermittelt. Ersteres verhilft Ihnen dazu, das Verhalten Ihres Kindes besser zu verstehen; Letzteres dazu, dass Sie freundlicher und behutsamer mit sich selbst umgehen – was wiederum Ihrem Kind zugutekommen wird.

Eltern des zweiten Typus' wissen meist einiges über Erziehungstechniken und sind in Sachen Erziehung gleichermaßen kompetent wie motiviert, »Neues« auszuprobieren. Dennoch verunsichert es Väter und Mütter dieses Typus', wenn ihr Kind sich nicht so verhält, wie sie es erwarten oder vermuten. Falls Ihnen das beim Lesen bekannt vorkommen sollte, profitieren Sie wahrscheinlich am meisten von einem Bildungsangebot, bei dem Sie in Kontakt mit anderen Müttern und Vätern kommen, mit denen Sie sich austauschen und gemeinsam darüber nachdenken können, wo es beim Erziehen »hakt«. Unter der Anleitung eines Vortragenden oder Seminarleiters, der mehr als Moderator denn als Experte auftritt, können Sie so Ihr bereits vorhandenes Wissen in Sachen Erziehung genau an den Punkten erweitern, an denen Sie es brauchen.

Der dritte Elterntypus umfasst Väter und Mütter, die das Gefühl haben, dass in Sachen Erziehung »nichts mehr geht«. Möglicherweise steckt die Familie in einer schwierigen Lebenssituation, in der es aus Sicht der Eltern wichtig wäre, dass die Kinder »einfach funktionieren«. Aber das tun sie nicht – stattdessen »kracht« es zunehmend heftiger. Falls bei Ihnen in Sachen Erziehung gerade »Land unter« sein sollte, sehnen Sie sich naturgemäß danach, die Probleme möglichst rasch zu lösen. Sie brauchen ein Bildungsangebot, das klar auf bestimmte Ziele hin zugeschnitten ist und bei dem Sie nicht das Gefühl haben, die Katze im Sack zu kaufen oder endlos um den heißen Brei herumzureden. Darüber hinaus ist es wichtig, dass der Kurs oder die Beratung in Ihrer Nähe sind und ohne großen Aufwand besucht werden können. Möglicherweise finden Sie das passende Angebot schon am Schwarzen Brett in der Schule oder in dem Kindergarten Ihres Kindes. Wenn Sie auf diese Weise ins Gespräch mit anderen Müttern und Vätern aus Ihrem Umfeld kommen: Umso besser. Sie werden sehen, dass in anderen Familien auch nicht alles wie am Schnürchen läuft.

Elternbildung hat viele Facetten. Sie vermittelt Vätern und Müttern zum einen Wissen über Erziehungstechniken: Die Eltern erfahren, wie sie sich in konkreten Situationen angemessen verhalten können. Um respektvoll mit ihrem Kind umgehen zu können, müssen sie wissen, wo es in seiner Entwicklung steht und wie sein Charakter beschaffen ist. Nicht jede Technik funktioniert bei jedem Kind gleich gut. Eltern sollten mehr von dem tun, was in der Erziehung klappt, und das weglassen, was nicht funktioniert. Wenn sie sich Gedanken darüber machen, warum etwas nicht klappt, ist es hilfreich, etwas darüber zu wissen, wie Kinder sich entwickeln. Womit ein zweiter Kernbereich der Elternberatung angesprochen ist: die Vermittlung von entwicklungspsychologischem Wissen.

Neben der Qualifizierung der Eltern als Erziehende sollte eine gute Elternbildung jedoch auch die persönliche Weiterentwicklung der Väter und Mütter im Blick haben (vgl. dazu Tschöpe-Scheffler, 2006, S. 287). Sie sollte Väter und Mütter dabei unterstützen, über sich selbst nachzudenken: Welche Konflikte haben möglicherweise etwas mit eigenen Wünschen und Sehnsüchten zu tun? Wo ist man beim Erziehen eventuell allzu sehr geprägt von dem Wunsch, es anders zu machen als die eigenen Eltern? Wo will man am eigenen Kind etwas gutmachen, was man als Versäumnis in der eigenen Kindheit empfindet? Diese Aspekte werden in späteren Kapiteln des vorliegenden Buches noch ausführlicher zur Sprache kommen.

Eine weitere Facette der Elternbildung, an die man vielleicht nicht ohne weiteres denkt, ist die Beziehung der Väter und Mütter zueinander. Eine gute Elternbildung wird Männer und Frauen dazu ermutigen, nicht nur Eltern, sondern weiterhin auch ein Paar zu sein. Dies ist nicht zuletzt wichtig für die Zeit, in der die Kinder aus dem Haus gehen.

Generell gilt, dass Bildungsangebote für Eltern gut zugänglich sein müssen, damit sie zu einer echten Unterstützung werden können. Die wöchentliche Eltern-Kind-Gruppe im eigenen Stadtviertel oder im Kindergarten, das Seminar an der Volkshochschule, der Vortrag an der Familienbildungsstätte werden so zum Ausgangspunkt für Eltern-Netzwerke. Alles zusammen bewirkt, dass Eltern sich beim Erziehen nicht mehr allein auf weiter Flur fühlen, sondern dass sie sich als Teil eines größeren Ganzen erleben.

Bei der detaillierteren Vorstellung verschiedener Konzepte der Elternbildung wird im Folgenden vor allem darauf eingegangen, inwieweit sie Eltern entwicklungspsychologisches Wissen vermitteln und inwieweit sie den Aspekt der elterlichen Persönlichkeitsbildung berücksichtigen. Die Umsetzbarkeit eines Konzepts in der Stadtteilarbeit und in Eltern-Netzwerken ist ein weiteres wichtiges Kriterium. Wenn in den folgenden Kapiteln nicht alle neueren Konzepte vorgestellt werden, ist dies Platzgründen geschuldet (so bleiben zum Beispiel »Familienteam« und »Eltern stärken« hier ausgeblendet; vgl. dazu Tschöpe-Scheffler, 2006; Gleiches gilt für die »Eltern-AG«; vgl. dazu Sodtke/Armbruster, 2007).

3.2 »FuN«

Beginnen möchte ich mit einem Angebot, bei dem Eltern gezielt angesprochen werden. »FuN« (»Familie und Nachbarschaft«) setzt auf die Zusammenarbeit mit Kindertagesstätten und Grundschulen. Es eignet sich für Eltern des dritten Typus', die beim Erziehen akute Probleme haben, einer Elternberatung aber gleichzeitig skeptisch gegenüberstehen.

»FuN« arbeitet daran, das Selbstvertrauen der Eltern, das durch die Probleme mit den Kindern oft stark in Mitleidenschaft gezogen ist, wieder aufzubauen. Das Programm betrachtet jede Familie als System, dessen Teile wechselseitig aufeinander einwirken. Ändert sich etwas bei den Eltern, wirkt sich dies auch auf die Kinder aus. Eltern, die mit sich selbst gut umgehen können und Vertrauen in ihre eigenen Fähigkeiten haben, werden zu ihren Kindern leichter eine wertschätzende Beziehung aufbauen können. »FuN« sieht Eltern und Kinder als gleichwertig an, aber nicht als gleichrangig. Die Erwachsenen tragen die Verantwortung für die Entwicklung der Kinder; sie sollen ermutigt werden, dieser Verantwortung nachzukommen.

Über einen Zeitraum von acht Wochen werden verschiedene Familien einmal wöchentlich zusammengebracht – »FuN« möchte auf diese Weise fördern, dass die Eltern sich untereinander vernetzen. Die Nachmittagstermine dauern jeweils etwa drei Stunden und haben ein festes Programm, das Spiele, Lieder und gemeinsames Essen umfasst. Dabei werden die Familien begleitet von sogenannten »FuN-Teamern«, meist ErzieherInnen, die eine entsprechende Fortbildung absolviert haben. Nach Ablauf der acht Wochen treffen sich die Eltern vielfach noch ein halbes Jahr lang ein Mal im Monat, damit das »Netzwerken« und der Erfahrungsaustausch erhalten bleiben. Auch bei diesen Treffen sind ausgebildete ModeratorInnen anwesend.

3.3 »Triple P«

»Triple P« (»Positive Parenting Program«) ist ein in Australien entwickeltes Konzept, das vor allem verhaltenstherapeutische Grundlagen hat. Die Grundbotschaft an die Eltern lautet: »Gebt euren Kindern klare Botschaften vor, dann vermittelt ihr ihnen Halt und Orientierung.« Die Zielgruppe sind Eltern, die für ihre Erziehungsprobleme schnelle und gut umsetzbare Lösungen suchen. Die Eltern absolvieren bei »Triple P« ein gleichermaßen praktisches wie theoretisches Training.

Das Programm möchte eine liebevolle Beziehung zwischen Eltern und Kindern fördern. Neben der Beziehungsarbeit steht das Setzen von Grenzen im Vordergrund. Dazu ist anzumerken, dass Letzteres ohne eine stabile Beziehung zwischen Eltern und Kindern nicht funktioniert. »Triple P« ist damit nicht geeignet für Eltern und Kinder, die bereits schwerwiegende Probleme miteinander haben. Das Programm braucht eine sichere und anregende Lernatmosphäre, die bei akuten Erziehungsproblemen in der Regel nicht gegeben ist.

Die Eltern werden bei »Triple P« ausdrücklich dazu angehalten, zwischen der Persönlichkeit ihres Kindes und einem aktuellen (Fehl-)Verhalten zu unterscheiden. Die Anwendung von Erziehungstechniken soll immer das konkrete Verhalten im Blick haben, niemals aber dem Kind das Gefühl geben, es werde in seiner Persönlichkeit von den Eltern abgelehnt. Genau diese Gefahr besteht jedoch, wenn Eltern

Techniken wie die »Auszeit« oder den »stillen Stuhl« einsetzen, ohne dass als Basis eine stabile und sichere Beziehung zum Kind gegeben ist. Das Kind wird diese Maßnahmen dann als Übergriff empfinden, der sich gegen seine Persönlichkeit richtet; es wird sich abgelehnt und gedemütigt fühlen. »Triple P« vertritt solche Techniken, die jedoch stets sorgsam und wohldosiert eingesetzt werden sollten und die keinesfalls ein Allheilmittel für jede Art von unerwünschtem Verhalten sind.

Kritikwürdig ist, dass »Triple P« die Ressourcen und Stärken der Eltern nicht ausreichend in den Blick nimmt. Väter und Mütter bekommen vorgegeben, wie sie sich zu verhalten haben, ohne dass ihre alltäglichen Erfahrungen dabei berücksichtigt werden. Erziehungstechniken lassen sich aber nicht anwenden wie Instrumente aus dem Werkzeugkasten. Sie sinnvoll einzusetzen erfordert, dass Eltern ihren persönlichen Stil im Umgang mit ihnen finden, dass anfängliche Unsicherheiten in einer individuellen Beratung aufgegriffen werden. Dann findet bei der praktischen Anwendung des neu erworbenen Wissens auch eine Entwicklung der eigenen Persönlichkeit statt. Dass Väter und Mütter sich solcherart weiterentwickeln, sieht »Triple P« jedoch nicht vor. Damit besteht das Risiko, dass sie sich in ihrem Alltag letztlich allein gelassen fühlen.

3.4 »Starke Eltern – starke Kinder«

»Starke Eltern – starke Kinder« dürfte eines der populärsten Konzepte der Elternbildung sein. Es wurde Mitte der 1980er-Jahre entwickelt und ist seit 2000 bundesweit Teil des Angebots zur Elternbildung. Wie bei »FuN« ist der Ansatz niedrigschwellig: »Starke Eltern – starke Kinder« ist eingebunden in Netzwerke, die der Kinderschutzbund, die Familienbildungsstätten, die Volkshochschulen oder die Eltern-Kind-Zentren überall zur Verfügung stellen.

Das Programm wird professionell betreut von eigens dafür ausgebildeten Moderatoren. Es basiert auf familientherapeutischen, individualpsychologischen, gesprächstherapeutischen sowie kurzzeittherapeutischen Ansätzen und richtet sich vor allem an Eltern des zweiten Typus', also Väter und Mütter, die sich für Erziehungsfragen interessieren und Erziehung als Beziehung begreifen.

»Starke Eltern – starke Kinder« ist ein durchaus ehrgeiziges Konzept. Es geht von der Grundannahme aus, dass Kinder ein Recht darauf haben, gewaltfrei erzogen zu werden, und macht es sich zum Anliegen, Eltern entwicklungspsychologisches Wissen zu vermitteln, damit sie die Bedürfnisse ihrer Kinder besser einschätzen können. Es ermutigt Eltern dazu, auf das zu vertrauen, was Kinder an Fähigkeiten mitbringen, ohne jedoch die Verantwortung für die Erziehung an das Kind abzugeben. Es setzt auf Problemlösung durch Absprachen, Grenzen-Setzen und Konsequenzen, die zwischen Eltern und Kindern besprochen werden. Und es leitet Eltern dazu an, ihre eigenen Gefühle zu akzeptieren, aber auch darüber nachzudenken. Nicht zuletzt können sie dadurch ihren Kindern in guter Weise Vorbilder sein.

Anders als die bislang vorgestellten Programme ist »Starke Eltern – starke Kinder« deutlich stärker kindzentriert. Dennoch ist auch diesem Ansatz wichtig, dass Eltern Grenzen setzen, klar und verlässlich kommunizieren und den Alltag mit Hilfe von Ritualen strukturieren. Eltern erhalten konkrete Erziehungstipps, werden aber zugleich dazu angeregt, ihre Persönlichkeit weiterzuentwickeln.

3.5 »Familienrat«

Der »Familienrat« hat seine Basis in der individualpsychologischen Theorie Alfred Adlers. Er wurde von dem Psychiater,
Psychologen und Pädagogen Rudolf Dreikurs entwickelt und
bildet einen festen Bestandteil in Erziehungsprogrammen
wie »STEP« und »Encouraging«.

Bei diesem Ansatz werden alle Familienmitglieder als
gleichwertig betrachtet. Alle dürfen ihre Wünsche und Bedürfnisse äußern, und Konflikte werden gemeinsam gelöst:
Eltern und Kinder sprechen miteinander über die anstehenden Schwierigkeiten, versuchen, einen Konsens herzustel-
len und treffen schließlich eine Entscheidung. Damit Auseinandersetzungen sich nicht im Kreis drehen oder in
Machtkämpfen enden, hat der »Familienrat« eine feste Struk-
tur: Die Besprechung findet zu einem festen Termin statt.
Im wöchentlichen Wechsel hat jeweils ein Familienmitglied
den Vorsitz. Bei den Sitzungen wird Protokoll geführt und
das Protokoll der vorangegangenen Sitzung berücksichtigt.
Was die Familienmitglieder miteinander beschließen, wird
schriftlich festgehalten (Ergebnisprotokoll). Beschlüsse und
Fragen aus der vorhergegangenen Sitzung werden, wenn
nötig, zu Beginn einer jeden Sitzung noch einmal aufgegriffen. Probleme, die zur Lösung anstehen, werden auf einer
Liste festgehalten, die die ganze Woche über für alle Familienmitglieder gut zugänglich ist.

Was die Konfliktlösung angeht, so setzt der »Familienrat«
auf kleine, durchführbare Schritte, die innerhalb kurzer Zeit
umgesetzt werden können (beispielsweise bis zur nächsten
Sitzung). Jede Sitzung des »Familienrats« beginnt mit der
Frage, ob der angestrebte Ansatz zur Problemlösung wie
besprochen durchgeführt werden konnte oder nicht, und

ob man lieber anders als ursprünglich geplant vorgehen möchte. Wird bei einer Sitzung keine Lösung gefunden, kann dieser Schritt um eine Woche verschoben werden. Die Familienmitglieder sollten über Lösungsvorschläge nicht abstimmen, da dies das Risiko birgt, dass eine Person sich überstimmt fühlt und letztlich die Umsetzung des Vorschlages zur Problemlösung behindert.

»Familienrat«-Sitzungen sollen nicht nur stattfinden, wenn es Probleme gibt, sondern ausdrücklich auch dann, wenn alles gut läuft. Eltern und Kinder sollen dies ausdrücklich im Protokoll festhalten, weil es alle Familienmitglieder motiviert, sich dafür einzusetzen, dass auch weiterhin eine gute Familienatmosphäre herrscht.

Der »Familienrat« wird häufig mit der »Familienkonferenz« nach Thomas Gordon verwechselt. Und so passiert es, dass Eltern, die sich eigentlich für das Familientraining nach Gordon interessiert hatten, in einem »Familienrat«-Kurs landeten. »Die Kursleiterin hat gleich zu Anfang erklärt, dass es im Kurs nicht um das Gordon-Training geht und dass da immer wieder Verwechslungen vorkommen. Mein Mann und ich haben uns kurz angeguckt – wir wollten eigentlich auch einen Gordon-Kurs machen«, erzählte mir eine Mutter. »Wir sind dann aber trotzdem geblieben und haben es nicht bereut. Ich fand es toll, wie man die Probleme immer ganz konsequent im Hinblick auf die Lösung betrachtet hat. Und natürlich, dass Familienstreitigkeiten nicht dramatisiert, sondern als etwas ganz Normales behandelt wurden. Es hat dann richtig Spaß gemacht, im Kurs die Konflikte anzuschauen und nach Lösungen zu suchen. Spannend war das! Und wir haben Mut bekommen, unsere eigenen Familienprobleme auf diese neue Weise anzugehen.«

»Bei uns ging es viel entspannter zu, nachdem meine

Frau und ich den ›Familienrat‹ eingeführt hatten«, berichtete ein Vater. »Wir haben gespürt, dass unsere Kinder sich nochmal ganz anders ernst genommen und respektiert fühlten.«

»Aber am Anfang war es auch ganz schön anstrengend, die Sitzungen immer ruhig und nach den Regeln durchzuführen, die wir gelernt hatten«, gestand seine Frau. »Unsere Töchter haben sich beschwert: ›Muss das denn sein? Müssen wir das jetzt wirklich alles aufschreiben?‹ Aber mit der Zeit hat es sich eingespielt. Unsere Töchter, die bis dahin viel gestritten hatten, haben gelernt, wie sie gemeinsam nach Lösungen suchen können. Und alle beide konnten es dann auch besser aushalten, wenn mal eine ihren Willen nicht hundertprozentig durchgesetzt hat, sondern sich auf einen Kompromissvorschlag einlassen musste. Also, wir sind in ein viel ruhigeres Fahrwasser gekommen.«

3.6 »STEP«

Wie der »Familienrat« hat auch »STEP« (»Systematic Training for Effective Parenting«) seine Grundlagen bei Alfred Adler und Rudolf Dreikurs. Das »systematische Training« für Eltern und Pädagogen bewährte sich zunächst in den USA, bevor es nach Deutschland importiert wurde. Es betont die Bedeutung des Zusammengehörigkeitsgefühls, dessen Grundlagen in der frühen Kindheit gelernt werden, und erkennt das Kind als gleichwertigen Partner an. Regelmäßige »Familienrat«-Sitzungen fördern in der Familie eine Atmosphäre der Kooperation. Wenn Kinder Grenzen überschreiten, müssen sie die Konsequenzen ihres Handelns erfahren, weil sie auf diese Weise ihre eigene Verantwortlichkeit entwickeln. Kinder müssen die Erfahrung machen, dass sie nicht nur Rechte, sondern auch Pflichten haben.

Damit die Kinder nicht überfordert werden, gibt »STEP« den Eltern entwicklungspsychologisches Wissen an die Hand. Dass Kinder als gleichwertige Partner gemeinsam mit ihren Eltern Probleme besprechen und Konfliktlösungen aushandeln, unterstützt ihr Selbstbewusstsein und damit ihre Fähigkeit, sich Herausforderungen zu stellen. Die stetige Kooperation stärkt die Beziehung zwischen Eltern und Kindern – sie hält dann auch Krisen und Frustrationserfahrungen aus. Voraussetzung dafür ist allerdings, dass die Eltern ihre Zuwendung an keinerlei Bedingungen knüpfen.

»STEP« entlastet Eltern von dem Anspruch, immer alles richtig machen zu müssen, und unterstützt sie dabei, im Alltag mehr Gelassenheit zu entwickeln. Damit, so eine der Grundannahmen des Ansatzes, macht Erziehung dann auch mehr Freude.

Das Programm können Eltern mit Hilfe klar strukturierter Kurse erlernen. »STEP« wendet sich an Väter und Mütter, die von sich aus eine Grundmotivation und ein Interesse an Erziehungsfragen mitbringen. Eltern erhalten nicht nur konkrete Erziehungstipps, sondern werden auch darin unterstützt, ihre Kinder genau zu beobachten und deren Verhalten im Zusammenhang ihres jeweiligen Entwicklungsstandes einzuschätzen. »STEP« ist ein kindzentrierter Ansatz, der jedoch nicht in Abrede stellt, dass Eltern eine Erziehungsverantwortung haben, die sie in ausgewogener Weise wahrnehmen müssen.

3.7 »Encouraging«

Auch für dieses Konzept stand die Individualpsychologie Alfred Adlers Pate. Rudolf Dreikurs (*Kinder fordern uns heraus*) hat es bis Anfang der 1970er-Jahre weltweit populär gemacht. Beide vertraten die Auffassung, dass nur ein Kind, das sich sicher gebunden, zugehörig und wertgeschätzt fühlt, Selbstvertrauen aufbauen und Herausforderungen mutig annehmen und bewältigen kann. Die Eltern müssen sich, um dem Kind diese Sicherheit und Akzeptanz geben zu können, ihrerseits akzeptiert und in ihrem Bemühen um das Kind sicher fühlen.

»Encouraging« bedeutet »Ermutigung, Bestärkung«. Beides erfahren die Eltern bei diesem Konzept in Gruppen, die von einem Trainer angeleitet und begleitet werden. Praktische Übungen etwa zur authentischen Kommunikation mit Kindern oder zum Lösen von Konflikten werden ergänzt durch Kurzvorträge zum Thema Entwicklungspsychologie. Daneben bekommen die Eltern vom Trainer »Hausaufgaben«: Das im Kurs Erlernte soll im Familienalltag umgesetzt werden.

»Encouraging« hält Väter und Mütter zur Selbsterfahrung an und vermittelt theoretisches Wissen auf praxisnahe Weise. Das Programm geht ausdrücklich nicht davon aus, dass Erziehungsprobleme sich von einem Tag auf den anderen lösen lassen. Frustrationen auszuhalten gehört zum Erziehen dazu. Um sie zu bewältigen, tut es Eltern gut, in ihrem Bemühen um eine gute Erziehung bestärkt zu werden und so als Vater oder Mutter ein gutes erzieherisches Selbstbewusstsein aufzubauen.

3.8 »Familienkonferenz«

Neben den von Rudolf Dreikurs entwickelten Ansätzen zur Elternbildung ist die »Familienkonferenz«, auch »Gordon-Familientraining« genannt, ein anderes sehr bekanntes Konzept, das seit den 1970er-Jahren weltweit mit großem Erfolg angewendet wird. Basis dieses Ansatzes ist die humanistische Psychologie, wie sie Carl Rogers oder Thomas Gordon formuliert haben. Wie die anderen bewährten Elternbildungsprogramme setzt auch die »Familienkonferenz« auf die Wertschätzung der Stärken und Ressourcen von Eltern und Kindern. Das Konzept vertritt eine optimistische Grundhaltung: Probleme sind lösbar, wenn alle Beteiligten sich dafür einsetzen – allerdings nicht von heute auf morgen.

Indem sie die Techniken der »Familienkonferenz« erlernen, stärken Eltern ihre Kompetenz in Sachen guter Kommunikation: Sie üben aktives Zuhören, das Formulieren von Ich-Botschaften, etwa wenn es darum geht, eigene Gefühle zu benennen oder den Kindern Handlungsanweisungen zu geben, sowie einen offenen und ehrlichen Umgang miteinander. Daneben werden sie darin geschult, Kinder konsequent als Experten in Sachen Erziehung ernst zu nehmen. Väter und Mütter sollen ihren Kindern Vorbilder sein und die Lösung von Konflikten nicht als ein Geschehen betrachten, bei dem eine Partei sich durchsetzt und die andere besiegt. Vielmehr sind Kinder deutlich stärker motiviert, Grenzen zu achten, wenn sie zu deren Definition aktiv beitragen können.

Auch beim »Familientraining« haben Eltern umfassend Gelegenheit, sich mit sich selbst auseinanderzusetzen und sich weiterzuentwickeln. Erlernen lässt sich das Konzept sowohl in den oben bereits angesprochenen Gruppenkursen, die in der Regel sechs jeweils dreistündige Sitzungen umfassen, als auch im Selbststudium.

Mir haben Eltern immer wieder von ihren sehr positiven Erfahrungen mit der »Familienkonferenz« erzählt. So sagte mir ein Vater, er habe dadurch gelernt, die Probleme mit den Augen seiner Kinder zu sehen. »Das war eine richtige Horizonterweiterung für mich. Seitdem finde ich es einfacher, Konflikte zu lösen. Ich tue mich auch leichter damit, die Kinder dabei wirklich mitmachen zu lassen.«

»Das ging allerdings nicht von jetzt auf gleich. Schnelle Rezepte zum Problemlösen gibt's da nicht«, bemerkte seine Frau lächelnd. »Ich finde, das Tolle an der ›Familienkonferenz‹ ist, dass man damit etwas für das ›Betriebsklima‹ innerhalb der Familie tun kann. Und ich habe bei den Kursen jede Menge Neues über mich selbst erfahren. Zwei Kurse habe ich gemacht. Dabei ist mir auch klar geworden, wie viel vom Kursleiter abhängt. Bei ersten Mal war das so eine richtige Praktikerin, eine gestandene Frau. Beim zweiten Mal war es mir oft zu theoretisch, zu weit weg vom Leben. Ich würde aber die ›Familienkonferenz‹ trotzdem auf jeden Fall weiterempfehlen. Man nimmt da so viel mit – für sich selbst, für die Kinder, eben für die ganze Familie. Das ist super.«

3.9 »Kess-erziehen«

Das »kess« im Namen dieses Programms steht für »kooperativ, ermutigend, sozial, situationsorientiert«. »Kess-erziehen« basiert wie »STEP« und »Encouraging« auf den bewährten Konzepten Alfred Adlers und Rudolf Dreikurs'. Wenn Eltern sich für einen Kurs in »kess-erziehen« entscheiden, bekommen sie die Inhalte des Programms an fünf je zweistündigen Nachmittagsterminen vermittelt. Das Ziel ist auch hier wieder, eine Familienatmosphäre zu schaffen, die von Achtung und Respekt gekennzeichnet ist. Dazu führen die Eltern Selbsterfahrungsübungen durch und bekommen Tipps etwa zum konsequenten erzieherischen Handeln oder zum Vereinbaren von Regeln. Auch »kess« setzt daneben auf die Vermittlung von entwicklungspsychologischen Grundkenntnissen.

»Kess-erziehen« will Eltern darin unterstützen, aktiv zuzuhören und den Kindern Raum zu geben, sich zu artikulieren. Eltern sollen klar kommunizieren und ihre eigenen Stärken nicht aus dem Auge verlieren – ebenso wenig wie die des Kindes, denn nur so ist es möglich, dass das Kind Selbstvertrauen und Verantwortungsgefühl entwickelt. Eltern und Kinder sollen eine partnerschaftliche Beziehung eingehen, die von gegenseitigem Respekt geprägt ist. Die Verantwortung dafür, Kinder konsequent zur Eigenverantwortlichkeit zu erziehen, liegt bei den Eltern. Die Gruppenkurse ermutigen Eltern dazu, sich miteinander zu vernetzen und gegenseitig zu unterstützen. Und noch etwas: »Kess-erziehen« ist das einzige Erziehungskonzept, das den Humor als Ressource beim Erziehen ausdrücklich anspricht und nutzt.

3.10 »FamilyLab«

»FamilyLab«, auch »Familienwerkstatt« genannt, wurde von dem dänischen Familientherapeuten Jesper Juul entwickelt. Er geht von einer angeborenen sozialen und emotionalen Kompetenz von Kindern aus. Kinder brauchen damit nicht ständig Ermahnungen und Kontrolle, sondern Eltern, die ihnen Halt geben. »Kompetente Eltern« sind nach Juul Väter und Mütter, die bereit sind, gemeinsam mit den Kindern zu wachsen und sich zu entwickeln und die ihre Erwartungen klar formulieren, anstatt immer nur zu sagen, was sie alles nicht wollen und damit das Selbstwertgefühl und die natürliche Kooperationsbereitschaft der Kinder schwächen. Eltern sollten ihre Führungsrolle in der Familie offen und klar wahrnehmen, ohne die Abhängigkeit des Kindes auszunutzen.

»FamilyLab« versteht sich als »Familienlabor«, in dem Eltern gemeinsam experimentieren und lernen können. Im Mittelpunkt stehen dabei einschlägige Erziehungsprobleme wie etwa Aggressionen oder die Frage, ob Kinder Pflichten übernehmen sollen. Neben Seminaren können Eltern auch Vorträge anhören oder sich in Jesper Juuls zahlreichen Büchern über die Inhalte des Programms informieren.

3.11 »Marte Meo«

Der Name dieses Programms ist aus der römischen Mythologie entlehnt und bedeutet so viel wie »etwas aus eigener Kraft entwickeln«. Die Begründerin von »Marte Meo« ist die niederländische Therapeutin Maria Aarts, die das Konzept auf der Basis ihrer langjährigen Beratungsarbeit mit Familien entwickelte. Im Zentrum der Arbeit mit diesem Programm steht das Aufzeichnen alltäglicher Erziehungssituationen auf Video. Der »Marte Meo«-Berater schaut sich das jeweilige Video dann gemeinsam mit den Eltern an und hebt dabei besonders die Stärken hervor, die er bei Eltern und Kindern in der jeweiligen Situation erkennt. Ziel ist es, Eltern in ihrem erzieherischen Selbstvertrauen zu bestärken.

Maria Aarts hat es einmal so formuliert: »Eltern sind durchaus in der Lage, intuitiv und angepasst an die Entwicklungs-
bedürfnisse ihrer Kinder diese in ihren Entwicklungspro-
zessen zu unterstützen. Sie sind ›vorbereitete‹ Eltern, die
mit spezifischem Verhaltensrepertoire ausgestattet sind, um
angemessen auf ihre Kinder zu reagieren.« (Hawellek/von
Schlippe, 2011, S. 19) Der Berater, die Beraterin wird sich
darum bemühen, Verhaltensweisen, die in einer bestimmten Situation als Stärken erkannt wurden, auf andere Situationen zu übertragen, um so die Erziehungskompetenz der
Eltern zu erweitern. Eltern werden auf diese Weise angeregt,
ihr Erziehungsverhalten bewusst in den Blick zu nehmen
und zu gestalten. Sie erhalten auch konkrete Tipps, wie sie
mit Kindern auf gute Weise kommunizieren können.

»Marte Meo« geht es darum, die Konzentration der Eltern
weg von der Frage »Warum macht mein Kind das?« hin zu
der Frage »Wozu handelt mein Kind so und nicht anders?«
zu lenken – also hin zu den Kompetenzen der Kinder. Das
Konzept versteht sich als wissenschaftlich fundiertes Eltern-
Coaching fernab von pädagogischem Fachchinesisch.

3.12 Mediale Beratungsangebote

In den vorigen Kapiteln habe ich Beratungskonzepte vorgestellt, die durch Face-to-Face-Kommunikation, durch Münd-
lichkeit geprägt waren. Die Veränderung der Medienland-
schaft – von den Druckerzeugnissen, über auditive und
audiovisuelle Medien bis hin zum Internet – hat auch die
Landkarte der Beratung verändert, genauer: sie wurde erweitert.

Medien haben in der Elternbildung immer eine wichtige

Rolle gespielt. So gab es schon zu Zeiten Pestalozzis oder Campes Zeitschriften, die sich insbesondere an die »Hausmütter« wandten, damit diese den Familienhaushalt »zum Wohle des Mannes und der Kinder« bewerkstelligen, heute würde man sagen »managen« konnten. Darin wurden jede Menge Tipps gegeben – angefangen von der Ordnung im Kinderzimmer, dem Schlaf- und Spielverhalten des Heranwachsenden bis hin zu der Frage, wie man mit beißenden Kindern umzugehen hatte. Zeitschriften spielten neben Büchern eine herausragende Rolle, wenn es um die elterliche Bildung ging. Und das hat sich bis heute nicht verändert. Es gibt jene Angebote, die sich explizit an Eltern wenden, aber daneben haben viele Druckerzeugnisse, vor allem diejenigen, die sich an Frauen richten, oftmals einen Beratungsteil, der sich mit Kindererziehung beschäftigt. Man kann hier Fragen stellen, die von Experten beantwortet werden.

Doch nochmal zurück in die Historie: Jedes Medium hatte ein Segment, in dem das Familienleben seinen Platz hatte. Das galt nicht nur für Zeitschriften, sondern traf ebenso auf den Rundfunk zu – und dies bis in die Gegenwart. Nicht zu vergessen: das Kino. Oswald Kolle hatte maßgeblichen Anteil daran, dass das Thema »Sexualität« unaufgeregter diskutiert wurde. Seine populär-populistischen Filme, mit reißerischen Titeln angepriesen, zogen das Publikum an. Sie klärten auf, aber sie respektierten die Protagonisten, ließen ihnen ihre Würde.

Ganz anders die »Super Nanny«, eine TV-Serie, die von 2004 bis 2011 ausgestrahlt wurde, und die von Anfang an von Pädagogen und Psychologen – zu Recht – sehr kritisch beurteilt wurde. Dies begann schon bei der von den Produzenten vertretenen Grundannahme, die Sendung könne zuschauende Eltern dazu motivieren, sich ihrerseits praktische

Hilfe beim Erziehen zu suchen. Bei den professionellen Beratern herrschte hingegen der Eindruck vor, dass die Fernsehzuschauer sich nach einer Sendung beruhigt zurücklehnten in der Überzeugung, dass andere Familien mit ihren Kindern noch viel größere Probleme hätten als sie selbst. Kritisch wurde auch gesehen, dass die »Super Nanny« an die Stelle der Eltern trat, statt diese miteinzubeziehen und in ihren Stärken zu ermutigen und zu begleiten. Die Kinder waren in den Beratungsprozess noch viel weniger eingebunden. Auf ihre spezifischen Kompetenzen, die Besonderheiten ihrer Entwicklung und ihres Alters wurde nicht eingegangen. Besonders deutlich trat dies zutage, als die »Super Nanny« einem Kind Verhaltensregeln aufschrieb, das noch gar nicht lesen konnte.

Für die »Super Nanny« waren Kinder Objekte der Erziehung; Regeln wurden ihnen auferlegt und pädagogische Techniken angewandt, um sie zuzurichten und ihren eigenen Willen zu brechen. So wurde vielfach die Technik des »stillen Stuhls« oder »stillen Zimmers« angewandt, wenn ein Kind gegen die Regeln verstieß. Das Kind sollte sich auf einen Stuhl setzen oder in ein Zimmer zurückziehen und dort bleiben, bis es sich wieder beruhigt hatte. Diese ohnehin fragwürdige Technik wurde den Kindern jedoch im Vorhinein nicht erklärt. Nachdem in einer Sendung zu sehen war, wie eine Mutter körperliche Gewalt gegen ihr Kind einsetzte, ohne dass das Kamerateam eingriff, verhängte die Kommission für Jugendmedienschutz ein Bußgeld gegen den Sender. Dennoch lief die Serie noch eine Zeitlang weiter, bis Ende 2011 ihre Einstellung bekannt gegeben wurde.

Die »Nanny« ist Geschichte, und das ist gut so. Man braucht nicht nur das Radio oder das Fernsehen, die Zeitung oder die Zeitschrift, um etwas über Kindererziehung oder über die Rolle als Vater oder Mutter zu erfahren. Mit dem Internet und seinen Möglichkeiten hat sich ein qualitativer Sprung ergeben. Damit ich nicht falsch verstanden werde: Jede technische Entwicklung hat ihre positiven Seiten, aber eben auch zugleich ihre negativen Auswirkungen. Dies gilt gleichermaßen für das Internet. Die unendlich zahlreichen Angebote, die es zur Verfügung stellt, bergen zweifellos die Gefahr, sich in ihnen zu verlieren. Zudem können die digitalen Angebote eine bestimmte Zielgruppe süchtig machen und dazu führen, den Bezug zur realen Welt zu verlieren.

Aber im Internet gibt es durchaus Angebote, die genutzt werden sollten. Neben den Gefahren wie Cyber-Mobbing und Internet-Sucht bietet das World Wide Web nämlich auch den schnellen Kontakt zu einer Vielzahl von Selbsthilfegruppen, die sich mit dem und über das Internet organisieren, die sich dort mitteilen und die nach gemeinsamen Wegen suchen, ihre Probleme zu benennen und diese letztlich zu lösen.

Ich selbst erhalte viele E-Mails von Eltern mit Erziehungsfragen. Jahrelang habe ich mich geweigert, solche Anfragen per Mail zu beantworten, weil ich der Meinung bin, dass man auf den persönlichen Kontakt mit Eltern nicht verzichten kann, da nur ein Beratungsgespräch von Angesicht zu Angesicht sinnvoll ist. Ein Austausch per Mail kann nur eine Ergänzung darstellen, nicht aber das direkte und persönliche Gespräch ersetzen. Manche Eltern, die zunächst eine schriftliche Anfrage per Mail an mich gerichtet haben, suchten mich später persönlich auf.

Ich möchte noch auf drei Gesichtspunkte im Zusammenhang mit der Online-Beratung hinweisen:
- Man erreicht Zielgruppen, die möglicherweise eine Beratungsstelle niemals aufsuchen würden. Das Internet ist

niedrigschwellig. Insbesondere in Foren kann ein Austausch untereinander wichtig sein.

– Die Mail- und Chat-Beratung ist eher eine Form der Einzelberatung. Für die Beratenden ist es oftmals schwierig, auf die Fragen der Ratsuchenden einzugehen. Die heutige Elterngeneration besitzt allerdings höhere mediale Kompetenzen als das früher der Fall war, sodass man die modernen Medien einsetzen sollte, wenn die Berater eine Beziehung zu den Erziehenden aufbauen wollen.

– Beratungsstellen können das Internet nutzen, um über ihre Arbeit zu informieren und damit dazu beitragen, Schwellenängste abzubauen.

3.13 Seminare, Konzepte, Bücher – und welche Erfahrungen Eltern damit machen

Bei meinen Vorträgen und Seminaren bitte ich die Eltern in der Regel um eine Rückmeldung, und ich unterhalte mich mit ihnen auch über die Erfahrungen, die sie ganz allgemein mit Veranstaltungen zur Elternbildung gemacht haben.

»Ich wollte tschüss sagen«, wendet sich eine Mutter am Schluss eines Seminars an mich. »Und auch danke. In Zukunft brauche ich Sie nicht mehr.« Auf meinen etwas überraschten Blick hin erklärt sie: »Mein Sohn und meine Tochter sind jetzt 18 und 20. Ich bin jetzt durch mit dem ganzen Kram.« – »Durch? Wie meinen Sie das?«, will ich wissen. – »Na, mit dem Erziehen eben«, strahlt sie mich an. »Ich bin fertig mit dem Nervenkrieg jeden Tag und diesen ewigen Sorgen, wie das noch weitergeht mit der Erziehung. Meine Güte, wenn ich zurückdenke an die Zeit, als meine beiden noch klein waren! Ich war oft genug fix und fertig. Irgendwann hat mich dann eine Freundin mit auf eines Ihrer Seminare geschleppt.« Sie grinst. »Also, ich war alles andere als begeistert von der Idee. Ich war der Meinung, dass solche Sachen doch sowieso nichts bringen und dass ich bei Ihnen meine kostbare Zeit verschwende. Aber ich habe meine Meinung dann schnell geändert. Für mich waren gar nicht die Tipps zum Erziehen so sehr wichtig, sondern vor allem das Gefühl, mit den Sorgen um meine Kinder nicht ganz allein dazustehen. Das hat mich nach dem Seminar noch eine ganze Weile richtiggehend entspannt. Bis mich dann die alten Denkmuster wieder eingeholt haben: meine Ungeduld und die Frage: ›Warum bekommst du das nicht besser hin – bei anderen geht es doch auch?!‹« Sie schüttelt den Kopf und lacht dann. »Als meine Kinder älter waren, hat mein Sohn dann, als ich wieder mal einen meiner Wutanfälle hatte, bloß gemeint: ›Ich glaub’, es wird Zeit, dass du mal wieder zum Experten gehst.‹ Obwohl speziell er auch immer wieder darüber gemeckert hat, dass ich mir bei Ihnen Rat hole. Wahrscheinlich weil er Angst hatte, dass dann bei uns zu Hause ein ganz anderer Wind weht. Was natürlich unbegründet war, denn ich bin ja keine andere Frau geworden. Man kommt ja doch nie so ganz aus seiner Haut. Das war übrigens auch etwas Wichtiges, was ich bei den Seminaren gelernt habe: Mich so anzunehmen, wie ich nun einmal bin. Und jetzt kann ich den jungen Müttern ganz gelassen dabei zugucken, wie sie alles perfekt machen wollen ... Obwohl: Vielleicht komme ich ja mal wieder zu Ihnen, wenn ich Großmutter bin. Da lerne ich dann doch sicherlich noch etwas Neues, oder? Wie war das noch gleich mit dem lebenslangen Lernen?«

Zu Beginn meiner Seminare frage ich die Eltern nach dem Grund ihres Kommens. »Um mich zu entschuldigen!«, platzt eine junge Frau heraus. Ich schaue sie fragend an, woraufhin sie erklärt: »Sie ahnen ja gar nicht, wie sehr ich Sie gehasst habe! Wie genervt ich als Jugendliche war, weil meine Mutter Ihre Bücher las und Ihre Vorträge besuchte. Was haben wir uns gefetzt deswegen! Ich habe es mir regelrecht zum Vorsatz gemacht, meiner Mutter zu beweisen, dass ich stärker war und dass ihre Besuche bei Ihnen ihr nichts nützen würden.« – »Umso erstaunlicher, dass Sie jetzt hier sind«, schmunzle ich. – »Tja ...«. Die junge Frau lächelt ihrerseits. »Jetzt, da ich selbst Mutter bin, habe ich mich dabei erwischt, wie ich in Ihren Büchern herumblättere. Und dabei ist mir dann klar geworden, was meine Mutter damals darin gesucht – und gefunden – hat. Sie können sich gut in die Perspektive von Kindern hineinversetzen. Für Eltern ist das hilfreich. Aus meiner heutigen Sicht weiß ich, dass meine Mutter damals aus Ihren Büchern gelernt hat. Sie hat zum Beispiel klarer gesagt, was sie von uns erwartete und warum sie bestimmte Dinge nicht haben wollte. Ja, und dann habe ich mir neulich selbst einen Vortrag von Ihnen angehört. Von dem Abend ist mir geblieben, dass Sie gesagt haben, man könne von Kindern lernen. Kinder wären Lehrer, durch die man weiser und erfahrener werde. Ich habe darüber nachgedacht, und ich finde, dass das stimmt. Darum bin ich heute hier.«

»Mein Mann und ich haben ein paar Bücher von Jesper Juul gelesen und fanden sie hilfreich. Wir haben drei Kinder, sechs, neun und zwölf Jahre alt. Vor ein paar Wochen waren wir dann auch bei einem seiner Seminare«, berichtet eine Mutter. »Das hat uns gutgetan – hinterher waren wir richtig entspannt.« – »Über diesen Namen, ›FamilyLab‹, kann man ja streiten«, ergreift ihr Mann das Wort. »Aber im Seminar kamen all die Dinge zur Sprache, die auch bei uns ein Thema sind. Besonders schön war, dass nicht alle über einen Kamm geschoren wurden, sondern dass jede Familie einzeln in den Blick genommen wurde.« – »Für mich war noch wichtig, dass mir meine Zweifel in Bezug auf meine Kinder genommen wurden«, ergänzt seine Frau. »Ich habe mir früher ständig Sorgen gemacht, ob wir die drei nicht oft überfordern. Da habe ich wohl eine Tendenz zur ›Übermutter‹.« Ihr Mann sieht sie von der Seite an und lächelt. »Bei uns geht es jetzt entspannter zu«, konstatiert er. »Wir können die Kinder besser loslassen, fühlen uns nicht mehr für alles verantwortlich und ärgern uns nicht mehr so sehr, wenn mal etwas schiefläuft. Aber das Wichtigste für mich ist, dass mir in dem Seminar deutlich geworden ist, dass meine Kinder ein Recht auf einen Vater haben, der klar ist. Das ist die Verantwortung, die ich für mich und für meine Kinder habe. Und die bedeutet mehr als irgendwelcher alltäglicher Kleinkram.«

»Wir waren bei einem Kurs, der hieß ›STEP‹«, schaltet sich ein anderer Vater ein. »Wir haben das gemacht, weil wir einfach nicht mehr wussten, wie wir mit den ewigen Zankereien klarkommen sollen. Irgendwer hatte immer Streit – mal meine Frau und ich, dann einer von uns oder wir beide mit den Kindern oder aber die Kinder untereinander. Irgendwann waren wir es leid, ständig nur noch Polizei spielen und Konflikte schlichten zu müssen.« – »Das war wirklich ein guter Entschluss, da hinzugehen«, stimmt seine Frau nickend zu. »Wir haben da gelernt, wie wir die Kinder in die Verantwortung mit einbinden können, statt immer nur Retter in der Not zu sein. Am meisten hat uns der ›Familienrat‹ etwas gebracht. Den haben wir gleich nach dem Seminar ausprobiert. Die Kinder waren nicht gerade begeistert. Aber wir sind konsequent geblieben und haben ihnen deutlich zu verstehen gegeben, dass wir das machen wollen. Am Anfang haben wir jeden Montagabend den Familienrat abgehalten. Nach vier Wochen hatten die Kinder ihre Meinung geändert. Und als wir den Termin dann mal ausfallen lassen wollten, weil unsere Kalender randvoll mit Verpflichtungen waren, haben die Kinder protestiert. Klar: Sie hatten gemerkt, dass sie beim Familienrat über ein Problem mitdiskutieren und mitentscheiden konnten. Sie fühlten sich wichtiger, ernster genommen. Manchmal konnte man dabei richtig sehen, wie sie einen Zentimeter größer wurden. Wir haben ihnen mehr zugetraut – mehr Freiheit, mehr Selbstbestimmung. Aber gleichzeitig hatten sie auch mehr Mitverantwortung für unser Leben als Familie.«

»Ich habe ja gedacht, dass meine Frau spinnt, als sie mir vorschlug, zu so einem Elternkurs zu gehen«, gesteht ein anderer Vater. »Eine ganze Weile habe ich mich quergelegt und ihr vor Augen zu führen versucht, wie es dort meiner Meinung nach zugeht: Vorne sitzt einer, der meint, alles zu wissen, und vor allem: besser zu wissen als die Eltern. Womöglich hat der Experte noch nicht einmal selber Kinder, will aber unbedingt allen erzählen, wie richtige Erziehung funktioniert. Nein, ohne mich! Mit der Zeit allerdings wurde es bei uns zu Hause immer stressiger. Ich war irgendwann nur noch genervt von den Kindern. Manchmal war es so schlimm, dass ich nach der Arbeit am liebsten gar nicht nach Hause gekommen wäre. Als mir das bewusst wurde, bin ich vor mir selber erschrocken und habe mich hinter den Computer geklemmt und recherchiert. Ich bin auf einen Kurs gestoßen, der ›Starke Eltern – starke Kinder‹ hieß. Der Titel hat mich angesprochen, und wir haben uns da angemeldet. Vor dem ersten Termin hatte ich ganz schön Muffensausen, aber dann habe ich gemerkt, dass andere Eltern auch nicht besser dran waren als wir. Die Aufregung hat sich dann schnell gelegt, und inzwischen bin ich froh, dass wir das gemacht haben.«

»Unsere Beziehung wurde nach und nach wieder besser«, erklärt seine Frau. »Das tat auch den Kindern gut. Die Streitereien wurden weniger.« – »Ich konnte auch die Kinder wieder positiv sehen«, fügt ihr Mann hinzu. »Das hatte wohl damit zu tun, dass mir der Kurs geholfen hat, mich selbst so anzunehmen, wie ich bin. Klar, auch jetzt ist nicht ununterbrochen Friede, Freude, Eierkuchen. Wenn ich beim Streiten gelegentlich explodiere, meinen die Kinder nur: ›Papa, jetzt bist du wieder ganz der Alte!‹ Das reicht meistens, um mich schon wieder etwas zu beruhigen. Ich habe bis vor kurzem nicht gewusst, dass Kinder das so gut können: einen in aller Kürze auf den Boden der Tatsachen zurückholen.« Er lacht.

»Also, ehrlich gesagt, die Selbstfindungs-Sachen, das ist nicht so meins«, erklärt eine Mutter von vier Kindern im Alter von zwei bis zehn Jahren. »Ich wünsche mir von so einem Kurs doch eher ganz konkrete Tipps für den Alltag. Irgendwann bin ich auf ›Triple P‹ gestoßen. Das ist so eine australische Methode, und in dem entsprechenden Kurs habe ich einiges für bestimmte Alltagssituationen gelernt. Bis dahin hatte ich beim Erziehen viel aus dem Bauch heraus entschieden, und das hat manchmal funktioniert, manchmal aber auch nicht. Jetzt habe ich die Balance von Kopf und Bauch gefunden. Nur zwei Sachen an diesem Triple P, die gehen mir richtig gegen den Strich. Das sind die ›Auszeit‹ und der ›Stille Stuhl‹. Sowas würde ich mit meinen Kindern nie machen! Irgendwann habe ich mir mal eine halbe Folge der ›Super Nanny‹ angeschaut; da kam beides auch drin vor. Grauenhaft! Mir ist beim Zuschauen ganz anders geworden – ich kam mir vor, als würde ich bei den Leuten durchs

Schlüsselloch gucken und habe dann ganz schnell abge-
schaltet. Also, Kinder so abzustrafen und abzurichten, das
käme für mich nie in Frage.«

3.14 Fazit

Die vorgestellten Konzepte sprechen in ihrer Vielfalt die unterschiedlichen Typen und Bedürfnisse von Eltern gut an.
Die Programme helfen Eltern wirksam dabei, den Alltag mit
ihren Kindern nicht einfach irgendwie zu überstehen, sondern gut zu gestalten. Von besonderer Bedeutung ist dabei
die Tatsache, dass die Elternbildung den Müttern und Vätern etwas zutraut, wie dies beispielsweise »STEP«, »Starke
Eltern – starke Kinder«, »FuN«, »Encouraging« oder »FamilyLab« tun:

– Eltern sollten ermutigt statt gescholten werden, wie es die
  Pädagogin Sigrid Tschöpe-Scheffler deutlich gemacht hat.
  Konstruktive Elternbildung nimmt die Stärken der Eltern
  in den Blick, das, was sie gut machen. Eltern, die wissen,
  dass sie etwas können, sind deutlich besser in der Lage,
  auch ihren Kindern Kompetenzen und Stärken zuzu-
  sprechen. Wo Eltern und Kinder sich als lebenstüchtig
  erfahren, trauen sie sich auch etwas zu. Von Janusz Korczak stammt die Feststellung: »In der Erziehung ist alles
  Experiment!« Eltern brauchen Mut zur Kreativität und zu
  ungewöhnlichen Lösungen. Umwege zu machen und
  sich dann und wann in einer Sackgasse wiederzufinden,
  ist dabei unvermeidlich und keinesfalls eine Schande. In
  solchen Zeiten hilft es, wenn sich Eltern nicht nur an den
  großen Meilensteinen und Durchbrüchen erfreuen, sondern auch an den kleinen Entwicklungen. Sie werden auf

diese Weise das Zutrauen in sich selbst und in die Fähigkeiten ihrer Kinder nicht verlieren – und letztlich Kinder erziehen, die ihrerseits den Mut haben, in die Welt hinauszugehen und sie zu erkunden.

– Eltern müssen im Alltag Präsenz zeigen. So lautet eine Forderung vieler Psychologen, beispielsweise von Haim Omer und Arist von Schlippe. »Erziehungsverantwortung« ist kein abstrakter Begriff, sondern muss jeden Tag neu gelebt werden. Kinder orientieren sich an ihren Eltern, aber sie reiben sich auch an ihnen. Letzteres muss erlaubt sein, wenn Eltern sich wünschen, dass ihre Kinder Eigenständigkeit und Autonomie entwickeln. Väter und Mütter müssen es aushalten, dass ihre Kinder sie auch mal in Frage stellen. Wenn die Erziehungs-Beziehung stark und tragfähig ist, wird sie solchen Zumutungen standhalten. Elternbildung sollte Vätern und Müttern diese Zusammenhänge vermitteln. Dies schließt konkrete Tipps für die Erziehungspraxis nicht aus, aber das unfehlbare Rezept, die nie versagende Technik zum Erziehen gibt es nicht. Im Sinne Pestalozzis sollte Erziehen mit »Herz, Kopf und Verstand« erfolgen. Elternbildung kann Eltern dafür sensibilisieren, dass sie sich im Spannungsfeld von Gefühl, Intuition, Vernunft und »elterlicher Präsenz« bewegen.

– Elternbildung sollte Eltern darüber hinaus offen machen für neue Erfahrungen und sie dazu ermutigen, Neues auszuprobieren und dabei möglicherweise auch Fehler zu machen. Eltern sind Lernende. Mütter und Väter, die ihre Fehler wahrnehmen, sich dafür entschuldigen und sich bemühen, es in Zukunft anders zu machen, sind ihren Kindern Vorbild genug. Analog dazu soll Elternbildung Anregungen geben, aber keine Anweisungen. Sie sollte auf die Eigenständigkeit der Eltern vertrauen und auf deren beharrlichen Wunsch, ihre Kinder gut zu erziehen, obwohl sie wissen, dass Erziehung »wirkungsunsicher« ist. Die in diesem Kapitel vorgestellten Konzepte tun dies – eine Ausnahme bildet »Triple P«. »Triple P« unterschätzt die Fähigkeiten, die Eltern mitbringen. Das Programm achtet zudem nicht genügend die Persönlichkeit des Kindes und dessen Kompetenzen. Folglich gerät das Bedürfnis von Kindern, sich bei ihren Eltern sicher und gut aufgehoben zu fühlen, aus dem Blick. Elternbildung versteht Erziehung als partnerschaftliches Geschehen, was nicht bedeutet, dass Eltern und Kinder gleichrangig sind. Alltägliche Konflikte können nicht gegen die Kinder gelöst werden, sondern nur gemeinsam mit ihnen. Dabei hilft es, wenn Eltern ihre Kinder auch als Lehrmeister verstehen, etwa in Bezug auf Beharrlichkeit und die Bereitschaft, sich nicht mit allzu schnellen Lösungen zufriedenzugeben. Manche Konflikte werden vor allem deshalb akut, weil die Eltern-Kind-Beziehung aus der Balance geraten ist. Der ständige Machtkampf um das Taschengeld oder die abendliche Ausgehzeit ist dann nur ein Hinweis darauf, dass etwas wieder ins Lot gebracht werden muss.

– Elternbildung muss Eltern darin bestärken, solche Zusammenhänge zu entdecken, um von dort aus eigene Lösungen zu finden. Wirksame Elternbildung erweitert auf diese Weise die Wahrnehmung von Vätern und Müttern, vor allem aber ihre Fähigkeit, sich in ihr Kind und dessen Perspektive einzufühlen – was nicht bedeutet, dass Eltern alles akzeptieren müssen, was Kinder tun. An anderer Stelle war bereits die Rede davon, dass Freiheit und Verantwortung sich gegenseitig bedingen. Wenn

Kinder sich Freiheiten nehmen, dann haben sie auch Verantwortung für ihr Tun zu übernehmen. Wo Freiheit und Verantwortung voneinander abgekoppelt werden, bleiben Respekt und Achtung auf der Strecke – auch dies ist ein Aspekt, für den Elternbildung sensibilisieren kann.

4. Was Eltern heute brauchen: Stärkung von Kompetenzen und Ressourcen

Ressourcenorientierung ist mittlerweile ein Schlagwort. Dennoch: Für eine Elternbildung, die nicht für, sondern mit den Eltern arbeitet, ist sie unverzichtbar. Wer Eltern ressourcenorientiert berät und bildet, geht davon aus, dass Väter, Mütter und Kinder ein Wissen mitbringen. Dementsprechend wird auf die Partizipation aller Beteiligten gebaut. Eltern und Kinder werden als Experten verstanden. Ressourcenorientierte Beratung vermittelt Informationen über Erziehung und über kindliche Entwicklung, sie fördert den Einblick in das, was funktioniert oder eben auch nicht. Elternberatung und -bildung ist ein Aushandeln dessen, was möglich ist.

Eltern wollen nicht belehrt werden. Sie wollen, dass die Potentiale, über die sie verfügen, ihre Erziehungserfahrungen, ihre Strategien zur Handhabung alltäglicher Anforderungen, ernst genommen werden. Dem pädagogischen Experten und Profi wächst angesichts dessen eine besondere Rolle zu. Er ist nicht der Alleskönner, Alleswisser, der unwissenden Eltern gegenübersteht. Ressourcenorientierung wird in vielen Konzepten zwar theoretisch gefordert, aber nicht immer konsequent praktisch umgesetzt. Was die Elternbildung betrifft, hat sie zwei Ziele:

– Individuelle Ressourcen werden genutzt, um das Selbstbewusstsein und Selbstwertgefühl von Eltern und Kindern zu steigern. Daneben dienen sie der Entwicklung von Problem- und Konfliktlösungsfähigkeiten. Um individuelle Ressourcen zu fördern, haben sich die Methoden der narrativen Psychologie besonders bewährt. »Menschen werden ermutigt, ihre Geschichten von der eigenen Kraft und Stärke, von unterstützenden Netzwerken, von persönlicher Handlungs- und Durchsetzungsfähigkeit, von sozialer Unterstützung zu erzählen.« (Lenz, 2003, S. 247)

– Soziale Ressourcen, wie sie Netzwerke und die Stadtteilarbeit niedrigschwellig anbieten, werden einbezogen. Es ist wichtig, dass Eltern miteinander ins Gespräch kommen, damit niemand isoliert »im eigenen Saft schmort«. Nur auf diese Weise können auf Seiten der Eltern Versagensängste und Schuldgefühle abgebaut werden.

4.1 Persönlichkeitsbildung: »Nur wenn es mir gut geht, geht es den Kindern gut!«

Kinder annehmen, sich in sie hineinversetzen, vom Kind aus denken: Das wird verlangt von Eltern und allen anderen Menschen, die mit Erziehung zu tun haben. Nur so kann die Individualität der Heranwachsenden gefördert und gestärkt werden. Damit Eltern jedoch haltgebende Bezugspersonen sein können, müssen sie sich selbst als Persönlichkeit in all ihren Facetten angenommen fühlen. Erziehung bedeutet nicht die korrekte Umsetzung von Erziehungstechniken, Rezepten oder Tipps, wie man sie in Büchern lesen kann. Erziehung hat primär mit Beziehung zu tun. Erziehen kann man nur, wenn man einen Bezug zu den Kindern, vor allem aber zu sich selber hat.

Erziehung ist anstrengend. Oft kommen Mütter und Väter

dabei an ihre physischen und psychischen Grenzen. Dass Eltern diese Grenzen erfühlen, sie wahrnehmen, ist in der Beratungs- und Bildungsarbeit von großer Bedeutung. Wer erkennt, wie mühsam Erziehung im Alltag sein kann, der weiß um die eigenen persönlichen Grenzen und akzeptiert sie. Beraterinnen und Berater, die Eltern in ihren Erziehungs-aufgaben begleiten, brauchen ihrerseits die Geduld und Ge-lassenheit, die man von Müttern und Vätern im Umgang mit ihren Kindern erwartet.

Erziehung ist Vorbild und Liebe – diese Forderung stammt von Pestalozzi, der zugleich auf zwei zentrale Momente hin-wies: Liebe ist vor allem Selbst-Liebe, nicht misszuverstehen als grenzenloser Egozentrismus, der den anderen in seiner Persönlichkeit nicht achtet. Selbst-Liebe heißt, sich anzuneh-men, wie man ist – mit all seinen Stärken. Erst dann kann man seine Schwächen annehmen, all das, was man nicht kann und möglicherweise auch in Zukunft nicht können wird.

Aus diesem Grund sind neben der Einzelberatung die Familienseminare so bedeutsam. Hier können Väter und Mütter erfahren, dass sie mit ihren mitunter frustrierenden Erfahrungen nicht allein sind, dass es anderen Eltern »ge-nauso geht«. Ein Gefühl von Solidarität kann entstehen.

In den 1980er-Jahren sprachen manche, vor allem konser-vative Kreise vom »Mut zur Erziehung«. Das Schlagwort war gewissermaßen Vorläufer einer Diskussion, die seit mehr als zehn Jahren den »Mut zur Disziplin« nachdrücklich forder-te. Was Eltern und Erziehende jedoch brauchen, ist nicht der Hinweis auf den Mut. Mehr als alles andere und mehr denn je brauchen sie vielmehr, dass man ihnen den Rücken stärkt. Sie wollen keine Ratschläge, die bekanntlich oft genug Schlä-ge sein können, deren Auswirkungen man zudem erst viel später zu spüren bekommt. Eltern sind Helden der Gegenwart. In unsicheren Zeiten machen sie sich auf den Weg, ihren Kindern Geborgenheit und eine Perspektive auf Zukünftiges zu vermitteln. Oft genug wissen sie manchmal nicht, woran sie dabei sind. Nur, dass sie nicht so sein wollen wie die eigenen Eltern, das wissen viele ganz genau. Sie wollen nicht jemand sein, der Werte vermittelt. Das Wort »Autorität« erschreckt sie, denn sie assoziieren es mit autokratischer, die Kinder entmündigender Erziehungsgewalt. Dabei brauchen Heranwachsende Autoritäten – Persönlichkeiten, an denen sie sich orientieren, aber auch reiben können. In den 1960er-Jahren gründete Alexander Neill eine Schule namens Summerhill, die als »antiautoritäre Institution« bekannt wurde. Neill hat immer wieder hervorgehoben, dass Kinder Erziehung brauchen, verstanden als »In-Beziehung-Treten«. Er wollte eine Autorität sein, jemand, der Leitlinien vorgibt, sich dabei jedoch auch als eine Persönlichkeit begreift, mit der sich Heranwachsende auseinandersetzen können. Zu dieser Auseinandersetzung braucht es gegenseitigen Respekt ebenso wie wechselseitige Achtung. Neill ging es um Achtsamkeit. Sie hat er eingefordert, aber auch gegeben. Erziehende, die nicht erwachsen werden wollen, waren ihm ein Greuel – ebenso wie jene Pädagogen, die Kinder nicht für voll nehmen, die ihre größere Erfahrung mit Besserwisserei gleichsetzen. An dieser Stelle noch einmal zurück zu Pestalozzi.

Erziehung ist Vorbild. Für Pestalozzi heißt das: Vor-leben, und eben nicht »vor-labern«, um es einmal zugespitzt auszudrücken. Woran man Letzteres denn erkenne, wurde ich vor einiger Zeit gefragt. Die Kennzeichen sind einschlägig: Wer »vor-labert«, drückt sich gern im pädagogischen Konjunktiv aus. Das klingt dann etwa so: »Du könntest, wenn du wolltest!« Oder auch: »Du solltest!« Oder: »Wenn ich deine Möglichkeiten gehabt hätte!« Heranwachsende spüren genau, dass solche und ähnliche Äußerungen wenig authentisch sind. Sie erahnen, dass Vater oder Mutter als Kind wohl kaum so reflektiert waren, wie sie sich heute geben. Vorbilder brauchen Erdung. Pädagogisch Handelnde, die Erziehung mit Yoga verwechseln und ständig über dem Boden schweben, werden von Heranwachsenden in der Regel auf den Boden der Tatsachen zurückgeholt. Darin sind Kinder und Jugendliche richtig gut. Warum? Weil sie es mit Erwachsenen zu haben wollen, die Menschen aus Fleisch und Blut sind, die sich authentisch zeigen, mit all ihren Persönlichkeitsanteilen – eben nicht nur mit den sozial erwünschten, sondern auch mit jenen, die man gerne verdrängt und nicht so gern hat: Zorn, Wut, Trauer, mangelnde Frustrationstoleranz. Wie man als Erwachsener mit diesen Anteilen der eigenen Persönlichkeit umgeht, wie man diesen Umgang den Kindern vor-lebt, ist wichtig. Erziehende haben hier die Möglichkeit, Vorbild im besten Sinne zu sein: ein Modell, an dem Heranwachsende sich ausrichten, mit dem sie sich auseinandersetzen können.

Viele Mütter und Väter wollen ihren Kindern aber »richtig gute« Vorbilder sein. Doch es ist nun einmal so, dass Kinder im Erziehungsalltag eben auch die anderen, die »schlechten« Seiten zu sehen bekommen: Eltern, die schreien und schimpfen, die böse, unzufrieden, ungeduldig, frustriert sind. Die meisten Eltern haben meiner Erfahrung nach dann hinterher ein »schlechtes Gewissen« und trauen sich nicht, über solche Situationen zu sprechen. Aber auch diese – eben ungeliebten – Gefühle sind Teil einer Erziehungspersönlichkeit. Und sie lassen sich erst verändern, wenn man akzeptiert, dass sie nun einmal da sind und dazugehören. In diesem Fall braucht man keine Sündenböcke – sprich: die Kinder – mehr, die einen »zum Schreien« bringen, getreu dem Motto: »Wenn du dich besser benehmen würdest, müsste ich nicht so sein!«

Erziehung strengt an. Da ist dann dieser quälende Gedanke, der einen nicht loslässt: »Hat das denn nie ein Ende?!« Kinder zu erziehen ist eine Herausforderung. An manchen Tagen läuft es wie von selbst, an anderen ist man erschöpft, weiß nicht mehr weiter und fragt sich: »Warum klappt es bei mir nicht?« oder auch: »Womit habe ich das nur verdient?!« Man ist orientierungslos, kauft sich Ratgeber, nur um festzustellen, dass jeder etwas anderes sagt. Woran soll man sich halten? Glaubt man dem, was in Zeitungen und Zeitschriften zu lesen ist, sind die Eltern ohnehin an allem schuld, oder doch zumindest an vielem.

Dann gibt es zudem die Befürchtungen, über die man gar nicht allzu viel nachdenken will, weil sie sich schnell zu einer sich selbst erfüllenden Prophezeiung entwickeln könnten: »Mein Kind ist drei und schlägt brutal andere Kinder! Wo soll das nur enden?« Oder: »Ich bin nicht ausgeglichen in meiner Erziehung! Ich brülle mein Kind dauernd an! Was soll später bloß aus ihm werden?«

Beratung setzt sich mit Gefühlen auseinander – mit den freudigen genauso wie mit den Selbstzweifeln und den verstörenden Momenten in der Erziehung. Eltern stärken bedeutet nicht, sie zu pädagogischen Terminatoren zu machen, sondern sie sollen lernen, sich so zu akzeptieren, wie sie wirklich sind. Haben Mütter und Väter das Gefühl, in all ihren Stärken und Schwächen angenommen zu sein, dann können sie auch ihre Kinder so nehmen, wie sie sind.

4.1.1 Kinder brauchen Typen, aber richtige

Heranwachsende wollen Persönlichkeiten, die sie erziehen; Menschen mit Ecken und Kanten – »Typen« eben.

Zu erziehen heißt, Kinder ins Leben zu begleiten. Dazu gehört, dass man immer wieder Abschied nimmt und neu beginnt. Ganz besonders gilt dies für die Zeit der Pubertät. Die Jugendlichen verlassen die überschaubare Welt der Kindheit und machen sich auf in ein für sie noch unbekanntes Terrain. Nichts bleibt, wie es war; vieles ist erst einmal im Fluss: der Körper verändert sich, aber dabei entsteht nicht unmittelbar eine Venus oder ein Adonis. Entsprechend gelangen die Jugendlichen vor dem Spiegel oft genug zu dem Urteil, »doof«, »blöde«, »hässlich« oder »unzulänglich« zu sein.

Auch der Gefühlshaushalt gerät in dieser Zeit aus der Balance: Es gibt Hochphasen, in denen die Jugendlichen geradezu abzuheben scheinen, und Zeiten, in denen sie sich niedergeschlagen und »down« fühlen. Dann wollen sie eigentlich nur in den Arm genommen werden.

Das Schlimmste für die Jugendlichen ist, dass sie keine Selbstkontrolle mehr haben. Die Gefühle scheinen zu kommen und zu gehen, wie sie es wollen. Sie überfluten einen. Das macht Angst und verunsichert extrem. Aus diesem Grund sehnen sich Pubertierende nach Halt und Orientierung, nach einem festen Rahmen. Die endlose Weite des Ozeans der Freiheit können sie nur dann wirklich genießen, wenn sie wissen, dass es einen Hafen gibt, den sie anlaufen können, wenn Stürme toben oder ein Wirbelsturm droht. Dieser Hafen sind die Eltern, sind andere Bezugspersonen, die Geborgenheit vermitteln. Es muss ja nicht immer die Mutter, der Vater sein. Auch die Großeltern, die Taufpaten, ein Lehrer oder die Schulpsychologin, ein Trainer im Sportverein oder die ältere Schwester können solche Persönlichkeiten sein. Für viele Erwachsene – insbesondere die Eltern – besteht das Grundproblem darin, dass die Jugendlichen den schützenden Hafen nur dann ansteuern, wenn sie es möchten, nicht wenn die Eltern es gerne hätten. Der Hafen ist da – das zu wissen ist für Pubertierende (nicht aber für Vater und Mutter) erst einmal genug.

Auch wenn die Jugendlichen es nicht offen artikulieren: Sie wünschen sich andere Menschen, an denen sie sich reiben, mit denen sie sich auseinandersetzen können; Männer und Frauen, die sich ihrer Erziehungsverantwortung bewusst sind und ihr gerecht werden. Heranwachsende testen aus, wo Grenzen sind – oft genug geht das am besten, indem man sie überschreitet. Sie wollen, dass die Erwachsenen in ihrer Umgebung dazu Stellung beziehen. Jugendliche sind maßlos; sie wollen immer mehr. Das ist völlig normal. Manchmal wollen sie aber auch ein »Nein« der Eltern – ein »Nein aus Liebe«, wie es Jesper Juul genannt hat: ein Nein, das die Persönlichkeit des Kindes nicht ablehnt oder abwertet, das kein Nein zur Beziehung ist; vielmehr ein Nein in der Sache – sei es das Zu-spät-nach-Hause-Kommen, das Nicht-Aufräumen, das Nicht-Einhalten von Familienregeln usw.

Nochmals: Es ist normal, wenn Heranwachsende grenzenlose Freiheit fordern und auf Einschränkungen mit Wut (»Ihr seid so gemein!«) oder Beleidigt-Sein (»Ihr versteht mich sowieso nicht!«) reagieren. Wer als Erziehender in der Beziehung zu Jugendlichen klar ist, wer sich als Autorität versteht, der wird bei den unvermeidlichen Auseinandersetzungen nicht geliebt, auf Dauer aber geachtet und respektiert werden.

Pubertierende haben große Probleme mit drei Väter- bzw.

drei Müttertypen, weil diese es ihnen schwermachen, einen eigenständigen Weg zu finden und Autonomie, Selbstbewusstsein sowie Selbstvertrauen zu entwickeln. Bei den Vätern sind es

- der Kumpeltyp,
- der Wischi-Waschi-Typ,
- der General,

und bei den Müttern

- die Freundin,
- das helfende »Lieschen«,
- die pädagogische Domina.

Der Kumpeltyp ist jener Vater, der selbst am liebsten für immer jung wäre. Er will der Freund seines Kindes – meist des Sohnes – sein. Diese Väter sprinten mit ihren Söhnen um die Wette, gewinnen meist mit Ach und Krach und lassen die anschließenden Wadenkrämpfe von einer mitleidigen Frau behandeln. Heranwachsende wollen nicht, dass ihre Väter ihre Kumpel sind. Freunde suchen sie sich schon selbst, in der Regel unter den Gleichaltrigen. Vor Vätern, die sich bei ihnen einzuschleimen versuchen, haben Söhne (und auch Töchter) Angst: Angst, auf der Schleimspur, die jene Väter hinter sich herziehen, auszurutschen.

Statt Kumpel können Väter ihren heranwachsenden Kindern Partner in dieser wichtigen Entwicklungsphase sein. »Und was ist da der Unterschied?«, wollte kürzlich ein offenkundig junggebliebener Kumpel-Vater von mir wissen. Der Unterschied besteht darin, dass ein partnerschaftlich erziehender Vater spürt, dass er und seine Kinder nicht gleichrangig sind. Als Erziehender ist man mindestens eine Generation älter. Man verfügt über ein Mehr an Erfahrung, auf das die Jugendlichen vertrauen können. Solche Erfahrungsvorsprünge sind wichtig. Kontraproduktiv werden sie erst dann, wenn sie in Besserwisserei oder Bevormundung ausarten. Man ist als Vater den Kindern nicht gleichrangig, aber – und das ist ein zentraler Aspekt der Partnerschaft – man muss eine gleichwertige Beziehung leben. Für Väter heißt dies: Sie können von ihren heranwachsenden Kindern lernen. Diese halten ihnen einen Spiegel vor: Sieh nach, wie es dir als Kind gegangen ist! Versuche nicht, das, was du nicht bekommen konntest, an mir zu kompensieren! Ich bin ich und du bist du!

Pubertierende wollen einen Vater, der dazu steht, dass er älter ist, und der seine Erziehungsaufgaben wahrnimmt, gerne auch als Kontrapunkt zu mütterlichen Erziehungs-stilen, indem er die Gelassenheit des pädagogischen Alltags vorlebt. Gelassenheit hat allerdings nichts mit Gleichgültig-keit oder Machen-Lassen zu tun, wie sie der Wischi-Waschi-Typ praktiziert. Er ist jener Typ Vater, der in der eigenen Kindheit und Jugend unter allzu engen Grenzen gelitten und sich daher geschworen hat, niemals so streng und unbarm-herzig zu sein wie es vor allem der eigene Vater war.

Der Beginn der Pubertät bedeutet nicht das Ende der Er-ziehung. Sie ist vielmehr nach wie vor wichtig, auch wenn nun andere Inhalte und Themen in den Vordergrund treten. Erziehung hat mit Beziehung zu tun. Väter, die sich aus der Erziehung zurückziehen in der fragwürdigen Überzeugung, der »Zug sei abgefahren« und man könne sowieso »nichts mehr machen«, lassen die Beziehung zu ihren Kindern brü-chig werden. Wenn Pubertierende Beziehungslosigkeit spü-ren, verhalten sie sich wie Säuglinge. Diese schreien, wenn man ihnen die Beziehung vorenthält, und zwar so lange, bis man sie im Arm hält und Nähe spüren lässt. Jugendliche wollen nicht unbedingt körperlich in den Arm genommen werden – aber symbolisch allemal. Sie brauchen das Gefühl, angenommen zu sein. Sie möchten wissen: Da ist jemand, der sich kümmert, der sich um mich sorgt, wenn ich es brauche! Das Gefühl der Freiheit können Heranwachsende nur genießen, wenn sie jemanden haben, bei dem sie Zuflucht finden, wenn alles zusammenzubrechen droht.

Die 15-jährige Vanessa erklärt mir in der Beratung, dass ihr Vater ihr keine Zeit nennt, zu der sie zu Hause zu sein hat, wenn sie freitags in die Disco geht. »Ja, willst du das denn?«, frage ich sie. »Na klar!«, erwidert Vanessa. »Aha, und warum?«, will ich wissen. Vanessa muss lachen. Dann erklärt sie mir, dass sie es »herrlich« findet, mit ihrem Vater darüber zu streiten, wann sie wieder zu Hause sein soll. »Und außerdem will ich schon, dass er an mich denkt, wenn ich um die Häuser ziehe!«

Auch wenn Jugendliche sich oft mit Vehemenz von ihren Eltern abzuwenden scheinen, wünschen sie sich elterliches Geleit (»dein Stecken und Stab trösten mich«) und Behütet-Werden. Das hat freilich nichts mit Überbehütung, mit unendlicher Über-Fürsorge zu tun.

Der Vater des Typs General ist dem Wischi-Waschi-Typ diametral entgegengesetzt. Er übt nicht Autorität aus, sondern ist Autokrat: ein pädagogischer Diktator, der die Puppen nach seinem Lied tanzen lässt. Der General weiß, was wichtig und richtig ist. Seine Meinung gilt – ganz besonders dann, wenn die Kinder in die Pubertät kommen. In den Jahren davor lassen Väter dieses Typs meist andere erziehen. Sie treten auf den Plan, sobald die Kinder zwischen zehn und zwölf Jahre alt sind.

Die Mutter eines zwölfjährigen Sohnes beschreibt ihren General wie folgt: »Solange Leon klein war, hat sich Thomas aus der Erziehung rausgehalten. Kaum war unser Sohn so circa elf Jahre alt, war ihm plötzlich nichts mehr recht. Er warf mir vor, ich würde Leon viel zu viel durchgehen lassen, er brauche jetzt Führung. Was dabei rauskam, war vor allem viel mehr Unruhe in unserem Familienalltag. Und am meisten ärgert mich, dass Thomas mir durch sein Verhalten sagt: Anja, du hast »jetzt lange genug rumprobiert, nun lass mich mal machen«.

Was Anja erzählt, lässt sich häufig beobachten. Viele Väter halten sich über Jahre aus der Erziehung heraus. Manche dieser Väter sind distanziert, manche schlicht gelangweilt, manche auch bewertend. Wenn die Kinder in die Pubertät kommen, werden die Väter erzieherisch aktiv. Sie praktizieren dann einen Erziehungsstil, der konträr zum Stil der Mütter ist. Der Vater vom Typus General tritt mit der Mutter der Kinder in Konkurrenz. Und er liefert sich mit ihr einen Machtkampf unter dem Motto: »Jetzt ist Schluss mit der Kuschelei und dem grenzenlosen Verständnis für die Kinder!« Diese Art von väterlichem Eingreifen ließe sich auch als »last-minute-Erziehung« bezeichnen. Allerdings liegt das Problem nicht primär darin, dass diese Väter sich erst spät für die Erziehung ihrer Kinder interessieren. Schwierigkeiten gibt es vielmehr vor allem in zwei anderen Bereichen.

Der General-Typus fokussiert sich in seinem Erziehen auf immer wiederkehrende Themen: Das kann die Schule sein, die Hausaufgaben, das Aussehen des Kindes, sein Benehmen, seine Freunde, das Nach-Hause-Kommen. Das jeweilige Thema beherrscht dann die familiäre Kommunikation. Der Vater vom Typus General setzt »er-ziehen« mit »ziehen« gleich. Die Beziehung zu den Kindern ist für ihn zweitrangig; ja, er setzt sie geradezu aufs Spiel. In der Beratung von Familien mit einem General-Vater dreht sich dann oft alles um den Streit zwischen Vater und Mutter, und darüber, wie die Kinder zu erziehen seien. Denn auch die Beziehung zu seiner Partnerin setzt der Vater durch sein Verhalten einer großen Belastung aus.

Und die Mütter? Bei ihnen gibt es als Pendant zum Kumpel-Vater die Mutter vom Typus der Freundin. Dabei geht die Initiative von ihr aus, nicht vom Kind (meist der Tochter). Wenn ein heranwachsendes Mädchen seine Mutter als »beste Freundin« bezeichnet, heißt das zunächst einmal nur: »Ich mag dich! Ich vertraue dir! Ich erzähle dir alles, weil du mich nicht verpfeifst!« Drängt die Mutter sich jedoch dem Kind als Freundin auf, wertet sie sich selbst ab. Sie kann dann kein Vorbild mehr sein, keine Orientierung vermitteln. Das Wort »Eltern« leitet sich aus »älter sein« ab. Und älter zu sein heißt, mehr vom Leben zu wissen – eine Qualität, die Heranwachsende zu schätzen wissen, denn wer mehr vom Leben weiß, auf den kann man sich in unsicheren Zeiten verlassen.

»Meine Mutter ist sowas von ätzend!«, klagt die 14-jährige Hannah. »Sie zieht sich an wie ich, macht voll einen auf Teenie. Aber in Wirklichkeit muss sie sich Seidenschals um den Hals wickeln, damit man ihre Falten nicht sieht. Und dann merkt man, wie alt sie wirklich ist!« Hannah schaut mich ernst an. »Manchmal schäme ich mich richtig für meine Mutter«, fährt sie fort. »Wenn meine Freundinnen da sind und meine Mutter so auf cool macht und versucht, genauso zu sprechen wie wir. Schrecklich! Ich mag inzwischen mit meiner Mutter kaum noch wo hingehen. Am schlimmsten ist es, wenn die Leute dann rufen: ›Nadine! Wie jung du aussiehst! Man könnte meinen, deine Tochter und du, ihr wärt Schwestern!‹ Dann würde ich am liebsten im Boden versinken. Ich kann meine Mutter überhaupt nicht mehr respektieren, weil sie sich so bei mir anbiedert. Sie ist nicht meine Freundin! Wer meine Freundin ist, entscheide immer noch ich!« Recht hat sie.

Heranwachsende suchen ihre Freunde selber aus. Und diese sind nicht von ungefähr in etwa gleich alt und verkörpern Werte und Normen, die Eltern nicht mehr vertreten können oder sollten: Anarchie, Aufbegehren, Chaos, Reibung. Mütter, die sich als Freundinnen ihrer Kinder verstehen, sehen alt aus und werden im Zweifelsfall belächelt und links liegen gelassen.

Ebenso ergeht es Müttern vom Typus »helfendes Lieschen«, die ständig für ihre Kinder im Einsatz sind: die Pubertierenden nutzen ihre Neigung, sich zu kümmern, schamlos aus. Die Mütter dieses Typus' werden als Fußabtreter benutzt, nicht gewürdigt, schlecht behandelt. Wie die Freundin-Mutter nimmt auch das »Lieschen« sich selbst nicht ernst – warum also sollte sie von den Jugendlichen ernst genommen werden? Nichtsdestotrotz sind diese Mütter von morgens bis abends im Einsatz. Sie wecken die Kinder – wenn es sein muss, zehnmal –, sie sind klaglos das »Mama-Taxi« und kochen stets ganz nach dem Geschmack der Kinder. Man könnte den Eindruck gewinnen, als ginge es diesen Müttern darum, das pädagogische Verdienstkreuz am Bande verliehen zu bekommen. In der Tat geht es der »Kümmerin« um Anerkennung, aber die Suche danach ist längst zur Sucht geworden. Diese Art Mutter will unersetzlich sein, unverzichtbar. Ihre Persönlichkeit hat sie darüber aufgegeben.

Zu guter Letzt gibt es noch die pädagogische Domina, die weibliche Variante des Generals. Sie muss immer bestimmen, alles kontrollieren. Sie weiß stets alles besser als andere, hat einen genauen Plan davon, was Erziehung bedeutet und lässt sich von niemandem etwas sagen. Domina-

Mütter sind häufig beratungsresistent. Sie haben zwar viele Bücher gelesen, Vorträge gehört und Seminare besucht, aber sie haben auch ihre Vor- und Einstellung. Und diese sind unumstößlich. Jede noch so kleine Veränderung wirft diese Mütter aus der Bahn. Die Domina weiß, was sie will. Sie ist von der Wirksamkeit einer zielorientierten Erziehung überzeugt und lässt sich von niemandem hineinpfuschen. Die Männer solcher Frauen halten sich meist aus der Erziehung heraus, und ziehen sich in ihr Berufsleben oder zu einer (heimlichen) Geliebten zurück. Die Heranwachsenden wiederum suchen sich Freunde, mit denen sie Freiräume genießen können. Sie sind vordergründig brav, tatsächlich aber die reinsten Schlitzohren – sie nehmen die Vollkornbrötchen mit in die Schule, die die Domina morgens gebacken hat, und tauschen sie auf dem Schulhof gegen die Milchschnitte ein. Und wenn sie dann nach Hause kommen und die Mutter fragt, ob es geschmeckt hat, fragen sie grinsend, ob sie morgen zehn Vollkornbrötchen bekommen könnten. Dominas werden auf diese Weise geerdet, ohne selbst etwas davon mitzubekommen.

4.1.2 Auch Eltern müssen wachsen

»Mein Mann«, erzählt mir eine Mutter, »lebt immer noch so, als ob er 30 sei. Er arbeitet mehr, als er müsste, um den jüngeren Kollegen zu beweisen, dass er's noch mit ihnen aufnehmen kann. In Wirklichkeit ist er aber total kaputt. Pausen oder Urlaub gönnt er sich trotzdem nicht.« Sie hält kurz inne. »Allerdings, um ehrlich zu sein: Ich bin auch nicht viel besser. Ich rackere ununterbrochen, um mir selbst zu beweisen, wie tüchtig ich bin. Alles muss sofort erledigt werden. Wenn ich sehe, wie langsam meine Tochter manche Sachen macht, steigt in mir die Wut hoch.« Sie stutzt: »Aber ob das so richtig ist, wie ich es mache – langsam kommen mir da Zweifel.«

»Mein Mann«, so eine andere Dame, »misst sich ständig mit unseren Söhnen. Im Tischtennis gewinnt er nur noch mit Mühe und Not, beim Computer sind ihm die beiden sowieso haushoch überlegen. Wenn wir zusammen wandern gehen, gibt er das Tempo vor, aber hinterher sitzt er völlig erledigt da. Er will sich nicht eingestehen, dass er einfach langsamer geworden ist, mehr Zeit zum Auftanken braucht.«

Ein Vater bekennt: »Ich hab' jahrelang morgens vor dem Spiegel gestanden und überprüft, ob meine Haare weniger werden. Und als die Schläfen grau wurden, hab' ich sie gefärbt. Und wehe, einer machte sich über meinen Haarausfall lustig. Auf den bin ich regelrecht losgegangen.« Inzwischen kann er darüber lachen. »Es hat Jahre gedauert, bis ich mich wieder leiden mochte. Bis dahin habe ich mich jeden Morgen im Bad verhalten wie ein Teenager.«

Frauen kommen in die Wechseljahre, und viele haben dann mit Hitzewallungen, Herzrasen und körperlichem Unwohlsein zu kämpfen. Bei mancher stellt sich zudem ein Gefühl ein, das eine Mutter wie folgt auf den Punkt brachte: »Jetzt, wo ich keine Kinder mehr bekommen kann, bin ich nutzlos.« – »Das kann aber doch auch ganz praktisch sein«, erwiderte eine andere Frau. »Jetzt müssen wir endlich nicht mehr verhüten.«

Auch bei Männern lassen sich wechseljahrähnliche Beschwerden feststellen: Wie die Frauen leiden sie manchmal unter Stimmungsschwankungen und Reizbarkeit, Herz-Kreislauf-Beschwerden oder aufkommender Hitze. Haare fallen aus oder werden grau. Bei Männern wie bei Frauen ist die Haut nicht mehr so glatt, und die ohnehin ungeliebte

Lesebrille muss jährlich durch eine stärkere ersetzt werden. Das zunehmende Alter lässt sich immer schlechter leugnen.

Gerade Männer sind in der »zweiten Pubertät« vor Ausbruchsversuchen nicht gefeit – insbesondere dann, wenn sie sich bisher stark über ihre Sexualität definiert haben. Gemeinsam mit dem Partner, der Partnerin eine nach wie vor auch von Sexualität geprägte liebevolle Beziehung zu erhalten, stellt beim Älterwerden eine vordringliche Aufgabe dar. Eltern, die diesen Bereich ausklammern, leben ihren Kindern ein problematisches Modell vor: »Sexualität hat nichts mehr mit uns zu tun.« Die Konflikte zwischen Eltern und Pubertierenden rund um das Thema Sex haben vielfach auch damit zu tun, dass sie bei den Eltern Verdrängtes wachrütteln.

Heranwachsende spüren, wenn die Partnerschaft ihrer Eltern nur noch eine Zweckgemeinschaft ist. Sie nehmen wahr, wenn es zwischen Mutter und Vater keine Zärtlichkeit oder liebevolle Umarmungen mehr gibt. Für die Kinder wird es damit deutlich schwerer, sich von den Eltern abzulösen, vermitteln diese ihnen doch das Gefühl, ohne Kinder keinen Lebensinhalt mehr zu haben.

Viele Väter und Mütter sind bei der Kindererziehung völlig in ihrer Rolle aufgegangen, haben sich nur noch über das Eltern-Sein definiert, als wären sie nicht länger Männer und Frauen. Mitunter ist zu beobachten, dass Paare sich nicht mehr mit ihren Vornamen ansprechen – dann reden Väter ihre Frauen mit »Mutti«, Mütter ihre Männer mit »Papa« an.

Wenn die Kinder in die Pubertät kommen, verändern sich die Aufgaben der Eltern. Die Kinder werden allmählich flügge. Und die Eltern stellen fest: Erziehung ist nicht alles. Eine Entdeckung, die Angst machen kann. Wird man plötzlich mit leeren Händen dastehen? Dieser Angst lässt sich nur offensiv begegnen: indem man die Beziehung neu gestaltet, als Paar veränderte Umgangsformen entwickelt. Väter und Mütter müssen sich selbst die Frage beantworten, ob und unter welchen Umständen sie auch künftig miteinander leben und gemeinsam alt werden wollen. Gelingt es nicht, die Elternrolle neu zu interpretieren, stellt sich irgendwann ein Gefühl von Leere ein. Diese Perspektivlosigkeit versuchen Eltern dann häufig dadurch zu kompensieren, dass sie sich an ihre Kinder klammern.

In Beratungsgesprächen fällt mir immer wieder auf, dass nicht nur die Mütter sich damit schwertun, ihre bisherige Rolle aufzugeben. Häufig haben auch Väter Probleme damit, sich dieser Entwicklungsaufgabe zu stellen und die Beziehung zu ihrer Partnerin neu zu gestalten.

»Letztes Jahr«, erzählt mir eine Frau, »haben mein Mann und ich den ersten Urlaub allein seit 20 Jahren gemacht. Unsere vier Kinder sind ja jetzt alle aus dem Haus. Ich hab' die Reise gebucht – acht Tage auf einer Insel. Nicht länger. Mehr hab' ich mir nicht zugetraut, weil ich überhaupt nicht wusste, ob wir es so lang ganz allein miteinander überhaupt aushalten können. Aber dann war es schön, und wir haben noch eine Woche drangehängt. Zu Anfang war es schon ungewohnt, so ohne Kinder – aber dann ging es immer besser.«

»Wir haben es anders gemacht«, berichtet eine andere Teilnehmerin der Beratungsgruppe. »Wir haben schon sehr früh damit angefangen, bestimmte Wochenenden allein, ohne die Kinder, zu verbringen. Später, als sie so zwischen zehn und dreizehn waren, sind wir öfter mal eine Woche allein fortgefahren. Und das regelmäßig. Wir haben diese kinderfreie Zeit genossen. Und die Kinder auch. Sie konnten dann bei den Großeltern vieles von dem machen, was sie zu Hause nicht durften, und hinterher haben wir uns alle auf das Wiedersehen gefreut. Wir haben uns allerdings auch einiges anhören müssen: ›Wie könnt ihr bloß die Kinder allein lassen!‹ Wenn ein Kind dann mal krank wurde, hieß es: ›Das kommt davon, dass ihr Rabeneltern seid.‹ Wir haben uns aber nicht kopfscheu machen lassen. Heute – auch unsere Kinder sind inzwischen groß – kommen sie hin und wieder mit in den Urlaub, machen sogar Museumsreisen mit, die sie früher grässlich fanden.«

»Das hört sich schön an«, merkt eine dritte Teilnehmerin wehmütig an. »Bei uns geht nichts mehr. Vor ein paar Monaten haben mein Mann und ich wieder einmal probiert, ohne Kinder in Urlaub zu fahren – aber es endete wie immer: Wir streiten uns, schreien uns an, ich renne heulend aus dem Hotel. Unsere gemeinsamen Ferien sehen dann so aus: Jeder macht, was er will, wir sehen uns morgens beim Frühstück und dann wieder beim Abendessen. Das nächste Mal fahre ich mit meiner Tochter in die Ferien. Sie macht sich Sorgen, weil ich jedes Mal völlig fertig von den Reisen zurückkomme. Ob mein Mann mitkommt, weiß ich noch nicht.«

4.1.3 Wenn Eltern peinlich sind …
und wie sie sich davor schützen können

»Pubertät ist, wenn die Eltern schwierig werden!« Dieser Buchtitel ist wohl augenzwinkernd gemeint und darf nicht wörtlich genommen werden. Denn all die Schwierigkeiten, die der Übergang von der Kindheit in das Erwachsenenalter, d. h. in die Phase der Pubertät, mit sich bringt, bei den Eltern abzuladen, wäre dann doch wohl zu einfach. Die Probleme haben sowohl mit Vater und Mutter als auch mit den Heranwachsenden zu tun. Konkret: Peinlich sind sowohl Eltern als auch Jugendliche. Den Eltern ist häufig die Art und Weise, wie sich ihre pubertierenden »Kinder« inszenieren und präsentieren, alles andere als gleichgültig. Und den Heranwachsenden gehen die Eltern gewaltig »auf den Keks« – entweder, weil sie uneinsichtig oder stur sind, oder weil sie Lebenserfahrung mit Besserwisserei verwechseln.

Vorweg sei gesagt: Man kann es als Vater oder Mutter Pubertierenden nicht wirklich recht machen. Und Väter und Mütter, die es dennoch versuchen, werden von den Heranwachsenden auf unnachahmliche Weise auf den Boden der Tatsachen zurückgeholt. Jugendliche grenzen sich von ihren Eltern ab – manchmal schroff und verletzend, jenseits der Grenzen von Respekt und Achtung. Es ist für Mütter und Väter eben nicht einfach, »ihre« Kinder, mit denen sie sich doch so verbunden fühlen, durch diese Zeit zu begleiten. Pubertierende finden Eltern, die eher verständnisvoll daherkommen, unerträglich – doch im gleichen Atemzug fordern sie Verständnis, sitzen vollkommen außer sich vor den Eltern und brüllen: »Ihr versteht mich sowieso nicht!«

Wie sollte man es Pubertierenden je recht machen können, lautet die Dramaturgie dieser Entwicklungsphase doch: »Halte mich! Aber lass mich los!« Befragt man die Jugendlichen, was sie an ihren Eltern nervt, so weisen die Antworten eine erstaunliche Übereinstimmung auf.

Lea, 15 Jahre, findet es »zum Kotzen, dass meine Eltern in mein Zimmer kommen, ohne anzuklopfen. Ich renn' doch auch nicht nachts in deren Schlafzimmer, ohne mich kurz bemerkbar zu machen, auch wenn ich weiß, dass da schon lang nix mehr los ist.« Ihr Zimmer sei schließlich ihr Zimmer. »Ich will, dass das respektiert wird. Meine Eltern reden so viel von Respekt, aber wenn es drauf ankommt, sind das nur hohle Phrasen!«

Leas Freundin Marie ergänzt: »Einfach so platzen sie ins

Zimmer. Ich daddele am Computer, und sofort heißt es: ›Du kannst auch bloß noch am Computer spielen!‹ Ich könnte ausrasten! Wenn ich ins Wohnzimmer gehe und meine Mutter sitzt vor der Glotze, während mein Vater schnarcht, weil er müde ist, sag' ich doch auch nichts!«

»Mich nervt«, erklärt der 14-jährige Lennart, »wie meine Mutter über mich redet. Sie erzählt, wie toll ich in der Schule bin, wie prima meine Klassenarbeiten sind, was ich alles mache.« Er hält kurz inne: »Die soll einfach mal ihren Mund halten. Klar, ich weiß schon, dass sie stolz auf mich ist. Ich finde ja auch, dass sie als Mutter ganz gut ist. Aber manchmal glaube ich, sie hebt mich nur so in den Himmel, damit alle sehen, was für eine perfekte Mutter sie ist. Das nervt extrem – wirklich, das ist absolut peinlich.«

»Bei mir ist das komplett anders«, entgegnet Katharina, 16 Jahre alt. »Meine Alte faselt nur den ganzen Tag lang über das, was ich nicht kann: im Haushalt helfen, aufräumen, pünktlich sein und Hausaufgaben machen. Grauenhaft!« Katharina erhebt die Stimme, äfft ihre Mutter nach. Die führe sie vor allen vor, mache sie schlecht, wo es nur gehe. »Gut, kann sie haben! Dann kriegt sie die peinlichste Tochter der Welt.« Katharina grinst dreckig: »Und sie wird die peinlichste Mutter der Welt!«

Ihr Sohn Max, gerade 16 Jahre alt geworden, sei schon sehr eigenartig, berichtet eine Mutter. »Der ist manchmal noch unser kleines Mäxchen, so wie wir es von früher kennen. Unser kleiner Schmusekater! Also, wenn ich mit ihm alleine bin, dann hält er meine Hand, himmelt mich an, sagt, ich sei die beste Mama der Welt, aber kaum klingeln seine Freunde an der Tür, lässt er mich los, springt auf, will nichts mehr mit mir zu tun haben. Dann bin ich für ihn Luft!«

»Genau wie bei mir!«, ruft die Mutter der 14-jährigen Mia

dazwischen. »Neulich, als ich ihr und ihren Freundinnen auf der Straße entgegengekommen bin, hat sie doch wahrhaftig so getan, als würde sie mich nicht kennen!«

»Ja, und wehe, man fasst sie an, wenn man sich vor der Schule von ihnen verabschiedet!«, ergänzt eine andere Mutter. »Mein Sohn guckt mich dann an, als wolle er mich unangespitzt in den Boden rammen. Neulich hat er mich gebeten, hundert Meter vor der Schule anzuhalten und ihn rauszulassen.« Dabei wolle sie wirklich nicht übergriffig sein. »Aber ich weiß einfach nicht, wann er Nähe will und wann nicht!«

In der Gruppe ist auch ein Vater, der sich jetzt zu Wort meldet. »Neulich hatte ich einen schlimmen Krach mit meiner Tochter. Die ist jetzt 17, und ich habe sie von einer Party abgeholt. Ich habe zur vereinbarten Zeit vor dem Haus gewartet. Sie kam nicht. Nach einer Stunde habe ich geklingelt und bin rein. Als sie mich sah, ist meine Tochter fast im Boden versunken. Und im Auto hat sie mich dann angebrüllt: ›Du bist peinlich! Ich will dich nie mehr sehen!‹ Ich war in einer Art Schockstarre, wusste nicht, was ich sagen sollte. Dabei habe ich es doch nur gut gemeint.« Dann schüttelt er den Kopf: »Wie man es macht, macht man es verkehrt.«

Da muss man dem Vater zustimmen. Dass man es den Jugendlichen nie recht machen kann, liegt auch daran, dass sie oft selbst nicht wissen, was sie wollen, was richtig oder falsch ist. Sie sitzen eben zwischen allen Stühlen, sind nicht mehr Kinder, aber auch noch keine Erwachsenen. Die daraus resultierende Unsicherheit, Unzufriedenheit und Frustration projizieren sie dann auf die Eltern, die schlicht an allem und jedem schuld sind. Doch es geht gar nicht um Schuld oder Unschuld. Es geht um Abgrenzung, um Nähe und Distanz.

Was auffällt: Peinlich werden Eltern immer dann, wenn Pubertierende den Eindruck haben, dass Vater oder Mutter unangemessen in ihren Hoheitsbereich eingreifen, diesen kontrollieren, gar in Besitz nehmen wollen – durch unangekündigtes Betreten des Zimmers, nicht genehmigtes Auftauchen auf einer Party, unangebrachte Äußerungen in der Öffentlichkeit. Nicht zu vergessen, diese elterliche Besserwisserei, die sich in Sätzen wie »Wenn ich deine Möglichkeiten gehabt hätte!« äußert. »Wenn ich sowas von meinem Vater höre«, flucht der 15-jährige Paul, »dann ist das nicht nur peinlich, dann könnte ich abkotzen.«

Aber es war doch nur gut gemeint, sagen viele Eltern, und so ist es ja auch. Denn tatsächlich wollen Eltern ihre Kinder ermutigen, keineswegs peinlich sein, ihren Teenagern vielmehr bestmögliche Unterstützung zuteilwerden lassen. Trotzdem gibt es immer wieder Stress. Und der hat dann eben doch mit den Eltern zu tun.

»Gib Kindern Wurzeln, verleih ihnen Flügel«, so lautet ein Goethe zugeschriebener Satz. Bei genauerem Hinsehen bedeutet das: Eltern sind Wurzeln, Kinder sind Flügel. Wenn Eltern Flügel sein wollen, sind sie flatterhaft, geben keinen Halt und keine Geborgenheit. Und genau dies kritisieren Jugendliche an ihren Eltern. Auch wenn die Heranwachsenden nicht allen elterlichen Ansagen vorbehaltlos zustimmen können, wollen sie doch, dass sie sich auf Vater und Mutter verlassen können.

Was stört Jugendliche an ihren Eltern am meisten? Hier die zentralen Punkte, die im Gespräch mit Pubertierenden immer wieder auftauchen:

– Es stört sie, wenn Eltern nicht zu ihrem Alter stehen, sich unangemessen jugendlich kleiden oder sportlicher auftreten, als sie sind.

– Es gefällt ihnen nicht, wenn Eltern sich so verhalten, als
   wären sie ihre Freunde – wenn sie alles durchgehen lassen, anstatt Grenzen zu setzen; wenn sie sich bei den
   gleichaltrigen Freunden ihrer Kinder beliebt zu machen
   versuchen, indem sie sich betont jugendlich geben.

Wenn die Kinder in die Pubertät kommen, machen häufig
auch die Eltern eine Pubertät durch – Midlife-Crisis oder
Wechseljahre genannt. Wenn Kinder den Übergang von der
Kindheit ins Erwachsenenalter wagen, steht zugleich für die
Eltern ein Wechsel an: anstelle der Elternschaft tritt nun wieder die Partnerschaft in den Vordergrund. So »eklig« es Jugendliche auch finden mögen, wenn ihre Eltern Zärtlichkei-
ten austauschen – insgeheim merken sie: Da geht noch was,
die Beziehung der Eltern besteht nicht nur noch pro forma.
Für Vater und Mutter gibt es ein Leben jenseits der Kinder,
sie haben neben deren Schulnoten noch andere Themen,
über die sie miteinander sprechen.

Sich für die eigenen Kinder aufzuopfern ist keine Tu-
gend, vielmehr wird es von manchen Heranwachsenden als
Nötigung, als gefühlsmäßiges Unter-Druck-Setzen empfunden. Kinder und Jugendliche spüren, wenn man sie als Mittel zum Zweck missbraucht. Oder anders ausgedrückt: Nur
wenn es den Eltern gut geht, geht es den Kindern gut. Dann
gehen sie gern aus dem Haus. Und kommen gern zurück,
wenn sie Rat und Unterstützung brauchen.

Heranwachsende akzeptieren es, wenn Eltern etwas für
ihr eigenes Wohlbefinden tun, wenn sie ein Recht auf In-
timität einfordern und Zeit zu zweit verbringen. Dann
brauchen sich Söhne und Töchter nicht für die Eltern verantwortlich zu fühlen. Definieren sich Eltern hingegen ausschließlich als Eltern, haben Jugendliche es schwer, ihre

Beziehung zu Vater und Mutter auf eine veränderte Basis zu stellen.

»Als die Kinder aus dem Haus gingen, war da plötzlich ein richtiges Loch«, erzählt eine Mutter, für die der Auszug der Kinder äußerst abrupt kam: Ihr ältester Sohn, Mark, zog mit 19 Jahren aus, seine Schwester, Annika, ein Jahr darauf. »Ich bin danach immer noch in die Kinderzimmer gelaufen. Hab' mich umgeschaut, mich aufs Bett gesetzt und in Erinnerungen geschwelgt. Ich habe Fotos von früher angeschaut und daran gedacht, wie schön es damals war. Ich hab' mir richtig selber leid getan.« Im Haus und im Tagesablauf hat diese Mutter nach dem Auszug der Kinder nichts verändert. »Wenn die Kinder mich besuchen, ist alles wie früher! Schön ist das! Aber ich bin immer so traurig, wenn sie dann wieder gehen!«

Diese Mutter – nennen wir sie Susanne Schmidt – hat nicht wirklich Abschied von ihren Kindern genommen. Ich mache ihr deshalb einen Vorschlag: »Haben Sie schon einmal an ein Frauenzimmer für Sie gedacht?«, frage ich sie. »Wie bitte?« Sie schaut mich irritiert an. »Was ich meine, ist ein Zimmer nur für Sie!« Susanne lächelt etwas hilflos: »Ich habe das Bügelzimmer, die Küche ...« Sie schüttelt den Kopf: »Aber sonst gibt es für mich kein eigenes Zimmer im Haus!« – »Mhm«, überlege ich laut, »... und wenn Sie das Zimmer Ihres Sohnes nehmen würden?« Ihre Reaktion kommt unmittelbar: »Nein, das geht nicht! Der braucht doch seine gewohnte Umgebung, wenn er kommt!« Wie häufig das denn der Fall sei, will ich wissen. »Na, vielleicht alle zwei Monate!« Noch bevor ich etwas sagen kann, stutzt Susanne nun selbst: »Und Sie meinen, ich soll das machen?«

Anderthalb Monate später ruft sie mich an. »Ich habe Marks Zimmer komplett ausgeräumt. Die Sachen, die er noch brauchte, hat er vorher abgeholt; alles andere habe ich erstmal in den Keller geräumt. Ich habe mir eine schöne neue Tapete für das Zimmer ausgesucht, Möbel gekauft, die mir gefallen, und an der Tür hängt ein Schild: Bitte anklopfen!« – »Und wie fühlt sich das jetzt an?« – »Am Anfang noch ungewohnt, jetzt finde ich's toll!«, antwortet Susanne. Sie habe vor, nun auch Annikas Zimmer umzugestalten. Es soll ein Gästezimmer werden.»Wenn die Kinder mich jetzt besuchen, sind sie gern gesehene Gäste. Ich umsorge sie gern, aber sie sind eben nur Gäste.«

Ein Jahr später treffe ich Susanne wieder: Sie hat eine Umschulung begonnen und macht den Eindruck, mit beiden Beinen fest im Leben zu stehen. »Die Kinder besuchen mich nach wie vor gern. Das mit dem Gästezimmer gefällt ihnen, auch wenn sie sich erst dran gewöhnen mussten. Jetzt klappt es gut. Nur das gemütliche gemeinsame Abendessen müsse bleiben, wenn er da sei, findet mein Sohn. Er würde es auch zubereiten, wenn ich dazu keine Lust hätte. Aber ohne Abendessen sei es nicht mehr wie zu Hause.«

Die Entwicklungen, die Kinder in der Pubertät und Eltern in der Lebensmitte durchlaufen, bringen Krisen mit sich. Das ist ganz normal und lässt sich kaum vermeiden. Aber schwierige Situationen stellen Herausforderungen dar; sie bieten die Möglichkeit, das eigene Leben aus einer neuen Perspektive zu sehen. Wer die Kinder gehen lässt, hat beide Hände frei für neue Aufgaben. Wer sich dagegen an der gemeinsamen Vergangenheit festklammert, verbaut sich selbst – und möglicherweise auch den Kindern – einen Neuanfang. Wenn man die Veränderung der Beziehung effektvoll inszeniert, ist es für alle Beteiligten einfacher, das neue Leben mit Sinn zu erfüllen.

4.1.4 »Bloß nicht wie die eigenen Eltern werden!«

»Als ich noch keine Kinder hatte«, erinnert sich Annette Pietsch, »wollte ich schon vieles anders machen als meine Eltern. Die fand ich ziemlich anstrengend, besonders meine Mutter. Mein Vater war ja kaum zu Hause. Aber wenn er dann doch mal da war und seine dämlichen Sprüche klopfte – so à la: ›Wir wollen doch mal sehen, wer hier das Sagen hat‹ –, da habe ich nur die Augen verdreht und mir geschworen, sowas niemals zu meinen eigenen Kindern zu sagen.« Als sie das Wort »niemals« ausspricht, muss Annette grinsen: »Ach ja, was man sich so alles vornimmt, wenn man noch keine Kinder hat und sich das pädagogische Blaue vom Himmel träumt.« Sie lächelt. »Als ich damals – ich war heftig in der Pubertät – meiner Mutter vorgehalten habe, wie unmöglich ich sie fand, hat sie bloß gemeint: › Ich wünsche dir später so eine Tochter, wie du jetzt eine bist!‹ Ich habe sie nur böse angelächelt und gesagt: ›Wir sprechen uns noch! So wie du werde ich jedenfalls nie. Und deine Fehler werde ich auch nicht machen!‹« Annette muss jetzt richtig lachen. »Tja, mache ich auch nicht! Nur andere Fehler, und davon genug!«

Als ihre eigenen Kinder noch klein waren, habe sie sich bewusst von der elterlichen Erziehung abgesetzt, berichtet sie weiter. »Ich habe dann allerdings schnell gemerkt: So, wie man sich das in der Theorie vorstellt, funktioniert vieles nicht!« Auf meine Nachfrage wird sie konkreter: »Na ja, beispielsweise ist es so, dass ich rede und rede, aber meine beiden Söhne, der Jonas, der ist acht Jahre, und der Alexander, der wird dreizehn, die hören einfach nicht!« Jetzt zuckt Annette mit den Schultern: »Wenn ich dann irgendwann laut werde, gucken sie mich immerhin an.« Ihre gute Laune scheint inzwischen verschwunden. Sie schaut mich ernst an und erzählt dann: »Neulich habe ich richtig gebrüllt vor Wut und Verzweiflung. Ich bin vollkommen durchgedreht, stand richtiggehend neben mir. Sekunden später bin ich mir vorgekommen wie ein Zombie. Schlimm war das!« Sie senkt den Kopf, schaut auf den Boden: »Und wieder ein paar Sekunden später sehe ich in Gedanken meinen Vater vor mir, wie er grinst – nicht böse, nein, ganz verständnisvoll, als wolle der sagen: Tochter, ich verzeihe dir!«

Sie habe dann »Rotz und Wasser geheult«, erzählt Annette weiter. »Meine Söhne haben mich bloß noch verständnislos angeguckt. Ich habe mir meine Jacke geschnappt, die Nachbarin gefragt, ob sie auf Jonas und Alex aufpassen kann, und bin zu meinen Eltern gefahren. Mit ihnen zu reden, hat so gut getan. Mein Vater hat mich in den Arm genommen und gesagt: ›Ich konnte früher nicht anders. Mir hat es oft leid getan. Hinterher! Aber ich habe es auch nicht fertiggebracht, mich bei euch zu entschuldigen. Ich dachte, wenn ich das mache, respektiert ihr mich nicht mehr.‹« Dann habe ihr Vater noch gesagt: »Nun bin ich Großvater und nutze meine zweite Chance!«

Auch Michael Kern, Vater von drei Kindern zwischen zehn und fünfzehn Jahren, wollte alles ganz anders machen als seine Eltern, insbesondere nicht so sein wie sein eigener Vater: »Ich wollte für meine Kinder da sein, ihnen zuhören, Verständnis für sie zeigen. Mein Vater, der war immer so von oben herab!« Michael schaut kurz aus dem Fenster bevor er weiterspricht: »Vor allem wollte ich Probleme im Gespräch mit den Kindern lösen. Ich wollte nicht derjenige sein, der befiehlt und anordnet. Meine Kinder sollten einsehen, dass das sinnvoll ist, was ich sage!« Er verdreht die Augen: »Inzwischen weiß ich: Mit diesem Anspruch habe ich uns alle überfordert! Und irgendwie habe ich auch auf eine fiese

Art Unterwürfigkeit von meinen Kindern haben wollen, wünschte mir unbewusst, dass meine Kinder, wenn ich was von ihnen wollte, aufspringen und rufen: ›Ja, Papa, wir haben dich verstanden, wir machen das, was du willst!‹ Puh, war ich bescheuert!«

Glücklicherweise habe sein mittlerer Sohn Paul, 13 Jahre alt, ihn dann auf den Trichter gebracht. »Der hat ein ganz feines Gespür dafür, wenn man herumeiert, wenn man nicht authentisch ist. Er hat mich vor einiger Zeit gefragt, warum ich eigentlich immer so ruhig bleiben würde und nie mal ausflippe, so wie andere Väter. Da habe ich ihm geantwortet, dass ich nie so sein wollte wie sein Opa. Der hat mich immer gleich angeschrien und nur seine eigene Meinung gelten lassen.«

»Mein Sohn hat mich dann angeguckt und gefragt: ›Du wusstest dann, dass Opa sauer war, oder?‹ ›Klar!‹, habe ich gesagt: ›Das war ja schließlich kaum zu übersehen!‹ Natürlich war das eine Steilvorlage vom Feinsten«, schmunzelt Michael Kern, und erzählt dann weiter: »Vor ein paar Wochen habe ich mich mit Paul darüber gestritten, wann er am Abend zu Hause sein muss. Er wollte um Mitternacht heimkommen, ich wollte, dass er spätestens um 22:00 Uhr da ist!« Paul habe das absolut nicht eingesehen und der Ton habe sich zunehmend verschärft. »Bis ich ihn dann angebrüllt habe: ›Du bist um zehn zu Hause und damit basta!‹ Paul hat bloß gelächelt und gefragt: ›Warum gerade zehn, Papa?‹ Ich bin daraufhin noch mehr ausgerastet und habe gebrüllt: ›Weil ich es will!‹ Paul hat dann bloß noch gesagt: ›Papa, du bist wie Opa. Nur schlimmer!‹« Michael atmet tief durch: »Tja, da hat er wohl recht!«

Die beiden Gesprächsausschnitte zeigen eindrücklich, was es bedeutet, alles anders zu machen als die eigenen Eltern: Man tappt sehenden Auges in gleich drei Fallen und verbaut sich zugleich den Zugang zu Ressourcen, die für die Beziehung zu den eigenen Kindern äußerst wichtig sind. Wer nicht werden will wie die eigenen Eltern,

- setzt sich mit diesen gar nicht wirklich auseinander. Er lehnt Vater und Mutter ab, ohne sich wirklich von ihnen zu lösen. Die Eltern bleiben eine negative Projektionsfläche. Das, was an ihnen gut war, kann nicht gewürdigt werden.

- bietet seinen Kindern keine Wurzeln. Jugendliche wollen wissen, woher sie stammen. Deshalb mögen gerade Heranwachsende ihre Großeltern, denn diese machen die Tradition sichtbar. Man kann nur erwachsen werden, wenn man weiß, woher man kommt. Dies gilt gleichermaßen für Pubertierende, die sich auf den Weg in die Welt machen, und für ihre Eltern. Letztere sind für sich selbst verantwortlich, sollten also keine »Schuldigen« – beispielsweise die eigenen Eltern – mehr brauchen, um erlittene Verletzungen zu erklären. Andere nicht zum »Sündenbock« zu machen, ist ein Zeichen von Reife.

- hat sich nicht mit seinem »inneren Kind« beschäftigt, jenem Kind, das man einst war und das manche Niederlage und manches Nein einstecken musste. Wer sich seinem »inneren Kind« nicht stellt, wird nicht wirklich erwachsen, baut kein tragfähiges Selbstvertrauen und Selbstbewusstsein auf, bleibt das »kleine Kind« von früher, das ständig bemüht ist, die Defizite, die es einst erlebt hat, zumindest am eigenen Kind wiedergutzumachen.

Wer mit Kindern lebt, hat es immer mit zwei Kindern zu tun: demjenigen, das vor einem steht und das man ins Leben begleitet, und dem Kind, das im Inneren eines jeden von uns wohnt und das vielleicht vieles erhalten hat, aber eben naturgemäß immer mal wieder auch Unrecht erlitten hat. Erwachsene, die versuchen, erlittenes Unrecht an den Kindern wiedergutzumachen, die heute vor ihnen stehen, entwickeln eine Erziehungshaltung, die getragen ist von Mitleid für das Kind, von Überbehütung. Das Kind von heute wird zur Projektionsfläche einer idealen, widerspruchsfreien Erziehung, die unter der Überschrift »Ich will doch nur dein Bestes!« steht.

Dieser Anspruch stresst alle Beteiligten, weil er Eltern genauso unter Druck setzt wie Kinder. Er schafft Eltern, die widerspruchsfrei erziehen wollen, sich keinen Fehler zugestehen und ihn schon gar nicht verzeihen; er schafft Kinder, die spüren, dass die elterliche Fürsorge nicht selbstlos gegeben wird, sondern an die Bedingung geknüpft ist, den Erwartungen der Eltern zu genügen.

Wer alles anders machen will als die eigenen Eltern, hat ein verzerrtes Bild der eigenen Kindheit. Zwar mögen die eigenen Eltern viele Fehler gemacht haben, ihre Erziehung mag von (manchmal unverzeihlichen) Versäumnissen geprägt gewesen sein. Dennoch kann man davon ausgehen, dass sie sich bemüht haben, dass sie versucht haben, den Kindern ihr Möglichstes mitzugeben. Wer sich mit den eigenen Eltern differenziert auseinandersetzen will, kann versuchen, Antworten auf die folgenden drei Fragen zu finden – ohne die Vergangenheit besser zu machen, als sie war, oder sie gar zu verdammen:

– Welche Erziehungsleistung meiner Mutter, meines Vaters kann ich würdigen?
– Was kann ich von meinen Eltern für die Erziehung meiner eigenen Kinder übernehmen und ihnen weitergeben?

– Welche Aspekte in der Erziehung meiner Eltern haben
mir nicht gutgetan, und was möchte ich, wenn es irgend
geht, vermeiden?

Diese Fragen können dabei helfen, sich selbst als Lernenden
zu verstehen, der in einer Familien- und Erziehungstradition
steht. Mit einem solchen Selbstverständnis wird es einfacher,
in der Erziehung der eigenen Kinder authentisch zu sein.
Man spürt in sich eine Quelle der Kraft, die tief von innen
kommt.

Dies bewährt sich insbesondere, wenn man mit den eigenen Kindern über Themen spricht oder in Situationen
kommt, die schmerzhaft an die eigene Kindheit erinnern.
Nehmen wir als Beispiel dafür die Familienrituale. Spricht
man mit heutigen Eltern, erfährt man immer wieder, wie
sehr sie unter den feststehenden Ritualen gelitten haben:
Man musste beispielsweise zum Mittag- oder Abendessen zu
Hause sein, Ausnahmen gab es keine oder nur sehr selten.
Das Ritual war »heilig«. Viele der heutigen Väter und Mütter
haben sich damals geschworen: »Bei mir wird es später so
etwas nicht geben!« Bis man plötzlich feststellt: Im Leben
mit den eigenen Kindern fehlen die Strukturen, die Halt geben. Jeder isst, wann es ihm passt; jeder macht sein eigenes
Ding. Gemeinsamkeiten gibt es allenfalls noch an Festta-
gen – und die enden in manchen Fällen im Chaos, weil man
nicht mehr gewohnt ist, sich aufeinander einzulassen. Hier
fehlen Rituale. Nicht solche, die nur den Zweck haben, Macht
auszuüben (und das gab es in der Vergangenheit durchaus),
sondern solche, in denen sich der Zusammenhalt einer Familie unmittelbar zeigt. In ihnen geht es nicht um Macht,
sondern um die »Macht der Gewohnheit«. Sie geben Halt in
einer Zeit der Beliebigkeit, weil sie dem Einzelnen ohne vie-

le Worte das Gefühl vermitteln, nicht allein auf sich gestellt zu sein, sondern zu einer Gemeinschaft zu gehören.

Wer mit Kindern und Jugendlichen spricht, dem wird rasch klar, wie wichtig die Großeltern für die nachwachsende Generation sind. Bei Oma und Opa geht es eben nicht nur anders zu als zu Hause oder man wird so herrlich verwöhnt, nein, Oma und Opa können auch erzählen, wie es früher war – und die meisten werden durchaus nicht behaupten, dass damals alles besser war. Manch ein Großvater wird davon berichten, dass er eine Klasse wiederholen musste, manch eine Großmutter davon, dass sie als Kind nicht aufs Gymnasium durfte, weil sie »nur« ein Mädchen war. Aber Oma wie Opa können auch schildern, wie eine Kindheit ohne Auto, Fernseher oder Computer ausgesehen hat. Großeltern sind Wurzeln, ohne die den Enkeln keine Flügel wachsen. Eltern, die sich dessen bewusst sind, werden versuchen, sich ehrlich auseinanderzusetzen mit den widersprüchlichen Erfahrungen, die an die Oberfläche kommen, wenn man an die eigene Kindheit denkt: nicht alles zu verklären, aber auch nicht alles zu verdammen. Dabei hilft es, wenn man sich vergegenwärtigt, wie aufmerksam Kinder ihren Großeltern in der Regel zuhören, wenn diese von früher erzählen. Nicht zuletzt erfahren die Kinder dabei ja auch viel über diejenigen, die nun ihr Vater, ihre Mutter sind.

4.1.5 Wer viel gibt, braucht auch viel. Die inneren Kraftquellen entdecken

Einige Mütter, Väter und ich sitzen miteinander in einer Gesprächsrunde. Es geht es um die Frage, welche »Energieräuber« und »Zeitdiebe« im Familienalltag lauern und wie man ihnen entkommt und stattdessen die eigene Persönlichkeit stabilisiert und stärkt.

Eine Mutter ist der Ansicht, dass ihr größtes Problem darin bestehe, dass sie sich selbst unter Druck setze. Sie wolle immer das Optimum. Wenn sie das nicht erreiche, sei sie unzufrieden mit sich selbst. »Das Schlimme ist, dass ich diesen Druck, den ich mir selber auferlege, an meine Familie weitergebe. Und dadurch entsteht eine unterschwellige Unzufriedenheit. Ich mache es mir selbst nicht recht. Wie sollen dann aber meine Kinder die Chance haben, es mir recht zu machen?«

Eine andere Mutter nickt zustimmend. Auch sie könne niemals fünf gerade sein lassen, berichtet sie dann. »Ich will alles immer perfekt machen und bin deshalb ständig am Wirbeln, eine richtige Übermutti, die nur an andere denkt, nie an sich selber!« Neulich habe ihr eine Freundin Vorhaltungen gemacht: Sie sei eine richtige »Kümmerin«, und wenn sie so weitermachen würde, werde sie verkümmern. Die Mutter wiegt ihren Kopf: »Sowas sagt sich so leicht. Wenn man für Kinder verantwortlich ist, kann einem die Leichtigkeit nur allzu schnell vergehen. Dann sieht man irgendwann den Wald vor lauter Bäumen nicht mehr! Klar sollte man nicht nur an die anderen denken, sondern sich selbst mehr Beachtung schenken. Aber das ist in der Praxis gar nicht so einfach. Man fällt immer wieder in gewohnte Muster zurück!«

»Stimmt – man nimmt alles zu ernst«, ergreift nun ein Vater das Wort. »Man verspannt sich und schaut irgendwann nicht mehr über den Tellerrand. Man erstarrt in seiner Rolle, müht sich ab und rennt doch nur im Hamsterrad!« Er schüttelt heftig den Kopf. »Fürchterlich ist das! Da geht einem wirklich das Lachen verloren! Neulich habe ich in irgendeiner Zeitschrift gelesen, man solle dreimal am Tag mit seinen Kindern so richtig herzhaft lachen. Ehrlich gesagt: Bei uns ist es verdammt lang her, dass wir zusammen so richtig geblödelt haben. Alles dreht sich nur noch um die Schule, die Hausaufgaben, die Planung des Tagesablaufs.« Er überlege, mit seinen Kindern »Blödelstunden« einzuführen. Wenn dann im Alltag die Anspannung wieder mal unerträglich werden sollte, könnten die Kinder zu ihm sagen: »Komm, Papa, jetzt wird geblödelt!«

Die anderen Eltern lächeln und nicken. »Eigentlich sind Kinder ja wunderbare Geschenke. Als Erwachsener kann man so viel von ihnen lernen«, meint eine Mutter. Sie habe beim Großziehen ihrer vier Kinder irgendwann gemerkt, dass Erziehung immer dann besonders anstrengend wird, »wenn man sie als Einbahnstraße, als ständiges Geben begreift. Dabei geben einem die Kinder so viel.« Allerdings müsse man sich dazu auf sie einlassen. »Kinder halten einem ja irgendwie auch ständig den Spiegel vor. Und das ist dann manchmal nicht so toll, wenn man es mit den blinden Flecken in der eigenen Persönlichkeit zu tun bekommt.« Letztlich begreife sie aber ihre Kinder als große Bereicherung und dafür sei sie sehr dankbar.

In den Äußerungen der Eltern ist erkennbar, was den Erziehungsalltag erschwert und Energie raubt. Aber es deutet sich auch an, woraus Mütter und Väter neue Kraft ziehen können.

Wer die Erziehung seiner Kinder nur unter einer Zukunftsperspektive (»Aus ihnen soll etwas werden, sie sollen es gut haben!«) betrachtet, übersieht darüber leicht die Gegenwart. Erziehung geschieht immer im Hier und Jetzt. Erziehung ist nicht Vorbereitung auf ein Leben, das die Kinder irgendwann einmal haben werden. Leben, das ist jetzt. Um es mit den Worten der Pädagogen K. Martin und H. Wetzel auszudrücken: »Gehen ist nicht eine Sache des Ankommens, sondern eine Sache des Sich-Bewegens. Wenn man den Weg für das Ziel opfert, opfert man das Leben. So sind auch Bildung und Erziehung, Lernen und Wissen ein Weg und nicht das Ziel.« Diese Aussage enthält eine Sichtweise, die eine spirituelle Qualität in sich trägt und Kraft für den Familienalltag geben kann, der sich oft genug eher mühsam gestaltet.

Wer mit Kindern lebt und in Beziehung zu ihnen steht, kann von ihnen lernen. Kinder sind geduldige Lehrer. Ihr Glaube daran, dass auch die Eltern von ihnen lernen, ist durch rein gar nichts zu erschüttern. Es war der Philosoph Tagore, der formuliert hat, weise werde man, wenn man vorher geduldig geworden sei. Und geduldig werde man, wenn man es immer und immer wieder versuchen würde. Demnach sind Kinder die eigentlich Weisen: Wer, wenn nicht sie, versucht etwas geduldig immer wieder und wieder?

Im Matthäusevangelium ist der Ausspruch von Jesus überliefert: »Wenn ihr nicht werdet wie die Kinder ...« (Mt 18,3). Das meint nicht, dass wir Erwachsene nun kindisch werden und uns bei den Kindern anbiedern müssten oder Erziehungsverantwortung preiszugeben hätten. Von Kindern zu lernen heißt: Neugierig sein, hinter die Dinge zu schauen und sich nicht mit dem ersten Augenschein zufriedenzugeben. Es heißt auch, seiner Intuition zu vertrauen, selbst dann Fragen zu stellen, wenn alles klar zu sein scheint, sich an den kleinen Dingen zu erfreuen, sich mit allem verbunden und damit in der Welt geborgen zu fühlen.

Wie sehr Kinder sich der Welt verbunden fühlen, lässt sich beobachten, wenn sie etwa stundenlang einem Käfer zuschauen, mit ihm sprechen, Kontakt zu ihm aufnehmen. Verbundenheit hat eine spirituelle Qualität. Sie stellt eine Quelle dar, aus der man Kraft für den Alltag schöpfen kann. Verbundenheit hat mehrere Dimensionen.

Da ist zunächst einmal die Verbundenheit mit den eigenen Wurzeln. Können wir zu ihnen stehen? Oder lehnen wir sie ab, indem wir sagen: »Bloß nie wie meine Eltern!« Welche von den Dingen, die uns als Kindern Halt und Geborgenheit vermittelt haben, führen wir mit unseren eigenen Kindern fort? Wie gehen wir mit dem um, was uns verletzt hat?

Verbundenheit bedeutet auch das Verbundensein mit sich selbst. Können wir uns so annehmen, wie wir sind – mit unseren Stärken, aber auch unseren Schwächen? Wenn ja, wird es uns leichter fallen, auch das eigene Kind in all seinen Persönlichkeitsanteilen anzunehmen und zu begleiten.

Zu guter Letzt meint Verbundenheit auch das Eingebunden-Sein in der sozialen Welt und das Sich-aufgehoben-Fühlen in der Verbindung mit einem höheren Wesen.

Wer sich verbunden fühlt, ist zugleich achtsam mit sich selbst und anderen. Achtsamkeit ist eine wichtige Ressource und hat eine spirituelle Qualität. Erwachsene, die achtsam mit sich und ihren Kompetenzen umgehen, tun dies auch mit Kindern. Sie sind in der Lage, sich einzufühlen, vom Kind aus zu denken, es auch in seinen sogenannten »negativen« Gefühlen anzunehmen: wenn das Kind wütend ist, wenn es unglücklich wirkt, wenn es Angst hat. Ein »Du brauchst doch keine Angst zu haben!« seitens der Erwachsenen hilft Kindern nicht weiter. Sie möchten sich in ihren Ängsten verstanden fühlen, wünschen sich jemanden, der sie ernst nimmt, der sie im Arm hält und sie spüren lässt: »Du darfst Angst haben. Ich bin bei dir und gebe dir Halt!«

Schwarzmalerei (»Was soll bloß aus meinem Kind werden!«), ein Hang zum Perfektionismus (»Ich muss mein Kind bestmöglich erziehen!«) und die Überzeugung, alles sei planbar (»Ich muss alles im Griff und unter Kontrolle haben!«) vertreiben die Leichtigkeit und das Lachen aus der Erziehung. Verbissenheit regiert, man verliert den Bezug zu den eigenen Ressourcen. In dieser Situation kommt es ganz besonders auf die Erziehungshaltungen an, die Kraft geben und nicht nur den Verstand, sondern auch das Herz wieder zu seinem Recht kommen lassen:

- Mit Fehlern Freundschaft schließen. Wer all seine Kraft in die Vermeidung von Erziehungsfehlern investiert, der wird zu einem Erziehungs-Technokraten, der das pädagogische Programm über die Beziehung zum Kind stellt. Solch einer Erziehung fehlt die geistig-seelische Dimension; sie wird steril, unmenschlich. Fehler bieten einem die Chance, es zukünftig anders (aber nicht: besser!) zu machen.

- Mut zur Unvollkommenheit aufbringen, indem man den Gedanken loslässt, man habe alles im Griff. Der Pädagoge Rolf Arnold hat das einmal so ausgedrückt: Das Einzige, was man über das Ergebnis von Erziehung wisse, sei ihre Wirkungsunsicherheit. Daraus resultiert nun nicht, auf Erziehung zu verzichten oder ihren Wert gering zu schätzen. Kinder ins Leben zu begleiten ist eine anstrengende Sisyphusarbeit: Kaum denkt man, man hat etwas geschafft, muss man wieder von vorne beginnen. Oder wie eine Mutter es einmal ausdrückte: »Man fällt abends erschöpft in den Sessel und denkt: ›War das ein Tag heute.‹ Und dann denkt man an morgen. Und an übermorgen. An die nächste Woche. Und so weiter.« Hinzu kommen die Selbstvorwürfe: Warum kannst du das bloß nicht? Warum passiert dir das immer wieder? Diese Vorwürfe haben ihre Wurzel im Streben nach einem Perfektionismus, in der Sehnsucht nach erzieherischer Machbarkeit und Planbarkeit. Man legt sich die Messlatte so hoch, dass das Scheitern vorprogrammiert ist. In den Erziehungsalltag hält eine bleierne Schwere Einzug, die eine Leichtigkeit des pädagogischen Seins nicht mehr zulässt. Eltern, die diesen Punkt erreicht haben, brauchen eine Ermutigung zur Unvollkommenheit und zur Gelassenheit.

Es gibt noch eine weitere Kraftquelle: die Mischung aus Glück, Dankbarkeit und Demut. Wer spürt, dass man nicht alles im Griff hat, wer weiß, dass nicht alles vorhersehbar ist, der entwickelt eine umso höhere Wertschätzung für das Glück. Damit ist allerdings nicht das Glück gemeint, das uns Glücksforscher und -propheten versprechen. Nicht um das planbare Glück geht es, sondern um das Glück, das kein Ziel, kein Selbstzweck ist, wie es der Pädagoge Haim Ginott ausdrückt. Er versteht Glück als »ein Nebenprodukt des Arbeitens, Spielens, Liebens und Lebens. Das Leben fordert notwendigerweise eine Verzögerung zwischen Wunsch und Erfüllung, zwischen einem Plan und dessen Realisierung. Mit anderen Worten: Das Leben bringt Frustration mit sich und verlangt das Aushalten von Frustration.« (zit. in Rogge/ Bartram, 2009, S. 221) Das gilt für Kinder wie für Eltern. Jugendliche können lernen, dass nicht jeder Wunsch (und sei er noch so verständlich) sofort befriedigt werden kann. Und Eltern wissen ohnehin, dass frustriert zu sein eine Erfahrung ist, die man tagtäglich macht: Es läuft eben oft nicht so, wie man es möchte. Und man weiß letztlich auch nicht, warum es an einem Tag besonders gut läuft, an einem anderen schlichtweg gar nicht. An den guten Tagen ist eben jenes Glück im Spiel, das sich nicht vorausplanen lässt.

Nicht nur dafür gilt es dankbar zu sein. Eltern können dankbar auf ihre Kinder schauen: Wie gut, dass es sie gibt, dass sie so sind, wie sie sind. Zugleich werden sie die Erfahrung machen, dass ihre Kinder dankbar dafür sind, diese Eltern zu haben: nicht perfekt, aber Menschen aus Fleisch und Blut, die Fehler machen und trotzdem das Leben meistern. Kinder sind dankbar für Väter und Mütter, die nicht immer alles wissen, die manchmal dastehen und sagen: »Ich weiß auch nicht weiter.« Dann spüren kleine wie große Kinder: Jetzt geht es denen wie mir! Sie erleben die Eltern als Lernende, die sich gemeinsam mit ihnen auf den Weg machen und die im Idealfall jede Etappe dieses Weges genießen.

»Wenn du Kinder hast, dann werde demütig.« Diesen Satz habe ich neulich in einem Seminar gesagt, und ein Vater gab mir spontan zur Antwort: »Ich bin demütig, ich bin fertig, fix und fertig sogar!« Allerdings hat Demut nichts damit zu tun, am Boden zu liegen und sich ausgebrannt und schwach zu fühlen. Noch einmal Tagore: »Wir kommen der Größe am nächsten, wenn wir groß in Demut sind.« Demütige Eltern sind Menschen, die geerdet sind. Sie wissen, was sie können – und was sie nicht können. Sie kennen ihre blinden Flecken, ihre Schwächen, und können sie annehmen. Demut bedeutet, sich in seiner Unvollkommenheit zu akzeptieren. Daraus entsteht ein tragfähiges Selbstbewusstsein ebenso wie ein menschenfreundlicher Umgang mit sich und den Kindern.

4.1.6 Das Kind vor mir, das Kind in mir

Der Pädagoge Ben Furman hat ein Buch geschrieben, das den ebenso lebensklugen wie irritierenden Titel trägt: »Es ist nie zu spät, eine glückliche Kindheit zu haben.«

Wer kennt das nicht? In bestimmten Situationen reagiert man immer wieder nach demselben Muster. Man weiß, dass man nie vollkommen sein wird, schafft es aber trotzdem nicht, den entsprechenden Glaubenssatz erfolgreich aus dem eigenen Denken zu verbannen. Man ist Vater oder Mutter, verhält sich aber manchmal wie ein trotziges, uneinsichtiges Kind. Man lässt sich immer noch und immer wieder in Machtkämpfe verwickeln, die unter dem Motto stehen: »Wir wollen doch mal sehen, wer hier das Sagen hat!« Das Leben hat seine Spuren hinterlassen. Man hat Überzeugungen entwickelt, die in Stein gemeißelt scheinen. Man kommt einfach nicht aus seiner Haut, auch wenn man es noch so gerne möchte. Erziehen mit Herz, Verstand und Gefühl – wie oft wurde dies schon formuliert, sei es von Humboldt, Pestalozzi oder Montessori, und wie schwer ist es, dieses Ideal im alltäglichen Erziehungshandeln umzusetzen.

»Das ist eine vertrackte Angelegenheit«, meint ein Vater dreier Töchter. »Irgendwie kann man sich ja nicht von seiner eigenen Geschichte abkoppeln. Ich wollte auch mal alles ganz anders machen als meine Eltern. Vor allem wollte ich lockerer sein als sie. Und jetzt? Ich habe mich zu einem absoluten Perfektionisten entwickelt. Fehler sind der Horror für mich. Ich mache mir dann sofort Sorgen, was jetzt wohl die anderen von mir denken. Fürchterlich! Aber irgendwie komme ich aus dieser Sache einfach nicht raus.«

»Es sind diese ewigen Vergleiche«, nimmt eine Mutter den Faden auf. Kaum zu fassen, wie sehr man sich damit unter Druck setzen könne. »Abends, wenn ich müde im Wohnzimmer sitze, fällt mir alles ein, was mal wieder nicht geklappt hat. Tja, und dann denkt man an die anderen. Bei denen läuft das mit der Erziehung natürlich wie am Schnürchen!« Sie schaut nachdenklich aus dem Fenster. »Diesen Hang, mich mit anderen zu vergleichen, hatte ich schon immer. Den habe ich gewissermaßen mit der Muttermilch aufgesogen. Ich falle immer wieder in dieses alte Muster zurück.«

»Bei mir ist es das Nachgeben«, sagt ihre Sitznachbarin zur Rechten. »Ich kann einfach nicht konsequent sein, besonders bei den Kindern nicht. Wenn ich mich dann mal dazu durchringe, von den Kindern zu verlangen, dass sie beispielsweise den Müll runterbringen, und sie meckern dann rum, habe ich immer die weinerliche Stimme meiner Mutter im Ohr, wie sie zu mir sagt: ›Du bist doch Mamas Große! Ich kann mich doch auf dich verlassen, oder?‹ Dann schäme ich mich fast schon wieder dafür, dass ich so etwas wie eigenen Willen gezeigt habe. Ich fühle mich eben gut, wenn andere sich auf mich verlassen können. Nur bleibe ich mit meinen Bedürfnissen dabei auf der Strecke. Keine Ahnung, wie ich das ändern soll. Wir Frauen sind da nun einmal besonders anfällig.«

Jetzt ist es wieder ein Vater, der sich meldet. »Männer werden genauso früh im Leben geprägt!« Er habe sich jahrzehntelang für seine beiden »linken Hände« geschämt, für die er von seiner Mutter schon im Kindergartenalter aufgezogen worden sei. »Irgendwann – ich war inzwischen Mitte 30 – wollte ich zu Hause eine Glühbirne eindrehen. Sie fällt auf den Boden. Hinter mir steht meine Frau. Sie lächelt und sagt: ›Du und deine zwei linken Hände – genauso wie Dein Vater!‹ Ich war einen Moment lang wie erstarrt. Dann bin ich die Leiter hinuntergeklettert, habe in meine Hände geschaut und leise zu mir selber gesagt: ›Ich habe eine linke und eine rechte Hand!‹ Dann habe ich meine Frau angeschaut und ganz ruhig gemeint: ›Hör mit diesen Vergleichen auf. Die helfen mir nicht, wenn mir ein Missgeschick passiert!‹«

Wer Kinder erzieht, hat es häufig nicht nur mit dem Sohn, der Tochter zu tun, der/die einem leibhaftig gegenübersteht. Es gibt da noch ein Kind: das »innere Kind«, das Kind von früher, das sich in regelmäßigen Abständen zu Wort meldet und einem in der Erziehung so manchen Strich durch die Rechnung macht.

Es bringt uns nicht weiter, wenn wir versuchen, dieses innere Kind zu ignorieren oder zum Schweigen zu bringen. Wir können seine Stimme stattdessen als Anregung nehmen, darüber nachzudenken, welche positiven Erfahrungen wir in unserer Kindheit gemacht haben und was uns andererseits versagt blieb – sei es in emotionaler oder in materieller Hinsicht. Je mehr es uns gelingt, beides so anzuerkennen, wie es eben war, desto weniger werden wir das Bedürfnis haben, an uns selbst etwas wiedergutzumachen.

Psychologen wie John Bradshaw oder Psychologinnen wie Erika Chopich und Margaret Paul, um nur einige zu nennen, haben sich intensiv mit den Prägungen aus unserer Kindheit befasst und dabei den Begriff »inneres Kind« geprägt. Das innere Kind birgt, so die Forschung, nicht nur Erlebnisse, Erfahrungen und Erinnerungen aus der Kindheit, sondern auch ein breites Spektrum an Gefühlen wie Freude, Glück, Zufriedenheit und Zuversicht einerseits oder Angst, Unsicherheit, Verzweiflung und Wut andererseits. Dies erklärt, warum das innere Kind gewissermaßen zwei Gesichter hat: Es kann einerseits eine unschätzbar wichtige Ressource für unser Leben im Hier und Jetzt sein – immer dann, wenn wir es schaffen, die Neugierde, Offenheit, Lebendigkeit und Genussfähigkeit, die ein Kind auszeichnen, in uns zu aktivieren. Die andere Seite des inneren Kindes zeigt sich, wenn wir versuchen, es zu verdrängen, um frühere Verletzungen nicht an uns herankommen zu lassen. Dann gewinnt das innere Kind mit seinen unerfüllten Bedürfnissen eine Macht über unser Verhalten, die auch deshalb so problematisch ist, weil wir uns ihrer meist gar nicht bewusst sind.

Woran lässt sich erkennen, ob wir mit unserem inneren

Kind einen guten Umgang pflegen oder ob wir es am liebsten gar nicht wahrhaben würden? Ein Indiz für Letzteres können bestimmte Glaubenssätze sein, die unantastbar, unhinterfragbar zu sein scheinen:

- »Ich will nur das Beste für mein Kind!«
- »Nur wenn ich perfekt bin, werde ich gemocht und akzeptiert!«
- »Alle anderen schaffen es, ihre Kinder gut zu erziehen, nur ich nicht!«
- »Ich muss damit allein klarkommen. Mir hilft keiner!«
- »Erst kommen die anderen, dann ich selbst mit meinen Bedürfnissen. Alles andere wäre egoistisch.«

In dem Motto »Ich will doch nur dein Bestes!« kommt ein Erziehungsstil zum Ausdruck, der Erziehen als eine Art Leistungssport versteht. Die Kinder sollen bekommen, was man selbst als Kind nicht haben konnte. Man versteht die eigene Kindheit vor allem als defizitär, will an den Kindern von heute wiedergutmachen, was einem selbst angetan wurde. Für Halbheiten und Unzulänglichkeiten ist da naturgemäß kein Platz. Alles muss so laufen, wie man es sich vorgestellt hat. Als Vater oder Mutter baut man auf diese Weise einen Druck auf, der schwer auf den Kindern lasten kann. Die Kinder spüren: Nur wenn wir optimal »funktionieren«, erfüllen wir die Erwartungen, die die Eltern an uns haben. Schaffen wir dies nicht, sind sie unzufrieden, vielleicht sogar traurig. Dabei geben sich unsere Eltern so viel Mühe mit uns, opfern sich geradezu auf.

Im Gespräch mit Kindern zeigt sich, wie gerne sie sich aus dieser elterlichen Anspruchshaltung befreien, ihren Eltern den selbst auferlegten Druck nehmen würden, wie sehr sie sich im Familienalltag mehr Gelassenheit und Zuversicht wünschen.

Weniger ist manchmal mehr – auch in der Erziehung. Weniger Stress, mehr lebendige, tragfähige Beziehungen. Abschied vom Perfektionismus. Eine Mutter, die ebendies versucht, hat sich einen neuen Glaubenssatz an die Kühlschranktür gepinnt: »Ich bin unvollkommen, weil ich eben so bin, wie ich bin.« Diese Frau hatte Eltern, die mit dem eigenen Geschäft sehr gefordert waren. Sie wollte Vater und Mutter nicht auch noch Sorgen bereiten, verhielt sich angepasst, half im Haushalt usw. Wenn einmal nicht alles lief wie geschmiert, war der Ärger groß. Emotionale Zuwendung oder Anerkennung seitens der Eltern gab es nicht. Erzogen wurde nach dem Motto: »Nicht geschimpft ist genug gelobt!« Der tief verinnerlichte elterliche Druck begleitete die Tochter über viele Jahre. Sie wurde immer unzufriedener und schließlich krank. »Ich habe dann eine Therapie angefangen«, erzählt sie mir. »Die ging nicht sehr lange. Aber es hat gereicht!« Nun hänge in der Küche ein Zettel mit dem oben genannten neuen Lebensmotto einer ›Unperfekten‹.

»Ich schaffe das allein!« – auch so ein Glaubenssatz, der einem das Leben ungemein schwer machen kann. »Sich helfen zu lassen galt in meiner Familie als Anzeichen von Schwäche«, erklärt eine Mutter. »So ein Quatsch!« Aber sie habe erst ihre eigenen schmerzhaften Erfahrungen machen müssen, um sich davon zu lösen. »Ich hatte Probleme mit meinen zwei Jungs. Die waren damals sechs und zehn Jahre alt und stritten sich den lieben langen Tag. Irgendwann habe ich nicht mehr weitergewusst und mich für einen Elternkurs angemeldet. Mein Mann hat mich begleitet, obwohl er anfangs von meiner Idee alles andere als begeistert war. Es hat sich dann schnell gezeigt, dass der Kurs das Beste war, was wir machen konnten. Dieser Moment, in dem uns klar wurde, dass es vielen anderen Leuten genauso geht wie uns! Das war eine Riesenerleichterung. Außerdem gab es eine ganze Menge praktischer Anregungen für den Erziehungsalltag. Mit einem Male fühlte man sich aufgehoben und verstanden, hatte einen Ort, wo man offen reden konnte!« Jetzt gelte für sie und ihren Mann: »Wir schaffen das, was wir können. Wenn wir etwas nicht schaffen, suchen wir uns Unterstützung. Hilfe zu holen, stellt keine Schwäche dar, sondern ist ein Zeichen von Stärke.« Mit den Kindern gehe es nun auch besser, fährt die Mutter fort. »Ich hatte die beiden ja immer für mein inkompetentes Verhalten verantwortlich gemacht – frei nach dem Motto: ›Ich wäre ja nett zu euch, aber ihr zwingt mich dazu, böse zu werden und euch zu bestrafen!‹ Als könnte man Kinder ernsthaft für die eigenen Gefühle verantwortlich machen! Ich bin es doch selber, die dafür einstehen muss!«

Es geht in der Erziehung nicht darum, zu klären, wer schuld daran ist, dass etwas schiefgelaufen ist. Es geht darum, sich gegenseitig zu respektieren und zu achten. Von Gandhi ist der Ausspruch überliefert, dass zum Klatschen zwei Hände gehören. Bezogen auf den Erziehungsalltag heißt das: Zu den Konflikten wie zu den zufriedenstellenden Momenten trägt jeder seinen Anteil bei – Eltern wie Kinder. Dies meint auch: Jeder trägt seinen Teil. Aus Sicht der Eltern bedeutet das: »Wir sind selbst für uns verantwortlich, nicht ihr Kinder.« Und bezogen auf die Kinder: »Ihr seid für euch und euer Tun verantwortlich. Wir geben euch Freiheit, aber auch die damit verbundene Verantwortung.«

Erziehung hat mit Beziehung zu tun – der Beziehung zu den Kindern und der zu sich selbst. Und diese Beziehung soll keine Aufopferung sein. Nur wenn es den Erziehenden gut geht, sie sich geborgen, gehalten und angenommen wissen und fühlen, können sie ihre Kinder respektvoll und achtsam ins Leben geleiten. »Das ist aber ein langer Weg«, berichtet eine Mutter, »ein verdammt langer sogar.« Wenn sie da so an ihre Mutter denke, »da kam als Allererstes der Mann, dann wir fünf Kinder, dann das Haus und danach eine ganze Zeit gar nichts.« Als Vorbild habe ihre Mutter nicht wirklich getaugt. »Auch ich konnte lange keine Selbst-Fürsorge entwickeln. Aber das ist jetzt anders.« Sie holt einen kleinen Zettel aus ihrem Portemonnaie. Darauf steht: »Ich achte auf mich!« Dann lächelt sie mich an: »Den lese ich jeden Tag. Damit ich mich nicht vergesse!«

Die geschilderten Situationen machen deutlich: Das innere Kind – mit seinen positiven wie negativen Anteilen – ist eine sehr wirkmächtige Kraft in uns. Wer sich näher mit ihm auseinandersetzt, begibt sich auf eine spannende Reise voller intensiver, manchmal widersprüchlicher Emotionen. Unterwegs taucht man voller Freude in die schönen Erinnerungen der Kindheit ein, nur um dann tieftraurig an die Verletzungen zu denken, die es eben auch gab. Sie sind als Teil der eigenen Biographie zu akzeptieren. Wo dies gelingt, wird die Reise zum inneren Kind zur Helden- und Heldinnenfahrt: Denn dann realisieren Männer und Frauen, welche ungeahnten Kräfte in ihnen schlummern, Kräfte, die von nun an für die anstehenden Aufgaben genutzt werden können. Und das Beste: Nun ist man in der Lage, sich selbst das zu geben, was man in der Kindheit nicht bekommen hat.

Einige Grundeinstellungen können hilfreich sein für ein Erziehungsverhalten, mit dem Eltern ihren Kindern, aber auch sich selbst gerecht werden:

– Ich übernehme Verantwortung für mein Handeln und mache niemand anderen dafür verantwortlich – schon gar nicht mein Kind (»Du bist schuld, dass ich böse werden muss!«).

- Ich gehe achtsam mit mir und dem anderen um. Ich achte mich, so wie ich bin und nehme mein Gegenüber so an, wie er oder sie ist.
- Ich erkenne meine Grenzen an und habe Verständnis dafür, wenn andere auf ihren Grenzen bestehen. Dies gilt ganz besonders im Umgang mit Kindern.
- Ich setze meinen Kindern Grenzen, weil ich spüre, dass sie sich Klarheit und Orientierung wünschen. Ich will eine Autorität sein, mir dabei jedoch bewusst bleiben, dass das unreflektierte Setzen von Grenzen schnell zu bloßer Machtausübung und Erniedrigung führen kann.
- Ich höre auf meinen Bauch. Dann bin ich zwar nicht pädagogisch wertvoll, aber ganz bei mir. Dann gestehe ich mir Fehler – und auch Erfolgserlebnisse – zu, ohne zu wissen, wie es zu diesen überhaupt kam.
- Ich mag mich, und ich mag die Kinder. Ich lebe ihnen vor, wie man sich in seiner Unvollkommenheit annehmen kann, und zeige ihnen damit: Akzeptiert euch so, wie ihr seid!

4.2 Entwicklungspsychologisches Wissen: »Wenn ich nur wüsste, woher das alles kommt!«

»Wenn man nur vorher wüsste, wie oft sich die Dinge zum Guten wenden!« Der Vater dreier mittlerweile erwachsener Kinder, der mir gegenübersitzt, lacht. »Was haben meine Frau und ich uns nicht alles für Sorgen gemacht – von den Selbstvorwürfen ganz zu schweigen! Wir hätten so vieles lockerer angehen können. Aber das wussten wir eben erst hinterher. Als wir mittendrin steckten in dem Schlamassel, war es die pure Verzweiflung.« Etwa, als einer der Söhne noch mit neun Jahren regelmäßig im Bett der Eltern schlafen wollte. »Wir haben uns schon gar nicht mehr getraut, unseren Freunden davon zu erzählen, weil die uns inzwischen auch nur noch komisch anguckten, als wollten sie fragen: Seid ihr sicher, dass das noch normal ist? Von einem Tag auf den anderen ist unser Sohnemann dann in sein Zimmer umgezogen. ›Jetzt bin ich groß‹, hat er erklärt. Und weg war er.« Mein Gegenüber grinst etwas verlegen: »Damals war das nicht so lustig, wie es sich jetzt anhört.«

Sein Gesicht wird wieder ernst. »Oder wenn ich da an unsere Mittlere denke. Die hat mit etwa elf Jahren plötzlich angefangen, die tollsten Lügengeschichten zu erzählen. Völlig ungeniert. Und dann kam das Klauen dazu. Wir waren damals gerade umgezogen, weil ich einen neuen Job in einer anderen Stadt angenommen hatte. Alle um uns herum schienen zu denken: Ja, wer seine Kinder von einem auf den anderen Tag aus allem herausreißt, der muss sich nicht wundern, wenn so etwas passiert. Wer also war wieder mal an allem schuld?« Der Vater deutet mit dem Finger auf sich: »Ich natürlich!«

Der Jüngste sei auch nicht ohne gewesen, erzählt er dann weiter. »Der hörte plötzlich auf, in die Schule zu gehen. Mir nichts, dir nichts. Er habe keinen Bock mehr, hat er uns erklärt. Bemerkt haben wir das Ganze überhaupt erst, als er zusammen mit einem Kumpel vormittags in der Stadt von der Polizei aufgegriffen wurde. Meine Güte, was haben wir nicht alles mitgemacht! Inzwischen können wir oft genug darüber lachen. Und unsere drei haben alle noch ganz gut die Kurve gekriegt und gehen ihren Weg.«

»Was hat Ihnen damals geholfen?«, frage ich nach. Die Antwort kommt wie aus der Pistole geschossen. »Na, wir haben uns eben helfen lassen. Wir haben Seminare besucht,

Bücher gelesen und schnell gemerkt: Anderen Eltern geht es genauso. Wir sind nicht allein.« Das Wichtigste aber sei gewesen, sich klarzumachen, dass das Verhalten der Kinder nicht die Folge »falscher Erziehung« war, sondern dass eben jedes Kind seinen Weg gehen müsse. Der Vater schaut mich an: »Und Sie haben eines Tages gesagt: ›Umwege erweitern die Ortskenntnis!‹ Daran muss ich auch immer wieder mal denken. Kinder gehen nicht den geraden Weg. Mal läuft alles bestens, dann geht's plötzlich zur Sache, mal bringen sie einen zum Lachen, ein andermal verzweifelt man schier!« Das Einzige, was dann helfe, sei, sich immer wieder zu sagen: »Mein Kind ist normal! Aber das ist in bestimmten Situationen so verdammt schwer!«

Die Erfahrungen, die dieser Vater mir schilderte, habe ich aus dem Mund vieler anderer Eltern gehört. Etlichen geht es gar nicht um konkrete Erziehungstipps, wenn sie sich Rat suchen. Sie möchten vielmehr ihre Kinder besser verstehen. So wie die Mutter einer zehnjährigen Tochter und eines zwölfjährigen Sohnes. »Ich möchte wissen, wie die ticken! Meine Tochter zum Beispiel zickt gerade dermaßen rum, ich hab' nur noch Stress mit ihr! Manchmal frage ich mich: Ist das jetzt schon die Pubertät? Aber sie ist doch erst zehn!« Wenn sie dann mit anderen Eltern über ihre Probleme spreche, meinten die einen: »Was deine Tochter braucht, ist eine starke Hand«, während andere die Ansicht äußerten, sie sei zu autoritär. »Aber irgendwie kriege ich doch mit, wie Hannah sich körperlich verändert – kaum merklich, aber eben doch! Mein Gott! Meine süße Kleine! Mir kommt es vor, als habe sie eben erst laufen gelernt! Und jetzt ist sie in ein paar Jahren schon erwachsen! Also, das muss man gedanklich erstmal auf die Reihe kriegen!«

Sie schüttelt den Kopf, bevor sie weiterspricht: »Bei mei-

nem Sohn, dem Elias, ist das komplett anders. Der zickt kein
bisschen, obwohl er mitten in der Pubertät steckt. Er zieht
sich zurück, ist zögerlich, vorsichtig geworden, traut sich
nichts mehr zu. Manchmal frage ich mich, ob ich da was
falsch gemacht habe mit ihm. Hat er von mir vielleicht nicht
genug Geborgenheit bekommen? Habe ich ihn überfordert?
Mein Gott, ich weiß es nicht! Warum ist er jetzt bloß so anders? Mein Mann ist mir da übrigens keine Hilfe. Der meint,
das sei alles ganz normal. ›Lass den Elias mal los!‹, sagt er
mir immer. Na, ich glaube, der verwechselt Loslassen mit
Fallenlassen!«

Eltern brauchen Sicherheit, um erzieherisch kompetent
und souverän zu handeln. Diese Sicherheit ist jedoch nicht
einfach eine Frage der »Erziehungstechnik«. Eltern spüren
das. Sie wissen, dass konkrete Tipps wichtig sind. Aber sie
wollen noch mehr, und das zu Recht: Sie wollen erfahren,
warum ihre Kinder und Jugendlichen so sind, wie sie sind;
sie wollen mehr darüber erfahren, was hinter dem Verhalten
von Kindern steckt und was die Botschaft ist, wenn sie Grenzen überschreiten. Elternbildung und -beratung sollte diesem Bedürfnis nachkommen.

Kompetent zu erziehen setzt Wissen darüber voraus,
wie Kinder und Jugendliche sich entwickeln – vom Säug-
lings- und Kleinkindalter über das Kindergarten- und das
Schulalter bis hin zur Pubertät und dem Auszug aus dem
Elternhaus. Jede dieser Entwicklungsphasen hat ihre Besonderheiten und ihr eigenes Konfliktpotential. Es ist also in
jeder Phase ganz normal, dass es zu Reibungen zwischen
Eltern und Kindern kommt. Womit natürlich keinesfalls gesagt sein soll, dass diese nicht verdammt anstrengend sein
können.

Da hat man anscheinend eben erst das Trotzalter einigermaßen und ohne große Schrammen überstanden – da steht plötzlich schon die Pubertät vor der Tür. Manche Eltern haben den Eindruck, als würden ihre Kinder übergangslos vom Trotzalter in die Pubertät gleiten. Was für ein Stress! Es kann hilfreich sein, sich bewusst zu machen, dass es den Kindern gar nicht so viel anders geht: Auch sie haben jede Menge Stress. Denn Entwicklung ist ein ständiges Abschiednehmen und Neu-Beginnen. Neben der Freude über neue Freiheiten und Kompetenzen stehen die Angst vor dem Unbekannten und die Unsicherheit, ob man in der Lage sein wird, alles zu meistern. Das fängt schon an, wenn das Kleinkind laufen lernt und dabei hinfällt. Dabei lernt es: Hinfallen tut weh, aber nach einigen Augenblicken kann man auch wieder aufstehen. So geht es weiter: Das Kind kommt in die Schule und muss dafür den Kindergarten verlassen. Dort gehörte es zu den Großen, jetzt ist es wieder »der/die Kleine«, fängt von vorne an. In der Pubertät bleibt ohnehin nichts, wie es war. Der Körper verändert sich, die Gefühle geraten außer Kontrolle. Rettung scheint nicht in Sicht. Oder doch?

Entwicklungspsychologisches Know-how ermöglicht Eltern, das Verhalten ihrer Kinder einzuordnen und besser zu verstehen. Väter und Mütter können dann selbst die Botschaften verstehen, die hinter bestimmten Verhaltensweisen stecken, und sie sind in der Lage zu erkennen, dass die meisten Dinge, die zunächst Besorgnis erregen, in einer bestimmten Entwicklungsphase ganz normal sind. Das trägt zu einer Normalisierung des Erziehungsalltags bei. Und es stärkt das Selbstvertrauen der Eltern und macht Mut.

Ein vollständiger Abriss der Entwicklungspsychologie des Kindes- und des Jugendalters würde den Rahmen dieses Buches sprengen. Dennoch möchte ich einige wichtige Gesichtpunkte nennen, die in meiner Beratungswerkstatt in den letzten drei Jahrzehnten eine zentrale Rolle gespielt haben:

Eltern sind häufig erschrocken von der Vehemenz, mit der Jugendliche ihre Bezugspersonen plötzlich ablehnen. Für Väter und Mütter ist es mitunter schwer, dies nicht als Vertrauens-, gar Beziehungsbruch zu interpretieren. Man kann es aber auch anders deuten: Die Vehemenz der Ablehnung gibt einen Eindruck von der Festigkeit der Beziehung. Gerade weil sie sich ihrer Beziehung zu Vater und Mutter so sicher sind, trauen Jugendliche sich, den Aufstand zu proben.

– Die Entwicklung von Kindern vollzieht sich in Übergängen. Sie hat mit Abschiednehmen und Neubeginn zu tun, mit Unsicherheiten und starken Gefühlen. Deshalb brauchen Kinder und Jugendliche Halt, auch wenn es rein äußerlich manchmal gar nicht so aussieht. Gleichzeitig müssen Eltern ihre Jugendlichen loslassen, damit sie zu selbstbewussten, eigenständigen Menschen werden. Loslassen hat jedoch nichts mit Fallenlassen zu tun. Die Dramaturgie der Entwicklung lautet gerade im Jugendalter: »Halt mich, aber lass mich los! Lass mich los, aber halt mich!« Je älter sie werden, umso mehr sind es die Heranwachsenden, die entscheiden, wann sie gehalten und wann sie losgelassen werden wollen.

– Die Pubertät ist für viele Eltern ein »Schreckgespenst«. Mütter und Väter wollen Anhaltspunkte, anhand derer sie erkennen können, ob bei ihrem Sohn, ihrer Tochter die Pubertät schon begonnen hat. »Dann kann ich mich besser auf mein Kind einstellen«, hat mir ein Vater erklärt. »Ich kann mich angemessener in meinen Sohn hineinversetzen, aber auch abgrenzen, weil ich nicht jede seiner Launen auf mich beziehe. Das entlastet.«

– Jede Entwicklung geht mit starken Gefühlen einher – auch solchen, die man am liebsten aus dem eigenen Leben verbannen würde. Dies betrifft insbesondere Ängste und Aggressionen. Beides gehört zum Leben. Macht man dies den Eltern deutlich, können sie ihre Einstellung zu den Kindern verändern. Deren Ängste werden dann nicht mehr zwingend auf Erziehungsfehler zurückgeführt, ihre Aggressionen nicht als unnormale Bedrohung interpretiert, sondern als konstruktive, lebenserhaltende Energie. Die Aufgabe der Erziehung ist nicht, den Kindern und Jugendlichen Aggressionen auszutreiben oder sie sie umgekehrt ungebremst ausleben zu lassen. Die Aufgabe besteht vielmehr darin, die kreative, anarchische Kraft, die in der Aggression liegt, zu fördern und ihre destruktiven Momente durch Rituale zu bändigen. Diese Aufgabe ist nie endgültig zu erledigen, sondern begleitet Eltern durch die gesamte Erziehung hindurch.

– Viele Väter und Mütter suchen die Schuld unmittelbar bei sich, wenn Kinder plötzlich zu lügen oder zu stehlen beginnen oder keine Lust mehr haben, zur Schule zu gehen. Immer wieder darüber nachzugrübeln, was man bloß falsch gemacht hat, oder aber das Kind zum Sündenbock zu erklären (»Was tust du mir da an!«), hilft jedoch nicht weiter.

Entwicklungspsychologisches Wissen kann Eltern entlasten und zu mehr Gelassenheit in der Eltern-Kind-Beziehung beitragen. Dass solches Wissen keineswegs bloß »graue Theorie« ist, zeigt sich im Erziehungsalltag oft ganz unmittelbar.

4.2.1 Das Leben in Übergängen

»Wenn man so Tag für Tag mit den Kindern lebt«, überlegt eine Mutter dreier Kinder, »dann denkt man zwar einerseits vor allem an die unmittelbaren Probleme, aber andererseits hat man gleichzeitig doch immer die Zukunft im Auge.« Sie erinnert sich daran, wie besorgt sie und ihr Mann waren, als ihr damals dreijähriger Sohn keine Nacht mehr allein durchschlief, sondern immer ins Elternbett kam. »Reden konnten wir darüber mit niemandem. Freunde und Bekannte hatten entweder irgendwelche Patentrezepte parat, die man nicht umsetzen konnte, oder sie machten uns ein schlechtes Gewissen. Irgendwann haben wir es geschafft, uns zu sagen: Kommt Zeit, kommt Rat. Unser Hausarzt hat uns Mut gemacht. Der kannte natürlich unseren Sohn und wusste, dass er ein Spätentwickler war, der einfach ein bisschen mehr Zeit brauchte. So war's dann auch. Als er fünf war, schlief unser Sohn wieder durch – in seinem eigenen Bett!« Ihr Mann lächelt: »Tja, wenn man immer von Anfang an wüsste, das alles noch gut wird, könnte man gelassener sein. Bei unserer Ältesten, der Bettina, war's ganz ähnlich. Die hat, bis sie fünf war, kaum den Mund aufgemacht. Auch da haben wir uns riesige Sorgen gemacht. Was war bloß mit dem Kind los? Dann haben wir einen Elternbildungskurs absolviert, und dort hat man uns nahegelegt, Bettina noch Zeit zu lassen. Heute ist sie beim Reden kaum noch zu bremsen.«

Eine andere Mutter muss lachen, als sie das hört. »Meine beiden sind ja nun schon 20 und 22. Meine Tochter studiert, mein Sohn macht eine Ausbildung. Aber die Pubertät – meine Güte, das war wirklich kaum zum Aushalten. Die beiden hatten keine Lust auf gar nichts. Denen war wirklich alles egal.« Sie habe sich Tag und Nacht gefragt, was sie bloß falsch gemacht habe. »Meine Kinder habe ich schon als Penner auf der Straße leben sehen. Als Tabea mit 13 beim Klauen erwischt wurde und Philipp betrunken von der Polizei nach Hause gebracht wurde, habe ich das fast nicht mehr aushalten können. Ohne meinen Mann wäre ich womöglich zusammengebrochen. Aber er hat uns mit seinem Optimismus auf Kurs gehalten. Er hat trotz allem, was passierte, nie aufgehört, an die Stärken unserer Kinder zu glauben.« Sie schüttelt den Kopf. »Also, die beiden haben nun wirklich keine stetige Vorwärtsentwicklung durchlaufen. Das ging eher drei Schritte nach vorn, zwei zurück. Dass es dabei unterm Strich eben doch nach vorne geht, habe ich damals nicht sehen können.« Sie hält kurz inne. »Ich glaube schon, dass es mir etwas gebracht hätte, mehr darüber zu wissen, wie sich Kinder entwickeln. Das geht nun mal nicht immer geradeaus.« – »Das stimmt«, pflichtet ein Vater ihr bei. »Meine Frau und ich konnten es auch oft nicht fassen, wenn etwas nicht so lief, wie wir uns das vorgestellt hatten. Wir kamen uns wie Versager vor. Vor allem deshalb, weil wir beide eigentlich vom Fach sind. Ich bin Lehrer, meine Frau ist Erzieherin. – »Ja«, ergreift seine Frau das Wort, »und bei der Arbeit mit den Kindern anderer Leute klappte eigentlich alles wunderbar, jedenfalls im Großen und Ganzen. Wieso also nicht bei unseren eigenen Kindern? Wir haben dann irgendwann festgestellt, dass es in der Erziehung nicht auf Technik ankommt, sondern dass Kinder von Anfang an eigene Persönlichkeiten sind, die sich nach ganz eigenen Regeln entfalten.« – »Man muss eben auch vom Kind her denken, von seinen Eigenheiten«, unterbricht sie ihr Mann. »Aber das ist gar nicht so einfach. Man steckt ja nun einmal in seiner eigenen Haut.« – »Wie meinen Sie das?«, will ein anderer Vater wissen. »Hätten Sie ein Beispiel?« – »Eines?!«, springt die Erzieherin ihrem Mann zur Seite. »Wir hätten

Tausende! Also, man soll doch etwa Kinder nicht miteinander vergleichen. Aber irgendwie erwischt man sich doch immer wieder dabei. Wenn ich mir unsere Tochter angucke mit ihren elf Jahren, die hat den Daniel, unseren Sohn, schon fast eingeholt, obwohl der zwei Jahre älter ist. Der Ärmste ist gerade so richtig verpickelt. Die Arme sind zu lang, nichts passt zusammen – wenn man ihn so ansieht, könnte man meinen, er sei der Loser. Das stimmt natürlich nicht, denn er hat auch seine Stärken. Aber das kann man ihm noch so oft sagen – es kommt nicht an bei ihm. Der kann sich zurzeit einfach nicht leiden. Daran muss ich mich immer wieder erinnern, wenn ich wieder mal den Impuls verspüre, ihm mit guten Ratschlägen zu kommen.«

»Na, und unsere Tochter ist ja nun auch nicht gerade einfach«, ergänzt ihr Mann. »Die ist so eine richtig pubertäre Zicke. Das klingt natürlich gemein, aber sie weiß eben auch gerade nicht, wo sie steht. Mal gibt sie die Dame von Welt und macht ihren Bruder nieder, dann wieder wirkt sie wie ein kleines Mädchen, heult Rotz und Wasser und bringt keinen geraden Satz mehr heraus.« Er macht eine Pause, lächelt. »Ja, diese Gleichzeitigkeit von großem Mädchen und kleinem Mädchen, das war eben schon vor der Pubertät eine Eigenart unserer Tochter. Beispielsweise ging sie mit fünf Jahren schon als Siebenjährige durch. Und alle redeten davon, wie groß und vernünftig sie schon wäre, und dass sie nun bald in die Schule käme, weil sie so groß sei. Meine Frau und ich auch. Bis unserer Kleinen das irgendwann alles zu viel wurde und sie schrie: ›Ich will aber nicht in die blöde Schule! Ich will nicht groß sein!‹ Sie war dann auf einmal fast ständig krank und hat angefangen, wieder einzunässen. Wenn jemand das Wort ›Schule‹ aussprach, hielt sie sich die Ohren zu. Wir haben gedacht: Wie soll das bloß werden? Sie muss doch zur Schule! Bis wir uns daran erinnert haben, dass sie erst fünfeinhalb Jahre alt war und eben keine sieben, auch wenn sie so aussah. Mit einem Male war die ganze Aufregung vorbei. Wir hatten ja noch jede Menge Zeit, um einfach abzuwarten. Tja, wir haben unsere Tochter wahrscheinlich nicht nur in dieser Situation überfordert. In der Rückschau lässt sich erkennen, dass sie uns das eigentlich immer ganz klar gezeigt hat. Aber wir haben es nicht sofort wahrnehmen können. Das ist es, was ich gemeint habe, als ich sagte: Man steckt in seiner eigenen Haut.« Seine Frau streicht ihm über den Arm. »Glücklicherweise haben unsere Kinder viel Geduld mit uns. Wenn wir sie nicht gleich verstehen, zeigen sie uns eben nochmal, was sie meinen. Und dann nochmal und nochmal.«

In der Elternrunde kehrt für einige Augenblicke Schweigen ein. »Man sollte eben nicht vergessen«, sagt dann eine sehr bedächtig wirkende Mutter, »dass auch wir Erwachsene uns verändern und entwickeln. Was hatten mein Mann und ich nicht alles für hehre Ideale, bevor wir die Kinder bekamen. Er wollte beispielsweise miterziehen, es nicht wie sein Vater machen, der die ganze Erziehung seiner Frau aufgehalst hat! Und wie ist es gekommen?« Sie stockt kurz: »Ich habe die Kinder dann doch weitestgehend allein erzogen. Seine Praxis hat ihn voll gefordert, und ich habe viel an mich gerissen. Als wir dann schließlich drei Kinder hatten, sind wir in eine Krise geraten. Wir haben fast ununterbrochen gestritten, haben uns vor lauter Arbeit seinerseits und Kindererziehung meinerseits fast komplett aus den Augen verloren. Wir sind dann in die Paarberatung gegangen. Das hat uns geholfen. Natürlich gibt es immer noch Konflikte, aber die treten jetzt mehr in der Auseinandersetzung mit den Kindern auf. Da sind wir beide nicht immer einer Meinung.

Aber ich schaffe es inzwischen, meinen Mann machen zu lassen. Er macht es ja nicht schlechter als ich, er macht es nur anders. Die Kinder kommen damit zurecht, ja, sie genießen das geradezu!« Sie sieht zufrieden aus. »Sie sind ja jetzt auch nicht mehr ganz klein. Sie werden älter, entwickeln sich. Und ich natürlich auch. Die Kinder stecken in der Pubertät, ich in den Wechseljahren!« Sie lacht: »Na ja, noch nicht ganz. Aber die ersten Anzeichen sind schon da. So ist es halt. Alles ist im Fluss! Für mich ist jetzt die Beziehung zu meinem Mann wieder wichtiger geworden. Und ich schaue zudem mehr auf mich selbst. Das scheinen auch die Kinder mitzukriegen. Und sie nehmen es mir nicht übel.«

Sie nickt: »Mein Mann und ich haben eine lange Reise gemacht – von der Theorie, als wir noch keine Kinder hatten, bis dahin, wo wir jetzt stehen. Und vorher weiß man eben nicht, wohin die Reise verläuft. Ist vielleicht auch gut so. Sonst wär's womöglich verdammt langweilig!«

Wieder hat die Gesprächsrunde zwei Gesichtspunkte erkennbar gemacht, die für eine ressourcenorientierte Elternbildung von großer Bedeutung sind:

– Die Entwicklung von Kindern verläuft nicht geradlinig. Natürlich wachsen die Kinder körperlich, werden sozial und emotional kompetenter, sprachgewandter. Sie wissen immer mehr von der Welt. Aber bei alledem legen sie hin und wieder schöpferische Pausen ein. Es ist, als wären sie erstaunt darüber, wie weit sie schon gekommen sind. Mitunter sehnen sie sich auch zurück nach den haltenden Armen ihrer Eltern, und werden dann wieder zum kleinen Kind, das getragen werden möchte.

– Nicht nur Kinder, sondern auch Eltern entwickeln sich. Sie sind beispielsweise zunächst zu zweit, dann irgendwann frischgebackene Mutter und Vater, dann Erziehungs- und

Alltags-Managerinnen und -Manager, die sich bisweilen als Mann und Frau aus den Augen verlieren und das erst merken, wenn die Kinder aus dem Haus gehen. Wenn es gelingt, den Kindern die Botschaft zu vermitteln: »Ihr seid für euch verantwortlich, wir für uns!«, spüren die Heranwachsenden, dass auch ihre Eltern sich entwickeln, sich auf einen eigenen Weg machen oder gemacht haben und dass sie deshalb loslassen können.

Hört man Eltern dabei zu, wie sie über die Entwicklung ihrer Kinder nachdenken, dann erkennt man zwei Aspekte, die sich zu widersprechen scheinen: Da gibt es einerseits das intuitive Wissen darüber, dass die Entwicklung eines Kindes nicht immer nur nach vorn verläuft, sondern dass vielmehr Rückschritte einfach dazugehören. Und andererseits gibt es da diese Sehnsucht nach Sicherheit, den Wunsch, dass alles so ausgehen möge, wie man sich das erträumt, dass aus dem Kind etwas wird. Auf dem langen Weg durch die Phasen der kindlichen Entwicklung, vom Säuglingsalter bis zum jungen Erwachsenen, kann Eltern die Zeit schon einmal lang werden. Kaum ist ein Problem bewältigt, taucht schon das nächste auf. Man sieht keinen Fortschritt, hat das Gefühl, ununterbrochen auf der Stelle zu treten. Um es mit den Worten eines Vaters zu sagen: »Man fragt sich: Hat das alles je ein Ende? Jeden Tag fängt man von vorne an, und das macht einen schon ganz schön fertig!«

Hier brauchen Eltern und andere Erziehende Bestärkung und Ermutigung. Was sie hingegen nicht brauchen, sind verharmlosende Beschwichtigungen. Eltern wollen mit ihren Gefühlen ernst genommen werden – auch und gerade mit den negativen, jenen, die sie auf den Boden der pädagogischen Tatsachen holen. Für Kinder gilt Ähnliches. Auch sie sind ein bisschen wie Sisyphus: Sie müssen immer und immer wieder ähnliche Erfahrungen machen – mal niederschmetternde, dann wieder glückselig machende. Sie suchen diese Erfahrungen, die mit starken Gefühlen verbunden sind, die sie voll und ganz fordern, manchmal sogar zu überfordern scheinen. Kinder gehen bis an ihre emotionalen und physischen Grenzen. Dabei durchleben sie Krisen, die wichtig für die Ausbildung einer eigenen Identität sind, einer einzigartigen, unverwechselbaren Persönlichkeit.

Auf ihrem Entwicklungsweg haben Kinder gern Vertrautes dabei. Das Kind beispielsweise, das gerade laufen gelernt hat, schleppt den Stoffhasen aus Babytagen überall mit hin. Kinder fordern daneben beim Größerwerden Freiräume, Zeiten, in denen sie nichts lernen müssen, nicht verplant sind, einfach spielen, zeit- und ziellos herumstromern dürfen. Diese Freiräume zusammen mit den Erinnerungen an Vertrautes bilden gewissermaßen den »Rucksack des Lebens« – Proviant, der ihnen über die Runden hilft, wenn die Zumutungen des Größerwerdens über sie hereinbrechen.

Das gilt auch noch in der Pubertät: Da ziehen Jugendliche, die schon fast erwachsen scheinen, die wortgewandt mit ihren Eltern über Gott und die Welt diskutieren, sich plötzlich in ihr Zimmer zurück, legen sich aufs Bett und drücken den halb zerfetzten, abgekauten Teddybär fest an sich – »selig lächelnd«, wie eine Mutter feststellte.

Wer sich löst und in die Welt hinauszieht, wer Freiheit entdeckt und Vertrautes zurücklässt, der braucht Sicherheiten. Kinder bewältigen Übergänge und die damit einhergehenden Krisen am besten, wenn die folgenden zwei Voraussetzungen gegeben sind:
- Kinder müssen sich ihrer Beziehung zu den Bezugspersonen sicher sein. Sie brauchen das Gefühl, bedingungs-

los angenommen zu sein. Dazu gehört beispielsweise, dass sie auch Gefühle zeigen dürfen, die gemeinhin als »unerwünscht« gelten: Ängste, Aggressionen, Frustrationen. Dann werden sie sich sicher gebunden fühlen, spüren: Ich darf so sein, wie ich bin. Diese Kinder bewältigen die Schwierigkeiten, die mit Übergängen einhergehen, souveräner und kompetenter als jene, die nicht wissen, woran sie bei ihren Eltern sind, die sich nicht bedingungslos angenommen wissen.

– Häufig fragen mich Eltern, was denn Bedingungslosigkeit sei. Es gibt ein schönes Bild dafür: Eine Rose verströmt ihren Duft an jeden, der vorbeigeht. Jeder kann ihn genießen, egal, wer er ist.

– In Zeiten des Übergangs brauchen Kinder Symbole, die ihnen Halt geben, die sie in unbekanntes Terrain begleiten, aber auch wieder nach Hause führen. »Stock und Hut steh'n ihm gut, ist ganz wohlgemut«, heißt es im Kinderlied »Hänschen klein«. Ein Stock gibt Halt, ein Hut behütet. Der Psychoanalytiker Donald Winnicott hat den Begriff vom »Übergangsobjekt« geprägt, das dem Kind den Wechsel von der einen Entwicklungsphase in die nächste erleichtert. Übergangsobjekte vermitteln die Gewissheit auf ein glückliches Ende. Kinder vertrauen darauf. Und sie wollen Eltern, die dies ebenfalls tun, die ihren Kindern das Leben zutrauen.

– Übergangsobjekte sind das eine Moment, um Ablösung und Neubeginn erträglicher zu machen. Rituale sind ein anderes. Ganz gleich, ob es das Gute-Nacht-Ritual ist, der Abschiedskuss oder das gemeinsame Mittagessen, bei dem nicht über die Schule gesprochen wird: die Macht des Gewohnten gibt in unsicheren Zeiten Sicherheit. Und das gilt auch dann noch, wenn der Abschiedskuss aus Angst vor dem Spott der Gleichaltrigen nur noch unter Ausschluss der Öffentlichkeit stattfinden darf. Eltern brauchen nicht eine Unzahl praktischer Tipps dazu, wie sie ihre Kinder zum »richtigen Aufräumen« bewegen, sondern sie brauchen Anregungen, wie Rituale gestaltet werden können. Die Entritualisierung unseres Alltags erschwert Kindern, sich unbelastet neuen Aufgaben zuzuwenden.

Vielfach haben Eltern Probleme mit der Entwicklungsdynamik ihrer Kinder. Und dies wiederum unter zwei Gesichtspunkten:

– Die Entwicklung eines Kindes ist immer ein Wechsel von Fortschreiten, Stillstand und Rückschritt. Manche Kinder marschieren eine ganze Zeit flott voran, bleiben dann aber plötzlich stehen und lassen sich viel Zeit, bis es weitergeht. Andere Kinder merken plötzlich, wie weit sie schon gegangen sind und gehen nochmal einen oder zwei Schritte zurück, weil sie sich in der neuen Position unwohl fühlen. Jedes Kind ist da in seinem Tempo ganz individuell, es lässt sich nicht mit anderen vergleichen: Manches Kind entwickelt sich schneller, ein anderes langsamer, ein Kind kommt als ein ICE zur Welt, ein anderes als Schnecke. Wollte man aus dem ICE eine Schnecke machen, würde es dem schnell langweilig, machte man umgekehrt aus der Schnecke einen ICE, wüsste die gar nicht, wie ihr geschieht.

– Jedes Kind steht in jeder Entwicklungsphase Aufgaben gegenüber. Der amerikanische Psychologe Havighurst hat dafür 1948 den Begriff »Entwicklungsaufgaben« geprägt. Er unterscheidet fünf Arten von Aufgaben: die körperlich-motorischen, die emotionalen, die sozialen, die sprachlichen und die negativen. Kinder erfüllen nicht alle Arten von Aufgaben gleichzeitig. Etwas vereinfacht formuliert: Wenn eine Aufgabe alle Kräfte in Anspruch nimmt, das Kind beispielsweise körperlich stark wächst, kann es sein, dass andere Bereiche nicht mitwachsen, ja sogar zurückfallen. Konkret: Das Kind wächst körperlich, seine sprachlichen und sozialen Kompetenzen vergrößern sich aber zunächst nicht. Oder: Das Kind sagt »Ich«, erkennt sich also als eigenständige Persönlichkeit. Das bedeutet jedoch nicht automatisch, dass es auch bereits eine soziale, mitfühlende Persönlichkeit entwickelt hat. Wenn ein Zweijähriger sagt »Ich will«, »Ich kann«, »Ich möchte«, dann sieht er nur sich, dann teilt er nicht, dann ist er das Zentrum der Welt, seiner eigenen Welt.

Diese Ungleichzeitigkeit von Entwicklung in verschiedenen Bereichen ist es, die Eltern oft Schwierigkeiten bereitet. Sie können sich nicht erklären, wieso ihr Kind in einem Bereich schon so weit ist, während es in einem anderen noch deutlich »jünger« wirkt. Verfügen Väter und Mütter erst einmal über die Information, dass Entwicklung nicht im Gleichschritt verläuft, können sie vieles gelassener sehen, ohne die Schuld gleich bei sich zu suchen. Ein vertieftes Wissen darüber, wie kindliche Entwicklung verläuft, ermöglicht einen realistischen Blick darauf, in welchem Maße eigene Anteile der Eltern in die Erziehung eingehen.

Während Kinder sich entwickeln, unterliegt auch die Beziehung der Eltern einer Entwicklung. Vater und Mutter waren zunächst »nur« ein Paar. Dann haben sie für ein Kind zu sorgen, u. U. bald auch für mehrere. Manches, was man sich vorgestellt hat, lässt sich in der Praxis nicht umsetzen –

etwa eine Erziehung, an der Vater und Mutter gleichermaßen teilhaben. Oft sind es die Frauen, die den deutlich höheren Erziehungsanteil übernehmen, während der Mann als
Versorger der Familie sich stärker auf den Beruf konzentriert.
Auch die partnerschaftliche Entwicklung kommt dann häufig zu kurz. Elternschaft und Partnerschaft in der Balance zu
halten, ist eine Entwicklungsaufgabe, der sich Eltern stellen
müssen, wenn sie nicht riskieren wollen, dass Konflikte ihre
Beziehung bis hin zur möglichen Trennung belasten.

Leben ist immer im Fluss, ist Übergang. Eltern wissen das,
aber es ist ein schmerzliches Wissen, bedeutet es doch, dass
man mit immer neuen Fragen konfrontiert wird. Was ist
noch normal, was nicht? Hier kann das Wissen über kindliche Entwicklung weiterhelfen.

4.2.2 Heranwachsende wollen Erziehung

Jugendliche brauchen Grenzen. Oder doch nicht? Die Mei-
nungen von Eltern gehen auseinander, wie die folgende
Diskussion zeigt, die mir aus einer meiner Elterngruppen
im Gedächtnis geblieben ist. »Also, meine beiden Söhne
wollen's definitiv wissen«, erklärt eine Mutter. »Die reizen
ganz klar aus, was geht – so lange, bis ich was sage.«

»Ja, aber wenn die Kinder erstmal in der Pubertät sind, ist
es doch eigentlich längst zu spät«, wendet eine andere Mutter ein. »Ich frage mich oft, ob ich bei meiner Tochter nicht
viel konsequenter hätte sein müssen, solange sie noch klein
war. Obwohl: Manchmal, wenn ich sehe, wie sie über etwas
nachgrübelt, das ihr Probleme bereitet, frage ich mich schon,
ob sie Wert auf meine Meinung legen würde. Aber ich halte
dann doch lieber den Mund, ehe es wieder Streit gibt.«

»Wirklich?«, meldet sich ein Vater zu Wort, der ihr gegenüber sitzt und sie jetzt mit großen Augen ansieht. »Ich finde

es wichtig, dass man den Kindern sagt, was man denkt, auch wenn es dann Krach gibt. Sie wissen doch noch gar nicht genug vom Leben, um irgendeine Ahnung haben zu können, wo's langgeht.«

Drei Elternmeinungen, die durchaus als exemplarisch gelten können. Und was sagen die Jugendlichen selbst?

Hannes, 15 Jahre, regt sich auf: »Also, mich nerven meine Eltern extrem mit ihren ewigen Regeln. Die wollen bestimmen, wann ich Klavier übe, wann ich meine Hausaufgaben mache, wann ich am Computer spiele und was nicht noch alles. Ich bin doch kein kleines Kind mehr! Am ätzendsten finde ich, dass sie auch noch versuchen, mir meine Freunde mies zu machen.«

»Ja, manchmal nervt das schon mit der Bestimmerei«, pflichtet ihm die gleichaltrige Sophie bei. »Aber ich kann irgendwie auch verstehen, dass Eltern sich Sorgen machen. Ich finde, meine Mutter und mein Vater machen das im Großen und Ganzen ganz gut mit der Erziehung. Auf alle Fälle geben sie sich Mühe.«

»Na, du hast's gut.« Lukas, 14 Jahre alt, schaut Sophie fast schon neidisch an. »Ich habe das Gefühl, dass ich meinen Eltern ziemlich egal bin. Ich kann tun und lassen, was ich will. Klar, manchmal ist das toll. Manchmal finde ich aber auch, dass meine Eltern mehr für mich da sein müssten.«

»Bei mir ist es mehr so gemischt«, meint die 16-jährige Anna. »Bei manchen Sachen darf ich mitbestimmen, und dann wieder stellt meine Mutter total strenge Regeln auf. Da denke ich dann manchmal echt, die spinnt. Die soll sich mal entscheiden, was sie will!«

»Also, ich hab' total strenge Eltern«, erklärt Emma, 15 Jahre alt. »Manchmal erpressen die mich regelrecht. Dann heißt es: Wenn du nichts für die Schule machst, kannst du dir die

Fete am Samstag gleich aus dem Kopf schlagen. Und wenn ich dann doch hindarf, muss ich so früh wieder zu Hause sein, als wäre ich noch in der Grundschule. Manchmal glaube ich, meine Eltern denken, dass da draußen lauter Verbrecher rumlaufen, die nur darauf warten, dass ich das Haus verlasse. Allerdings: Ich bettele und nerve dann so lange, bis sie am Ende dann doch nachgeben.«

Grenzen und Regeln – sie sind das Thema, mit dem sich heranwachsende Kinder und ihre Eltern am meisten beschäftigen. In einigen der oben zitierten Äußerungen Jugendlicher klingt an, dass sie elterliche Einschränkungen durchaus auch als Orientierungshilfe zu schätzen wissen und nicht ausschließlich als Beschneidung ihrer Freiheit interpretieren. Pubertierende wollen wissen, woran sie mit ihren Eltern sind. Konflikte werden auch als Zeichen von elterlichem Interesse wahrgenommen.

Inakzeptabel finden Jugendliche Regeln und Grenzen immer dann, wenn sie als starr und unverrückbar gelten und den Eindruck erwecken, als dienten sie vor allem der Ausübung von Macht. Verändern sich die Grenzen hingegen in Abhängigkeit vom Alter, tun Heranwachsende sich mit ihnen wesentlich leichter. Eltern sollten also immer wieder neu abwägen, wie viel Freiheit die Kinder schon selbst handhaben können und wann sie damit überfordert wären. Zu eng gesteckte Grenzen lassen keinen Raum, um Eigenverantwortung zu entwickeln. Zu weit gesteckte Grenzen führen dazu, dass Jugendliche sich orientierungslos fühlen.

Viele Eltern assoziieren die Begriffe »Regel« und »Grenze« mit negativen Inhalten und erinnern sich dabei an Verbote und Bestrafungen aus ihrer eigenen Jugend. Hier sind wir wieder beim Thema der Auseinandersetzung mit der eigenen Biographie. Wer als Kind als Folge der Nichtbeachtung von Grenzen schlimmstenfalls körperlich gezüchtigt wurde, wird sich naturgemäß schwer damit tun, den eigenen Kindern Grenzen zu setzen. Väter und Mütter, die partnerschaftlich erziehen wollen, lehnen feste Regeln ab. Mit der paradoxen Folge, dass ihre Kinder auf der Suche nach Orientierung heftiger über die Stränge schlagen als Kinder, die zu Hause viel weniger dürfen. Wer dann eine elterliche Grundsatzerklärung abgibt, stößt bei Jugendlichen oft auf heftigen Widerspruch oder schlicht auf Schweigen. Die »lange Leine«, die man den Kindern ließ, hat eine innere Distanz geschaffen, die u. U. nur schwer wieder überbrückt werden kann.

Wenn es um das Setzen von Grenzen geht, ist es für Väter und Mütter besonders wichtig, sich nicht nur mit dem Kind, das ihnen gegenübersteht, sondern auch mit ihrem inneren Kind auseinanderzusetzen. Wer davor zurückschreckt, Regeln aufzustellen, weil die Regeln der eigenen Kindheit mit Gefühlen von Schmerz, Traurigkeit und Ohnmacht verknüpft sind, der gibt diese Gefühle weiter – bewusst oder unbewusst. Eigene Ängste und Unsicherheiten können niemals über Stellvertreter, sondern nur in der eigenen Person bewältigt werden. Je mehr man die eigene Kindheit in all ihren Facetten – positiven wie negativen – annehmen kann, desto umfassender kann man auch das Kind akzeptieren, das vor einem steht.

Zugegeben: Wer Regeln aufstellt und Grenzen setzt, macht sich zunächst einmal nicht beliebt. Lautstarke Auseinandersetzungen sind da gewissermaßen vorprogrammiert. Erziehen heißt aber nun einmal nicht, dass sich alle ununterbrochen und ungetrübt lieb haben. Eltern müssen aushalten können, dass Heranwachsende auf das, was sie als Einschränkung ihrer Freiheit betrachten, feindselig reagieren. Mehr noch: Sie sollten sich auch Gedanken darüber machen, welche Konsequenzen Grenzverletzungen und Regelverstöße haben sollten. Das kostet oft Mühe, und es bringt vielfach neuen Streit mit sich. Doch zur Liebe gehört die Auseinandersetzung mit dazu. Wer symbiotisch in den anderen hineinkriecht, erdrückt ihn und macht ihn abhängig. Wer empathisch liebt, kann Nähe *und* Distanz akzeptieren und die Eigenständigkeit des anderen zulassen.

Sensibel gesetzte Grenzen, die regelmäßig auf ihre Angemessenheit hin überdacht werden, lassen den Jugendlichen jene Freiheit, die sie brauchen, um eigene Wege zu finden. Das geht nicht ohne Schrammen ab. Wer Heranwachsende vor allen Härten der Realität schützen will, fesselt sie an sich und macht sie lebensuntüchtig. Dazu kommt es häufig, wenn heranwachsende Kinder als Partnerersatz dienen müssen oder wenn Eltern den Sinn ihres Lebens ausschließlich in der Kindererziehung zu finden glauben.

Grenzen haben nichts mit Verboten und Strafen zu tun. Grenzen sollen kein Selbstzweck, kein Herrschaftsinstrument sein. Verbote und Strafen demonstrieren, wer die Macht hat. Grenzen geben Orientierung, sind eine Art Leitplanke. Strafandrohungen lassen sich oft nicht durchhalten, erst recht nicht, wenn sie im unmittelbaren Zorn ausgesprochen wurden. Besser sind da zuvor besprochene Konsequenzen von Grenzüberschreitungen. Sie sollten ebenso wenig wie die Grenzen selbst eine Demütigung der Jugendlichen darstellen. Nur wenn Heranwachsende sich auch dann geachtet und respektiert fühlen, wenn nicht alles rund läuft, können sie ein stabiles Selbstwertgefühl und Respekt anderen gegenüber entwickeln. Das bedeutet wiederum nicht, dass man Grenzüberschreitungen einfach ignorieren sollte. Dies würde bedeuten, den Jugendlichen die Orientierung vorzuenthalten. Und es wird von Heranwachsenden zu Recht als Zeichen von Gleichgültigkeit interpretiert, wenn Eltern »nichts machen«.

Grenzen vermitteln Jugendlichen das Koordinatensystem, in dem sie ihre Position finden. Sie zeigen ihnen, wohin sie gehören und wo es in Zukunft langgehen kann. Je mehr sie heranwachsen, desto mehr werden Kinder die ihnen gesetzten Grenzen überschreiten wollen. Das gehört dazu. Wer ein Entwicklungsziel erreicht hat, wird Ausschau halten nach dem, was jenseits des vertrauten Bewegungsradius' liegt. Grenzen vermitteln Heranwachsenden so erst die Möglichkeit, sich vom Vertrauten abzulösen und sich auf Neues einzulassen.

Alles schön und gut, werden Väter und Mütter nun möglicherweise sagen. Aber worauf soll ich denn nun achten, wenn ich meinem pubertierenden Kind Grenzen setze? Hier einige Anregungen:

– Je größer die Kinder werden, desto größer werden auch die Risiken ihres Verhaltens. Grenzen zeigen Jugendlichen, welche Konsequenzen ihr Verhalten haben kann, und fordern sie dazu auf, Verantwortung für ihr Handeln zu übernehmen.

– Grenzen zu setzen funktioniert umso überzeugender, je klarer aus dem Verhalten der Eltern hervorgeht, dass sie den Sohn, die Tochter respektieren. Mütter und Väter brauchen hier Intuition und Fingerspitzengefühl gleichermaßen: Was ist eine sinnvolle Grenze, was eine möglicherweise demütigende Kontroll- oder Strafmaßnahme?

– Nicht jedes Detail im Leben muss durch Absprachen und Vereinbarungen geregelt werden. Ein übermächtig großes Regelwerk wirkt sich lähmend aus. Statt sich selbst und die eigenen Kinder mit einer Vielzahl von Regeln zu

belasten, sollten Eltern sich überlegen, in welchen Bereichen Grenzen erforderlich und sinnvoll sind, und diese
dort dann klar (das heißt auch: einfach formuliert) und
liebevoll setzen. Das wird vor allem bei jenen Themen der
Fall sein, wo das Verhalten der Heranwachsenden gefähr-
liche Konsequenzen haben kann. Hilfreich ist es darüber
hinaus, deutlich zu machen, dass Regeln nicht in Stein
gemeißelt sind, sondern inhaltlich modifiziert werden
können.

– Gestehen Sie Ihrem Sohn, Ihrer Tochter zu, dass er/sie
  grundsätzlich guten Willens ist, Regeln zu respektieren
  und Grenzen einzuhalten. Sorgen Sie aber auch dafür,
  dass Grenzüberschreitungen Konsequenzen haben. An-
  derenfalls sind Ihre Regeln sinnlos, und Sie riskieren,
  dass Ihr Heranwachsender Sie weniger achtet.

– Es ist vollkommen normal, dass Jugendliche die Grenzen, die man ihnen setzt, auch mal austesten. Denken
  Sie über sinnvolle Konsequenzen für Regelverletzungen
  nach, bevor es soweit ist. Achten Sie dabei darauf, dass
  die Konsequenzen für Ihren Sohn, Ihre Tochter über-
  schaubar sind.

4.2.3 »Wann fängt die Pubertät denn nun an?«

»Unsere Tochter ist erst neun«, erzählt ein Elternpaar der
Runde, »aber wir haben manchmal den Eindruck, die Pubertät hat bei ihr schon angefangen.« Beide schauen mich fragend an, bevor der Vater fortfährt: »Neulich kam da was über
die Pubertät im Fernsehen. Da waren zwölfjährige Mädchen
zu sehen. Und als ich mir die anguckte, dachte ich: Genau
unsere Anna-Lena. Dieses Rumgezicke, die Stimmungsschwankungen. Da hüpft sie vor Freude herum, und zwei
Minuten später sitzt sie da und weint. Und wehe, man will

sie trösten! Dann bekommt man was zu hören! – »Nichts kann man ihr momentan recht machen, wirklich gar nichts!«, wirft die Mutter ein. »Anna-Lena ist einfach gegen alles. Schlimm ist das!« Ich frage, wann Anna-Lena angefangen hat, sich so zu verhalten. Die Mutter legt ihre Stirn in Falten. »Ungefähr vor einem halben Jahr, wenn ich mich recht erinnere. Da ist sie fast von einem Tag zum anderen auch ein ganzes Stück größer geworden.« Der Vater lächelt: »Plötzlich durften wir nicht mehr Lenchen zu ihr sagen. Das hatte sie bis dahin so gemocht!« – »Stimmt!«, unterbricht die Mutter. »Plötzlich wollte sie das nicht mehr hören. Bei jedem ›Lenchen‹ flippte sie schier aus: Ich bin nicht mehr euer Lenchen! Ich bin jetzt Anna-Lena!« Die Mutter atmet tief durch.

»Verrückt!«, ruft eine andere Mutter, die konzentriert zugehört hat. »Bei mir ist es genau umgekehrt. Ich habe eine vierzehnjährige Tochter und einen sechzehnjährigen Sohn. Und bei beiden keine Spur von Pubertät! Besonders bei meinem Sohn frage ich mich manchmal, ob er nicht neidisch ist auf die Jungs, die schon weiter sind als er. Ich habe beobachtet, wie er sie anschaut. Neulich habe ich gelesen, dass manche Eltern bei ihren Kindern mit Hormonen nachhelfen. Also, das finde ich überhaupt nicht gut. Solange ich nicht den Eindruck habe, dass Ben ernsthaft unter der Situation leidet, kommt mir sowas nicht ins Haus.« Die anderen Eltern nicken zustimmend während sie fortfährt: »Bei Sarah, meiner Tochter, ist es anders. Der tut es schon weh, wenn andere Mädchen damit angeben, dass sie schon ihre Tage bekommen. Neulich hat Sarah mir gestanden, dass sie Angst hat, nie erwachsen zu werden. Sie hat das Gefühl, weniger wert zu sein als die anderen Mädchen. Wenn ich sie trösten will, stößt sie mich zurück. Es scheint ihr auch nicht zu helfen, dass sie eine der Besten in ihrer Klasse ist und dass ihre Mitschülerinnen sie mögen und respektieren.« Eine andere Mutter fragt, ob Sarah auch außerhalb der Schule Erfolge habe. »Ja«, lautet die Antwort, »und wie! Sie ist im Volleyball-Verein und hat mit ihrem Team schon oft gewonnen. Aber so richtig freuen kann sie sich darüber nicht. Einen Busen oder die Monatsblutung zu haben, würde ihr offensichtlich mehr Selbstwertgefühl vermitteln als jeder Pokal.«

»Vielleicht ist Ihre Tochter ja doch schon in der Pubertät, auch wenn sich das körperlich noch nicht zeigt«, überlegt ein Vater. »Ich frage mich, woran man das denn eigentlich erkennt. Nicht dass ich jetzt eine Checkliste haben wollte, die man abhaken kann und dann weiß: ›Mein Kind pubertiert!‹ Aber ich würde mich sicherer fühlen, wenn ich in dieser Hinsicht ein bisschen mehr wüsste. Wenn man sich so mit Freunden unterhält, die Kinder haben, dann heißt es, meiner ist elf und steckt mittendrin in der Pubertät, und andere sagen, unsere ist vierzehn und auch mittendrin. Und wenn man dann fragt, woher sie das wissen, kommt das große Schulterzucken. Das sind letztlich alles so subjektive Einschätzungen.« – »Na ja«, gibt ein anderer Vater zu bedenken, »und dann ist es ja auch so, dass die Kinder die Pubertät auf ganz unterschiedliche Art durchmachen. Wir haben zweieiige Zwillinge. Und das Mädchen ist dem Jungen aber sowas von voraus! Das gibt's gar nicht! Lange Zeit konnte man die beiden ja irgendwie ähnlich erziehen. Jetzt ist unsere Corinna schon fast eine junge Frau, und der Florian ... irre ist das. Es ist schwer, die beiden nicht miteinander zu vergleichen. Ich meine, theoretisch weiß man ja, dass man das nicht machen soll. Aber es drängt sich eben doch auf. Und die beiden kriegen das natürlich auch mit.«

»Also, was mich bei meinem Sohn regelrecht fertigmacht«, erklärt eine Mutter, »das sind seine Angstzustände. Der hängt richtiggehend wieder an meinem Rockzipfel, und das mit 13! Und was noch schlimmer ist: Er steckt mich an mit seiner Angst. Manchmal weiß ich echt nicht, wie das weitergehen soll.« Sie rutscht auf ihrem Stuhl hin und her. »Dieses Klammern! Wie ein Dreijähriger am ersten Tag im Kindergarten!«

Pubertät – keinem Kind bleibt sie erspart. Meist sind die Mädchen etwas früher dran als die Jungs. Manchmal kommt die neue Entwicklungsphase fast unmerklich, manchmal aber auch mit einem Donnerschlag, der allen in der Familie klarmacht: Jetzt wird alles anders. Nicht zuletzt für den betreffenden Jungen oder das Mädchen selbst. Alles verändert sich – der Körper, das Sprechen, die Gefühle, das Denken, bei Jungs außerdem die Stimme. Was nützt es, dass sich auch der Verstand weiterentwickelt, wenn alles andere so beängstigend ist, dass mitunter die Welt unterzugehen scheint?

Die Mädchen und Jungen befinden sich fest im Griff der Hormone. Bei den Mädchen lässt Östrogen, Progesteron und etwas Testosteron die Eierstöcke reifen, bei den Jungen sorgt das Testosteron – versehen mit einem kleinen Anteil an Östrogenen – für die Produktion von Spermien. Aber es passiert eben noch viel mehr, und das erklärt, warum aus zurückhaltenden Jungs plötzlich risikofreudige Draufgänger werden und aus ruhigen Mädchen wahre Temperamentsbolzen.

Mädchen und Jungen wissen heutzutage einiges über die Pubertät. Sie dann aber am eigenen Leib zu erleben, geht mit viel Unsicherheit, Ängsten und Stimmungsschwankungen – manchmal bis hin zur depressiven Verstimmung – einher. Kein Wunder, wird diese Zeit in der Fachliteratur doch mitunter auch als »zweite Geburt« beschrieben, die sich von der ersten u. a. dadurch unterscheidet, dass sie quasi in der Öffentlichkeit stattfindet. Man soll Kinder nicht miteinander vergleichen – da hat der oben zitierte Vater natürlich recht. Die Heranwachsenden untereinander tun dies aber sehr wohl, und meist zu Ungunsten der eigenen Person. Warum hat die beste Freundin schon viel mehr Busen, warum ist beim besten Freund der Penis größer? Warum sind auf der Stirn schon wieder neue Pickel gewachsen? Der eigene Körper wird einem unheimlich, weil er macht, was er will, ohne dass man etwas dagegen tun kann. Die Seele leidet mit. Und die Eltern verstehen »gar nix«, um die 16-jährige Luisa zu zitieren, und nerven mit Beschwichtigungen wie »Das geht schon vorbei!«

Mädchen kommen durchschnittlich zwei Jahre früher in die Pubertät als Jungs – manchmal haben sie sogar drei Jahre Vorsprung. Dementsprechend fühlen sich viele von ihnen den Jungs überlegen und zeigen es auch. Das Wort »Pubertät« leitet sich vom lateinischen Ausdruck »pubes«, »Schamhaar«, her. Bei manchen Mädchen verändert sich der Körper jedoch schon vor Beginn der Schambehaarung. Die Brüste wachsen, die Scheide sondert Schleim ab. Der Beginn der Pubertät muss sich jedoch nicht unbedingt in körperlichen Veränderungen zeigen. Es kann auch sein, dass die emotional-seelische Befindlichkeit eines Mädchens den Beginn der großen Umwälzung anzeigt – mit Stimmungsschwankungen, dem Bedürfnis, sich zurückzuziehen, und einer Ablehnung der eigenen Person. Andere Mädchen wiederum inszenieren ihren veränderten Körper regelrecht – mit hautengen T-Shirts und ultrakurzen Röcken, die ihren Müttern oft genug die Schamröte ins Gesicht treiben. Überhaupt, die Mütter: Sie sind für viele Mädchen nun Angriffspunkt Nummer eins. Recht machen kann es die Mutter der Tochter nun kaum noch. Viele Mütter empfinden dies als große Belastung.

Bei den Jungen zeigt sich der Beginn der Pubertät im Wachstum von Füßen, Beinen und Armen. Die Extremitäten scheinen zu lang zu sein; die Jungs wirken so eine Zeit lang unproportioniert. Weil die Muskelspannung noch nicht genügend ausgebildet ist, haben viele Jungen außerdem eine gebückte Körperhaltung – sie »hängen« buchstäblich »herum«, können nicht gerade sitzen. Oft stechen Nase und Wangenknochen besonders hervor, und wenn dann noch eine Akne hinzukommt, wird es nachvollziehbar, dass sich die Jungs in ihrer Haut äußerst unwohl fühlen. Die Ablehnung des eigenen Körpers kann dazu führen, dass sie keine Lust haben, sich zu pflegen. Zum Sich-Waschen oder Duschen muss man sie explizit auffordern. Ebenso wie die Mädchen haben auch die Jungs mit Stimmungsschwankungen zu kämpfen. Heftiges Aufbegehren gegen die Eltern und Wutausbrüche wechseln sich ab mit Verhaltensweisen, die fast kleinkindhaft anmuten. In einem pubertierenden Jungen steckt eben der Held, der in die Welt hinauszieht, ebenso wie das kleine Kind, das Schutz und Geborgenheit braucht.

»Haha«, lacht die Mutter des 14-jährigen Felix. »Von wegen ›Held‹! Davon ist bei meinem Sohn nichts zu erkennen. Der ist lieber vorsichtig und wartet ab. Manchmal habe ich mich schon gefragt, ob er nicht schwermütig ist. Auf alle Fälle kommt er mit sich und der Welt nicht zurecht. Meine neunjährige Tochter ist das genaue Gegenteil. Wo Felix nur ausdruckslos vor sich hinstarrt, kann sie richtig ausrasten. Manchmal würde ich dann selber am liebsten durchdrehen. Die eine zickt, der andere will von der Welt nichts wissen. Und ich bin mittendrin, ganz alleine. Mein Mann hält sich

nämlich aus allem raus bzw. pflegt seine Midlife-Crisis.«
Sie schaut nachdenklich in die Runde: »Mein Eindruck ist,
dass das früher alles viel klarer war. Man wusste genau, wann
die Pubertät begann und wann sie vorbei war. Heute löst sich
irgendwie alles auf!«

Tatsächlich beginnt die Pubertät heute früher. Das wird
offenkundig, wenn man die heutigen Daten mit denen frü-
herer Jahrzehnte vergleicht. Man könnte hier von verfrühter
Reifung sprechen. Ganz so einfach ist die Sache allerdings
nicht, gibt es doch neben den Frühentwicklern auch noch
die Spätentwickler. Das ist es, was es so schwierig macht,
den Beginn und das Ende der Pubertät exakt zu datieren.
Eine krisenerprobte Mutter erzählt: »Unsere Leonie fing mit
neun an. Nico kam mit zwölf in die Pubertät. Und Martin
hat sich am meisten Zeit gelassen: Der fängt erst jetzt, mit
sechzehn, an zu pubertieren. Jetzt hat Leonie das hinter sich,
Nico ist auch aus dem Gröbsten raus und Martin startet erst.
Irgendwie ist unser Familienleben eine einzige Pubertät!«

Ein ewiges Auf und Ab, das sich noch dazu hinzieht – so
erleben es nicht nur die Eltern, sondern auch die Jugendlichen selbst. Jeder Junge, jedes Mädchen empfindet die Veränderung, die mit ihm/ihr vorgeht, ganz individuell. Die
»Frühstarter« scheinen dabei zunächst im Vorteil zu sein.
Jungs, die sich früher entwickeln, können sich mit etwa 15,
16 schon wegen ihrem attraktiven Äußeren, ihrer Kraft und
Sportlichkeit von den Mädchen bewundern lassen – was sich
natürlich positiv auf ihr Selbstwertgefühl auswirkt.

Auch früh entwickelte Mädchen genießen es, von den
Jungs umworben und verehrt zu werden. Allerdings machen
sie sich auch früher als andere Sorgen darüber, ob ihr Körper
in ausreichendem Maße dem geltenden Schönheitsideal ent-
spricht.

Die Frühentwickler – und das mag den »Spätstartern«, die zunächst die Verlierer zu sein scheinen, zum Trost gereichen – haben eine viel größere Spannung auszuhalten: Sie haben einerseits einen erwachsen aussehenden Körper, der auf andere eine entsprechende Wirkung ausübt, und andererseits eine verletzliche, unsichere Psyche, die der körperlichen Entwicklung nicht hinterherkommt. Häufig zeigen gerade früh entwickelte Jungen und Mädchen Ängste und Besorgnisse, die mitunter schwer auszuhalten sind.

Als gesichert lässt sich letztlich nur festhalten, dass es verschiedene Pubertätsverläufe gibt und dass jede individuelle Pubertät ihre eigenen Herausforderungen birgt. Früh pubertierende Mädchen setzen sich oft besonders kritisch mit ihrem sich verändernden Körper auseinander. Essstörungen (Magersucht, Bulimie) können ebenso eine Reaktion darauf sein wie selbstverletzendes Verhalten (»Ritzen«). Oder die Mädchen lassen sich auf sexuelle Kontakte mit älteren Jugendlichen ein, deren Folgen sie selbst nur schwer einschätzen können.

Jungen stellen den Hauptanteil an den Spätentwicklern dar, die erst mit 15 oder 16 in die Pubertät kommen. Diese Jugendlichen haben oft ein negatives Bild von sich selbst, sind dementsprechend wenig selbstbewusst und schwanken häufig zwischen Niedergeschlagenheit und einem überzogenen Drang nach Autonomie. Für die »Spätstarter« brauchen Eltern viel Geduld, starke Nerven und jede Menge Verständnis. Harte Zeiten machen Mütter und Väter vor allem dann durch, wenn sie selbst in der »zweiten Pubertät« stecken, also in den Wechseljahren oder in der Midlife-Crisis.

Unterm Strich muss man sich dennoch fragen, warum so viele Kinder heute deutlich früher in die Pubertät kommen. Die Forschung hat dazu noch keine eindeutige Antwort erbracht. Wahrscheinlich ist auch, dass weniger eine einzelne Ursache als vielmehr ein Bündel von Faktoren dafür verantwortlich ist.

- Zum einen sind hier genetische Faktoren zu nennen. Wenn Eltern (oder Großeltern) früh in die Pubertät gekommen sind, gilt das oft gleichermaßen für die Kinder.
- Familiärer Stress und ungünstige Erziehungsbedingungen können dazu führen, dass die Ausschüttung von Geschlechtshormonen lebenszeitlich früher beginnt, und damit auch die Pubertät – was jedoch nicht notwendig der Fall sein muss.
- Auch Umweltbedingungen können sich auf den Beginn der Pubertät auswirken. Kinder sind heute besser ernährt als in früheren Jahrzehnten; sie leben andererseits aber auch in einer generell beschleunigten, ruhelosen Zeit.

Ganz gleich, was die Ursache sein mag: Mit der Pubertät beginnen für Eltern aufregende Zeiten. Dies gilt vor allem dann, wenn aus einem selbstbewussten Kind ein zögerlicher, verunsicherter Heranwachsender wird, der an sich und der Welt zweifelt. Eltern reagieren erschrocken auf die Ängste und Verunsicherungen ihrer Kinder. Doch die Angst gehört zur Pubertät ebenso dazu wie zu jeder anderen Entwicklungsphase auch.

»Bei meinem Sohn habe ich manchmal das Gefühl«, erzählt ein Vater, »dass er sich fragt, ob wir ihn auch dann noch mögen, wenn er so richtig fies zu uns ist. Solange wir mit ihm allein sind, ist alles okay. Aber wehe, seine Freunde kommen zu Besuch. Dann kann er ausgesprochen kratzbürstig werden. Man glaubt es kaum: Eine halbe Stunde vorher hat er noch mit seiner Mutter gekuschelt und ihr gesagt, wie lieb er sie hat.« – »Wie bei unserer Tochter«, wirft ein anderer Vater ein. »Die macht jetzt eine Lehre und muss jeden Morgen 15 Kilometer in die Stadt fahren. Eigentlich kennt sie das von der Schule her – da ist sie immer mit dem Bus gefahren. Jetzt plötzlich will sie bei mir im Auto mitfahren. Warum hat sie denn plötzlich Angst vor dem Bus? Ich nehme sie natürlich mit ... aber dann muss ich sie 200 Meter vor der Firma, bei der sie lernt, rauslassen. Sie verabschiedet sich dann immer ganz cool von mir.«

Solche scheinbaren Widersprüchlichkeiten zeigen eindrücklich das Hin- und Hergerissensein der Jugendlichen zwischen dem Wunsch nach Freiheit und Selbständigkeit und der Angst vor dem Neuen, das auf sie zukommt. Sie sind Ausdruck des »Halt mich fest, aber lass mich auch los!«, das in diesem Kapitel schon mehrfach angesprochen wurde. Eltern sollten den Wunsch der Heranwachsenden nach Verlässlichkeit und Geborgenheit keinesfalls lächerlich machen oder geringschätzen. Auch Äußerungen wie »Du brauchst doch keine Angst zu haben!« oder »Da muss man halt durch!« führen dazu, dass Jugendliche sich nicht ernst genommen fühlen. Genauso kontraproduktiv ist es allerdings auch, die Ängste der Heranwachsenden zu dramatisieren. Die elterliche Haltung, die Pubertierenden erfahrungsgemäß am besten bekommt, lässt sich umschreiben als »zugewandte Gelassenheit«. Eine solche Haltung vermittelt dem Jugendlichen, dass er wertgeschätzt wird, wie er ist, und mobilisiert zugleich die Ressourcen in ihm, die er braucht, um selbständig mit Unsicherheiten umgehen zu lernen.

»Mein Sohn war früher ein richtiger Sonnyboy«, berichtet eine Mutter. »Er zog überall herum, war bei allen beliebt, stand meist im Mittelpunkt und war fröhlich. Seit einem Jahr ist das anders. Jetzt bleibt er am liebsten in seinem Zimmer – vor allem, wenn Besuch da ist. Da sitzt er dann manchmal nur so rum. Mit anderen, auch Gleichaltrigen, zusammen zu sein, scheint ihm eine richtige Qual zu sein.« Die anderen Eltern, die ihr zuhören, nicken. Einer nach dem anderen erzählt von Sohn oder Tochter. Die Geschichten ähneln sich. Der Grundton: Die Kinder, bis vor kurzem noch kaum zu bändigen, werden in der Pubertät plötzlich introvertiert, schüchtern und zögerlich. Die Mütter und Väter fragen sich, was hinter dieser Verwandlung steckt.

Das »Fremdeln« gibt es in jeder Entwicklungsphase. Beim Säugling spricht man von der Achtmonatsangst. Das Baby reagiert plötzlich auf fremde Personen und Situationen ängstlich und abwehrend. In der Grundschule machen viele Kinder mit den »Acht-Jahres-Ängsten« Bekanntschaft. Sie sind dann am liebsten zu Hause und hängen oft in besonderer Weise an der Mutter. Viele Eltern interpretieren dieses Verhalten als Verlust des Urvertrauens und bekommen deshalb ein schlechtes Gewissen. Dabei sind Acht-Jahres-Ängste entwicklungsbedingt und nicht Folge von Erziehungsfehlern.

Ähnliches wiederholt sich in der Pubertät. Der Junge oder das Mädchen zieht sich aus sozialen Zusammenhängen zurück, ist vor allem auf sich selbst konzentriert. »Ich habe mit mir selber genug zu tun«, hat mir einmal ein 14-Jähriger erklärt. »Da brauche ich meine Eltern nicht ständig um mich. Die sollen sich doch um sich selber kümmern.« Auf meine Nachfrage, ob sein Verhalten nicht sehr ichbezogen sei, entgegnete er: »Stimmt! Aber meine Eltern haben mir doch immer gesagt, dass ich mit all meinen Problemen zu ihnen kommen kann. Und das mach' ich ja auch.« Jugendliche brauchen den Rückzug in sich selbst, um Kraft zu sammeln für die Reise, auf der sie sich befinden.

»Meine 16-jährige Tochter«, erzählt eine Mutter, »sieht

nur noch schwarz. Es sieht nicht so aus, als ob sie sich von der Zukunft irgendetwas Gutes erhofft. Bei ihrem Bruder – der ist 14 – ist es ähnlich. Der hat wirklich schlimme Weltuntergangsphantasien. So viel dunkle, schmerzliche Gedanken! Manchmal ist es kaum zum Aushalten mit den beiden.«

Eine zentrale Form der Ängste Jugendlicher ist die Befürchtung, körperlich und seelisch vernichtet zu werden. Sie spiegelt das körperliche und seelische Missempfinden der Heranwachsenden. »Ich fühle mich wie ein Stück Scheiße«, erklärt die 15-jährige Janina. »Ich weiß gar nicht mehr, wofür ich eigentlich lebe. Manchmal denke ich, es wäre besser, gleich tot zu sein und nicht langsam zu sterben.«

Mit solchen Vernichtungsängsten angemessen umzugehen, stellt für Eltern eine besondere Herausforderung dar: Einerseits muss man die Ängste ernst nehmen, ohne sie zu dramatisieren, andererseits sollte man sie auch nicht bagatellisieren.

Erfahrungsgemäß ist es für Eltern wie Jugendliche am hilfreichsten, wenn die Eltern zunächst einmal nur zuhören, und zwar auf eine Weise, die den Heranwachsenden zeigt, dass sie Anteil an deren Gefühlen nehmen. Auch wenn es Ihnen schwerfallen mag: Reden Sie nicht, wenn Ihre Meinung nicht gefragt ist. Wenn Sie etwas nicht verstanden haben, dann melden Sie das zurück und fragen Sie bei Ihrem Sohn oder Ihrer Tochter nach, was er/sie meint.

Jugendliche Ängste können durchaus auch Eltern erschrecken. Wenn Sie merken, dass dies der Fall ist, können Sie sich daran erinnern, dass diese Ängste ein normaler Bestandteil der Pubertät sind. Ihr heranwachsendes Kind braucht nach wie vor Ihren Halt und die Geborgenheit, die es bei Ihnen findet.

Gibt es Kriterien, an denen Eltern festmachen können, dass ihr Kind in der Pubertät ist – egal, ob als Früh- oder Spätentwickler? Die gibt es, und sie lassen sich, etwas verallgemeinernd, dem körperlichen, emotionalen und sozialen Bereich zuordnen:

Körperliche Veränderungen
- Zwischen dem 11. und 14. Lebensjahr machen Jungen und Mädchen einen Wachstumsschub durch, der den Beginn der Pubertät anzeigt.
- Bei Jungen nimmt die Muskelmasse zu. Die verschiedenen Bereiche des Körpers wachsen uneinheitlich: als Erstes die Füße, dann die Beine, zu guter Letzt die Hüfte und der Brustkorb. Der Muskeltonus ist noch nicht ausgebildet, was bewirkt, dass die Körperhaltung der Jungen schlaff wirkt.
- Innerhalb von drei Jahren legen Jungen um etwa 25 Prozent an Größe zu und verdoppeln in etwa ihr Gewicht.
- Bei den Mädchen verändert sich durch die Wirkung der Hormone die Gestalt: Sie bekommen breitere Hüften, eine schlanke Taille, die Brüste wachsen. Hinzu kommen die erste Regelblutung und bei beiden Geschlechtern die Schambehaarung.

Emotionale Veränderungen
- Die Jugendlichen leiden unter ausgeprägten Stimmungsschwankungen.
- Sie entwickeln charakteristische Ängste (vor der Zukunft, vor Krankheit, vor dem Verlust der Eltern).
- Sie entwickeln Aggressionen gegen vertraute Bezugspersonen oder gegen sich selbst.
- Sie verfügen über wenig Selbstvertrauen.

- Charakteristisch sind auch eine gewisse Antriebslosig-
keit (»Null Bock«-Stimmung) und eine generelle Unzufriedenheit mit dem Leben.

Soziale Veränderungen
- Sozialer Rückzug: Die Jugendlichen halten sich am liebsten im eigenen Zimmer auf und haben keine Lust mehr
auf gemeinsame Familienunternehmungen.
- Ichbezogenheit: Die Umgestaltung ihrer Identität nimmt
die Jungen und Mädchen voll in Anspruch.
- Die Jugendlichen wenden sich von der Familie ab und
verstärkt Gleichaltrigen zu.
- Sie entwickeln ein immer größeres Schamgefühl.

4.2.4 Zwischen Trotz und Pubertät

»›Kleine Kinder, kleine Sorgen – größere Kinder, größere
Sorgen.‹ Da ist was dran, das erfahre ich jetzt am eigenen
Leib«, erzählt die Mutter eines neunjährigen Sohnes. »Da
denkt man im einen Moment, dass er doch eigentlich schon
ganz vernünftig ist, und im nächsten lässt er dann seiner
Wut freien Lauf. Dabei kann er so richtig ausfallend werden.
Ich erkenne ihn dann wirklich kaum wieder.«

»Meine Tochter ist da ganz anders«, hält eine andere Mutter dagegen. »Bei der würde ich mir manchmal schon fast
wünschen, dass wir uns streiten. Aber sie sitzt entweder still
in ihrem Zimmer und starrt zum Fenster hinaus, oder sie
läuft mir auf Schritt und Tritt nach. Es kommt vor, dass ich
im Bad bin, und sie klopft an die Tür und fragt: ›Mama, bist
du noch da?‹« Sie runzelt die Stirn: »Manchmal frage ich
mich, ob das noch normal ist. Ich dachte, in der Pubertät
geht es um Selbständigkeit. Und nun dieses kleinkindhafte
Verhalten. Zum Davonlaufen!«

»Meine Tochter hat beides«, schildert eine Mutter ihre Erfahrungen. »Mal kriegt sie riesige Wutanfälle, bei denen sie mir an den Kopf wirft, wie mega-peinlich ich bin. Und dann wieder will sie auf meinem Schoß sitzen und sagt: ›Mami, ich hab dich doch lieb!‹ Dieses ewige Hin und Her muss man erst einmal aushalten. Ich weiß oft nicht, wie ich mich am besten verhalten soll.«

»Toll ist auch, wenn Geschwister sich fetzen«, ergänzt ein Vater. »Unsere beiden kommen gerade überhaupt nicht miteinander klar. Das geht schon morgens nach dem Aufstehen los. Sie zanken sich, wer als Erster ins Bad darf und wer mehr Nutella auf sein Brot schmiert. Und so geht es nachmittags nach der Schule weiter. Meine Frau und ich sind heilfroh, dass die beiden verschiedene Schulen besuchen und so wenigstens einige Stunden des Tages getrennt sind.« Er macht eine kurze Pause und erzählt dann weiter. »Der Julian hat es wahrhaftig nicht leicht mit seiner Schwester. Die hat ihn körperlich fast eingeholt, und im Kopf ist sie gerade eindeutig schneller. Und das lässt sie ihn spüren. Sie kann so richtig spitzzüngig sein. Und er weiß sich dann manchmal nicht anders zu helfen, als richtig draufzuhauen. Allerdings weiß er auch ganz genau, wo seine Schwester ihre schwachen Punkte hat. Dann macht er sich beispielsweise über ihre Kleidung lustig oder kommentiert einen Pickel, den sie im Gesicht hat. Sie rastet dann komplett aus. Was für ein Geschrei! Manchmal weiß ich nicht, wo das noch enden soll.«

»Ja, aber dann weiß man wenigstens, was los ist«, ergreift ein anderer Vater das Wort. »Mein Sohn ist ein ganz Stiller, macht alles mit sich selber aus, will nicht in den Arm genommen werden, sagt keinen Ton. Dabei spüren meine Frau und ich deutlich, dass ihn so manches belastet. Zurzeit tröstet er sich mit seinen alten Kinderbüchern. Die hat er wieder hervorgekramt und liest sie mit Begeisterung noch einmal.«

»Meine Tochter zieht sich auch zurück«, berichtet eine Mutter. »Aber nicht in ihr Zimmer, sondern zu ihren Freundinnen. Zwei, drei Mädels, unzertrennlich. Die Svenja kommt aus der Schule, isst kurz zu Mittag, macht dann blitzschnell ihre Hausaufgaben, und dann nichts wie ab zu Carolin oder Franziska. Oder die beiden kommen zu uns. Dann wird Tee gekocht, und anschließend ziehen sie sich in Svenjas Zimmer zurück. Da höre ich sie dann stundenlang kichern. Über was die drei reden? Keine Ahnung! Ich mag schließlich nicht an der Tür lauschen, und Svenja erzählt mir nichts. Wenn ich mal nachfrage, grinst sie bloß.«

Die Kinder, von denen hier die Rede ist, sind zwischen sechs und zehn Jahre alt. Sie befinden sich damit in einem Entwicklungsabschnitt, den Sigmund Freud als »Latenzzeit« bezeichnet hat. Es ist die Zeit zwischen dem Trotzalter und der Pubertät, Jahre, in denen – so die Einschätzung mancher Experten – nicht allzu viel passiert, bis dann schließlich die Pubertät beginnt und es vorbei ist mit der Ruhe. Die Schilderungen der Eltern zeigen aber: Diese Zwischenzeit ist beileibe keine Zeit der Ruhe vor dem Sturm, sondern ein Wechselbad der Gefühle, das Eltern vor immer neue Herausforderungen stellt. Väter und Mütter wissen auch in diesen Jahren manchmal nicht, wie sie angemessen reagieren sollen. Ihre Kinder sind ihnen schon jetzt ein »richtiges Rätsel«, wie es ein Vater ausdrückte, »ein Rätsel, für das du keine Lösung hast!« Und eine Mutter fügte hinzu: »Gebrauchsanweisung? Fehlanzeige! Man muss sich da irgendwie durchwursteln. Aber das ist manchmal verdammt schwer.« Und das gilt nicht nur für die Eltern, sondern gleichermaßen für die Kinder.

Denn die Jahre zwischen sechs und zehn stellen sich keineswegs so einheitlich dar, wie es der Begriff »Latenzzeit« nahelegt. Im Großen und Ganzen lässt sich dieser Entwicklungsabschnitt in drei Phasen einteilen, die aber von Kind zu Kind sehr unterschiedlich verlaufen können.

Beginnen wir mit der Zeit zwischen dem sechsten und siebten Lebensjahr, als der Phase, in der Kinder vom Kindergarten in die Grundschule wechseln. Sie sind stolz, jetzt Schulkinder zu sein, aber der Neuanfang macht auch Angst. Rückversicherungen von Eltern und Großeltern, man sei doch jetzt »schon groß«, helfen da kaum weiter. Die Eltern bleiben in dieser Zeit die zentralen Bezugspersonen. Aber die Kinder wollen nun vieles erst einmal alleine versuchen, bevor sie Hilfe annehmen. Dennoch ist für sie wichtig zu wissen, dass die helfende Hand der Eltern jederzeit da ist, wenn sie sie brauchen.

Die zweite Phase ist im Allgemeinen zwischen dem achten und neunten Lebensjahr erreicht. Sie kann für die Eltern schon einigermaßen unangenehm werden. Aufruhr und Widersprüchlichkeit kommen auf und bringen den Familienalltag durcheinander. Die gespalten scheinende Persönlichkeit der Pubertierenden deutet sich hier u. U. schon an. Die Kinder werden mit einem Mal fundamentalistisch – wollen etwa kein Fleisch mehr essen und lehnen ihre Eltern ab, die das trotzdem tun – und finden zugleich Geschmack an Grenzüberschreitungen. Man tut etwas Verbotenes und genießt es; man überprüft, wie weit man gehen kann.

Der dritte Abschnitt dieser Entwicklungsphase setzt um das neunte Lebensjahr herum ein. Nun grenzen sich die Kinder energisch von den Jüngeren ab – das gilt im häuslichen Bereich auch für jüngere Geschwister. Die »Großen« können dabei ausgesprochen gemein und arrogant gegenüber den »Kleinen« sein, die von »nichts eine Ahnung« zu haben scheinen.

In der Vorpubertät kündigen sich die großen Widersprüche der Pubertät bereits an: Mädchen wie Jungen wollen in die Welt hinaus, sind ungestüm und zupackend und empfinden Regeln als einengend. Aber zugleich wirken die Vorpubertierenden noch »klein« und unsicher, schwanken zwischen Wollen und Nicht-Wollen, zwischen »Ich will weg!« und einem Anlehnungsbedürfnis. Eltern tun gut daran, die drei Entwicklungsschritte und die Altersangaben, die ich gemacht habe, großzügig auszulegen. Die Entwicklung kann von Kind zu Kind sehr unterschiedlich verlaufen: Da ist der Neunjährige, der wie ein verträumter Sechsjähriger wirkt, oder die Achtjährige, von der alle denken, sie sei schon zehn. Erziehung ist in dieser »Zwischenzeit« ein Balanceakt. Es muss immer neu austariert werden, wie man dem Kind – und sich selbst! – gerecht wird.

»Was es so schwierig macht«, seufzt eine Mutter, »das ist diese extreme Gegensätzlichkeit. Meine Tochter ist neun und will dies, mein Sohn ist sieben und will jenes – meist das genaue Gegenteil. Ich fasse es nicht, wie verschieden die beiden sind. Ich hab' mich sicher schon tausendmal ermahnt, die zwei nicht miteinander zu vergleichen, aber dann tue ich es doch immer wieder. Und die Kinder untereinander tun es sowieso! Die wissen ja ganz genau, wo der andere seine Schwachpunkte hat!« Sie reibt sich die Stirn: »Was kann man bloß machen, um irgendwie heil durch diese Zeit hindurchzukommen?«

Eltern nun einfach zu sagen, das gebe sich schon wieder, ist sicherlich wenig hilfreich. Entlastend aber kann sein, wenn man weiß, welche Themen bei Kindern dieses Alters auf der Agenda stehen. Dann wird auch klar: Dass mein

Kind gerade so schwierig ist, hat nichts mit Erziehungsfehlern zu tun.

Drei Themen sind es, die in der »Latenzzeit« die Hauptrolle spielen und denen Eltern erzieherisch begegnen sollten:

- Abgrenzung: Das Kind geht auf Distanz zu den Eltern, stellt deren Autorität in Frage: »Ihr könnt mich mal!« – »Ihr habt mir gar nichts mehr zu sagen!« Bitte ziehen Sie sich als Mutter oder Vater jetzt nicht beleidigt zurück. Lassen Sie die Situation auch nicht in einen Machtkampf ausarten. Die Freiheiten, für die Ihr Grundschulkind jetzt kämpft, kann es nur genießen, wenn Sie es bei der Planung seines Alltags weiterhin begleiten und unterstützen. Vermeiden Sie es, besserwisserisch aufzutreten. Dann hat Ihr Kind es leichter, Ihre Vorschläge anzunehmen – natürlich erst nach reiflicher Überlegung.
- Autonomie und die Angst davor: Die Kinder spüren selbst die Widersprüchlichkeit dieser Phase. Da fühlt man sich endlich stark genug, um eigene Schritte zu tun und hat dann doch Angst davor, wie es weitergeht. Kinder in der Latenzzeit brauchen behutsame Begleitung, sie brauchen die schützende Hand im Hintergrund, die sie erst auf eigenen Wunsch ergreifen.
- Hinwendung zu Gleichaltrigen: Mit der Distanzierung von den Eltern werden die Freunde wichtiger als bisher. Vater und Mutter bleiben die zentralen Bezugspersonen, an denen die Kinder sich in Sachen Normen und Werte orientieren. Die Freunde stellen keine Konkurrenz zu den Eltern dar. Sie sind eher »Entwicklungsabschnittsgefährten«: Man schließt sich eine Zeitlang eng zusammen, macht gemeinsam Erfahrungen, aber mehr eben nicht. Freunde eröffnen dem Kind den Blick in eine an-

dere Welt, die nicht die der eigenen Familie ist. Das Kind kann erste Vergleiche anstellen: Es kann so erfahren, was es an seinen Eltern hat, aber auch, was in anderen Familien möglicherweise anders läuft.

4.2.5 »Warum flippt der jetzt schon wieder aus?«

»Ein Nein, und mein Sohn dreht durch«, berichtet ein Vater. »Und wie der dann wüten kann!« – »Ja, und Absprachen helfen auch nichts«, meint eine Mutter. »Bevor ich mit meiner Tochter zum Einkaufen gehe, vereinbaren wir, dass es keinen Kaugummi und keine Süßigkeiten gibt. Sie ist einverstanden. Und wenn wir dann an der Kasse stehen, geht das Gequengel doch wieder los. Vernünftiges Reden hilft dann nicht mehr weiter. Sie hält sich die Ohren zu und fängt an zu schreien.« Die anderen Eltern in der Runde kennen diese Erfahrung nur allzu gut. »Manchmal machen die Kinder einem den Alltag so richtig schwer«, gesteht eine Mutter. »Meine fünfjährige Tochter ist eigentlich schon ganz vernünftig für ihr Alter. Aber wehe, sie muss mal ein bisschen zurückstecken. Dann ist der Teufel los. Gut, das mag schwer sein für so ein kleines Kind. Sie hat aber nun mal auch noch einen kleinen Bruder, der einiges an Aufmerksamkeit von mir fordert. Wenn sie den Eindruck hat, zu kurz zu kommen, rast sie brüllend in ihr Zimmer und schmeißt sich dort aufs Bett. Wenn ich dann hinterherkomme und mich um sie kümmern will, kreischt sie mich an: ›Raus! Hau ab!‹ Ja, was denn nun? Aufmerksamkeit oder keine Aufmerksamkeit?« Sie schaut fragend in die Runde.

Welche Mutter, welcher Vater kennt sie nicht – diese Wutanfälle mit allem, was dazugehört: Schreien, Beißen und Schlagen, Zerstörung von Sachen und üblen Schimpfwörtern, Weinen und Klagen, Stampfen und Türenschlagen. Die

Kinder können ihre Gefühle kaum oder gar nicht mehr kontrollieren und projizieren ihren Ärger auf andere, meist auf die Eltern und/oder auf die Geschwister.

Es ist ja auch schwierig, Enttäuschungen auszuhalten. Da fühlt man sich – ganz gleich, ob man erst fünf oder schon zwölf ist, – schon »groß«, hat schon manches gelernt ... und dann kommen diese Situationen, in denen man einfach nicht weiterkommt. Etwas klappt nicht so, wie man es sich vorgestellt hat, oder die Erwachsenen sagen kategorisch Nein. Und im Laufe der Zeit bekommt man dann mit, dass einem eine gewisse Aufmerksamkeit sicher ist, wenn man durchdreht, wütet oder zürnt.

Die Hintergründe für kindliche Zornesausbrüche sind vielfältig. Darum gibt es auch nicht das eine Patentrezept zum richtigen Umgang mit der Wut. So viel aber sei schon jetzt gesagt: »Richtig« zu reagieren ist für Eltern kaum möglich, denn sie stecken ja selbst unmittelbar mit drin in der Situation. Hilfreich ist auf alle Fälle der pragmatische Gedanke: »Da muss ich jetzt halt durch!« Oder, wenn der Wutausbruch in der Öffentlichkeit stattfindet – auf dem Markt oder beim Ausflug mit Oma und Opa –, sich möglichst ruhig zu sagen: »Na, dann haben sie jetzt wenigstens wieder was zu reden! Sollen sie doch!«

Wenn Eltern es schaffen, den Wutausbruch ihres Kindes auszuhalten, ohne selbst auszuflippen, ist schon einiges gewonnen. Im Nachhinein lässt sich dann mit mehr Ruhe darüber nachdenken, warum das Kind ausgerastet ist und sich in seiner Wut verloren hat. Die Antwort finden Mütter und Väter dann oft von selbst. Und sie gibt auch Anhaltspunkte dafür, was dem Kind in seiner Wut helfen oder was vielleicht sogar den nächsten Wutanfall verhindern könnte. Letzteres allerdings gelingt nur an ganz besonderen Tagen. Also bitte nicht frustriert sein, wenn das Kind das nächste Mal wütend wird!

Sieht man sich die Umstände, die zu heftigen Wutausbrüchen führen, einmal genauer an, lassen sich fünf Hintergründe ausmachen:

- Da gibt es die ganz banalen Ursachen: Etwas hat nicht geklappt, und nun ist das Kind bitter enttäuscht und frustriert. Kommt dann noch eine Bitte von Mutter oder Vater hinzu, kann dies das Fass zum Überlaufen bringen. Wird zudem an die Vernunft des Kindes appelliert, ist alles zu spät.

- Oft flammt die Wut immer wieder in denselben Situationen auf: beim Essen, beim Zubettgehen, beim An- oder Ausziehen. Auch diese Wutanfälle haben viel mit Frustrationen zu tun, mit »Ich will, aber ich kann noch nicht!« oder »Ich möchte, aber ich darf nicht!« Mit Frustrationen umgehen zu lernen, ist eine Entwicklungsaufgabe von Kindern. Es braucht Zeit – und auch hier verläuft die Entwicklung nicht stetig, sondern als Auf und Ab.

- Wutanfälle haben aber auch mit bestimmten Befindlichkeiten der Kinder zu tun. Manchmal kann man sie vorhersagen: Etwa, wenn Kinder müde oder überdreht sind.

- Kinder machen meist früh die Erfahrung: Wenn ich ruhig und freundlich bin, dann sind alle zufrieden und niemand sieht mich. Flippe ich dagegen aus und lasse es mal so richtig krachen, stehe ich im Mittelpunkt. Zwar auf keine sonderlich angenehme Weise, aber das ist immer noch besser, als gar nicht gesehen zu werden.

- Kinder setzen Wutanfälle mitunter auch ein, um Eltern ihren Willen aufzuzwingen und in einen Machtkampf einzutreten – gemäß dem Motto: »Mal sehen, wer sich hier durchsetzt!«

Es kann hilfreich sein, sich diese Hintergründe zu vergegenwärtigen, um angemessen auf einen Wutanfall reagieren zu können.

Wut und Aggression stehen nicht sonderlich hoch im Kurs. Schließlich wünschen Eltern sich im Allgemeinen ein freundliches, friedfertiges Kind. Für Kinder aber ist es wichtig zu erfahren: Meine Eltern akzeptieren mich auch dann, wenn ich durchdrehe, rumbrülle und vollkommen neben der Spur bin. Verständnis auch für ein wütendes Kind zu entwickeln, bedeutet jedoch nicht, jede seiner Handlungen zu akzeptieren. Gefühle, auch die sogenannten »negativen«, auszuleben und auszudrücken, ist in Ordnung. Aber Kinder müssen lernen, diese Emotionen nicht zügellos zu inszenieren. Regeln und Rituale für den Ausdruck von Wut können dabei helfen. Und Eltern müssen als Vorbilder auftreten: Sie müssen zum einen zeigen, dass Aggressionen und Wut zum Leben gehören, zum anderen aber auch, dass man unbedingt die Fähigkeit braucht, diese heftigen Gefühle zu beherrschen.

Drei Überlegungen können hilfreich sein, wenn das Kind mal wieder außer sich gerät:

– Wutanfälle sind nicht gegen die Eltern gerichtet. Das Kind soll diese Gefühle zeigen dürfen, aber es muss auch lernen, wie man angemessen damit umgeht – nicht von heute auf morgen, aber mittelfristig eben doch.

– Auch wenn es schwerfällt: Bleiben Sie ruhig. Werden Sie nicht Ihrerseits laut und halten Sie auch keine Vorträge, die an den Verstand Ihres Kindes appellieren. Dazu steht es gerade viel zu sehr neben sich und ist für vernünftige Argumente nicht zugänglich. Wenn Sie mit dem Kind reden wollen, tun Sie dies zu einem späteren Zeitpunkt in Ruhe. Dies gilt insbesondere dann, wenn der Wutanfall Ausdruck eines Machtkampfes ist.

- Wenn Ihr Kind wütet, sollten Sie ihm nicht drohen oder es bestrafen. Nachgiebigkeit (»Na gut, dann bekommst du das eben!«) ist allerdings ebenso fehl am Platz, denn in diesem Fall hat sich der Wutanfall für Ihr Kind ja richtig gelohnt.

Auch wenn es für den Moment kein wirklicher Trost sein mag: Wut erzeugt Reibung. Reibung erzeugt Wärme. Und wo Wärme ist, da gibt es eine Beziehung.

4.2.6 Wenn der »Schul-Blues« Sorgen macht

»Ich weiß nicht mehr weiter«, erklärt die Mutter eines neunjährigen Sohnes in der Beratungsrunde. »Unser David hat überhaupt keine Lust mehr, in die Schule zu gehen. Anfangs ist er so gerne gegangen, aber seit sechs Monaten gibt es jeden Morgen Diskussionen, die inzwischen das gesamte Familienleben belasten. Was da los ist? – Keine Ahnung! Mein Mann und ich haben nicht die Erwartung, dass er in der Schule immer nur Super-Leistungen erbringen muss. Vielleicht ist es so, dass wir ihn zu wenig unterstützen?«

»Ich mache mit meiner sechsjährigen Tochter gerade dasselbe Drama durch«, ergreift eine andere Mutter das Wort. »Vanessa weigert sich, ihre Hausaufgaben zu machen. Wenn ich schimpfe, stürmt sie in ihr Zimmer und brüllt, keiner würde sie verstehen! Versuche ich es mit Nichtbeachtung, passiert auch nichts in Sachen Hausaufgaben.« In den ersten Schulwochen habe ihre Tochter sich wohlgefühlt, ergänzt die Mutter noch. »Und dann muss da irgendwas gewesen sein. Wenn ich jetzt darüber nachdenke, erinnere ich mich schon, dass Vanessa sich ab und an unzufrieden über die Schule geäußert hat. Das habe ich damals, ehrlich gesagt, nicht so ernst genommen. Ich wollte das auch nicht so hoch

hängen. Aber jetzt habe ich ein handfestes Problem und keine Ahnung, wie ich es lösen soll. Mein Mann ist leider auch
keine Hilfe. Der macht Druck, und wenn Vanessa mit einer
Zwei nach Hause kommt, sagt er, da wäre doch wohl auch
eine Eins dringewesen. Das klingt nicht gerade ermutigend,
oder?«

»Unser Christian«, lässt sich ein Vater hören, »wirkt seit
ein paar Monaten total niedergeschlagen und unmotiviert.
Meine Frau und ich haben das Gefühl, dass es ihm an Selbstvertrauen fehlt. Der macht so gut wie nichts mehr, ist vollkommen passiv – aus lauter Angst, zu versagen. Er bringt
auch gar keine Freunde mehr mit nach Hause, und wenn
wir ihn danach fragen, sagt er, die seien doch sowieso alle
blöd. Oder aber er vergleicht sich mit den anderen: Die könnten alles besser, er sei denen zu doof usw. Nicht dass Sie jetzt
denken, das hätte er von uns. Meine Frau und ich nehmen
ihn so, wie er ist. Er macht sich den Druck selbst! Manchmal
sitzt er stundenlang vor den Hausaufgaben, weil er alles
hundertprozentig machen will. Und dann wieder gibt es
Tage, an denen er erst gar nicht damit anfängt.« – »Unsere
Tochter mag ihre neue Lehrerin nicht«, berichtet eine Mutter.
»Auf der Grundschule war alles bestens. Aber jetzt geht fast
nichts mehr. Ihre Klassenlehrerin sei eine ›richtige Hexe‹,
sagt Annabelle. Na ja, ob das stimmt? Sie ist eben ein ganz
anderer Typ Frau als die Grundschullehrerin. Jedenfalls
überlegen wir uns jetzt, Annabelle in eine andere Schule zu
stecken. Aber was, wenn es da genauso läuft? Man kann ja
auch nicht vor allem einfach davonrennen.«

»Bei unserem Sohn habe ich das Gefühl, er ist jedes Mal
froh, wenn er krank ist und zu Hause bleiben kann«, merkt
ein Vater an. »Als Kindergartenkind war er so quecksilbrig,
dass es manchmal schon fast genervt hat. Und jetzt? Also,

an den Lehrern liegt es sicher nicht, die machen ihre Sache gut!«

Schulfrust wird im Allgemeinen mit der weiterführenden Schule assoziiert. Er kann aber durchaus schon im Grundschulalter beginnen. Die Bezeichnungen dafür sind zahlreich: Da ist von Schulmüdigkeit die Rede, von Schulverweigerung, von Verdrossenheit oder vom guten alten »Schuleschwänzen«. Neueren Datums ist der Begriff »Schul-Blues«, der fast schon lyrisch klingt.

Schule macht eben nicht nur Spaß, sondern ist mit Anstrengungen und Herausforderungen verbunden. Und ganz gleich, wie man die Schulunlust nun benennt, sie stellt ein vielschichtiges Phänomen dar. Auch wenn sie für viele Eltern plötzlich und unerwartet auftritt, steht sie doch immer am Ende eines längeren Weges.

Schulunlust entsteht allmählich. Sie ist eine Botschaft der Heranwachsenden an das Umfeld. Die Jungen und Mädchen reden nicht lange, sie handeln einfach. Aufgabe der Erwachsenen ist es, herauszufinden, was hinter diesem Verhalten steckt. Und zwar weniger, indem man sein Kind einer Befragung unterzieht (»Warum willst du nicht in die Schule gehen?«), als vielmehr im Sinne einer Selbstbefragung: »Wozu macht mein Kind das?«

Viele Eltern fragen sich, ob es Möglichkeiten gibt, den »Schul-Blues« schon im Vorfeld zu erkennen. Es gibt einige Anzeichen, die darauf hindeuten, dass ein Kind eine ernst zu nehmende Schulunlust entwickelt. Die Betonung liegt dabei auf »einige«. Dass ein Kind zum Schulverweigerer wird, lässt sich nie aus einem einzelnen Indiz ableiten. Es ist vielmehr ein Ineinander aus verschiedenen Anzeichen über einen längeren Zeitraum, das Anlass zur Besorgnis geben sollte. Ein einzelnes »Scheiß-Schule!«, geäußert aus einer momentanen Enttäuschung heraus, ist noch kein schlagendes Indiz.

Was also sind die Hinweise, die dafür sprechen, dass ein Kind sich zum Schulverweigerer entwickelt?

- Das Kind verweigert die Mitarbeit im Unterricht und zieht sich mehr oder minder deutlich aus den schulischen Zusammenhängen zurück.
- Es geht über Monate nur ungern in die Schule und kommt bewusst ständig zu spät.
- Der Unterricht wird als langweilig empfunden. Der Grund dafür kann eine Unter- oder Überforderung sein. Infolgedessen stören die Kinder und suchen die Konfrontation mit den Lehrern.
- Die Kinder reiben sich generell an Erwachsenen. Sie probieren aus, wie weit sie gehen können und stellen Regeln in Frage.
- Kinder mit Schulunlust entziehen sich schulischen Anforderungen häufig auch dadurch, dass sie mehr als sonst krank sind. Besonders auffallend ist, dass ihnen gar nicht daran gelegen zu sein scheint, wieder gesund zu werden.
- Die Hausaufgaben stellen ein Problem dar. Damit ist nicht gelegentliches Herumnörgeln gemeint, wenn das Kind lieber draußen mit seinen Freunden spielen würde, statt in seinem Zimmer am Schreibtisch zu sitzen. Kinder mit »Schul-Blues« verweigern die Hausaufgaben ständig oder führen sie nur unzureichend aus, und das über einen längeren Zeitraum hinweg.

Schulunlust im Grundschulalter hat ihre Wurzeln in vier Bereichen:

- in individuellen Persönlichkeitsfaktoren des Kindes,
- in familiären Bedingungen,

- im Umfeld des Kindes,
- in den schulischen Rahmenbedingungen.

Oft werden die Ursachen vorschnell nur in der Schule gesucht. Und zweifellos kann Schuldistanz mit der Lehrer-Schüler-Beziehung zu tun haben oder mit den Beziehungen der Schüler untereinander (Stichwort »Mobbing«).

Grundsätzlich bedeutet die Grundschule für Kinder eine neue Wirklichkeitserfahrung: Wurde in der Kindertagesstätte noch primär gespielt, so gibt es nun einen festen Stundenplan. Das anschauliche Lernen nimmt ab zugunsten des abstrakten Lernens. Jetzt wird Leistung erwartet; die Kinder erhalten Noten. »Nun beginnt der Ernst des Lebens« – das bekommen viele Kinder mit der Einschulung zu hören, und es bedeutet so viel wie: »Jetzt ist Schluss mit lustig!«

Manche Kinder gewöhnen sich rasch an die neuen Gegebenheiten, andere brauchen dazu mehr Zeit. Gar nicht so selten gibt es Kinder, die sich in den ersten Wochen oder Monaten wohlfühlen und denen dann mit einem Mal unbehaglich wird.

Häufig verändern sich mit dem Schuleintritt des Kindes die Gesprächsinhalte in der Familie. Viele Kinder, die die Grundschule besuchen, berichten davon, dass sich alles nur noch um die Schule dreht. Kaum sind sie aus der Schule zurück, werden sie befragt, was sie gelernt und welche Hausaufgaben sie aufbekommen haben. Da ist es kein Wunder, dass so mancher Sechs- oder Siebenjährige das Wort »Hausaufgaben« schon bald nicht mehr hören kann.

Kinder spüren die veränderte Erwartungshaltung ihrer Eltern. Sie nehmen wahr, dass gute Schulleistungen Anerkennung mit sich bringen. Und manche Kinder fragen sich, was sie ihren Eltern noch bedeuten, wenn sie in der Schule nicht so gut sind. Das kann zu Versagensängsten und letztlich zur Distanz zur Schule führen.

Trotz alledem greift zu kurz, wer pauschal »die Schule« für die Schulunlust von Kindern verantwortlich macht. Denn familiäre Gegebenheiten können gleichfalls die Schulmüdigkeit eines Kindes mitbedingen oder verstärken, auch wenn sie natürlich nicht die alleinige Ursache bilden. Erhält ein Kind beispielsweise keine direkte Unterstützung von seinen Eltern, wirken sich schulischer Frust und Unzufriedenheit umso stärker aus.

Manche Kinder finden in der Schule keine Freunde, ziehen sich zurück und sind nicht in die Klassengemeinschaft integriert. Während einige Kinder dann resignieren und sich gefühlsmäßig distanzieren, gehen andere in die Offensive, indem sie den Unterricht stören und zum »Klassenclown« werden. Wieder andere Kinder entziehen sich dem Schulbetrieb eher hintergründig – sei es, dass sie ständig krank sind, sei es, dass sie häufig in kleine Unfälle oder größere Missgeschicke verwickelt sind. Auf diese Weise entgehen sie nicht nur der Schule, sondern erhalten damit auch elterliche Zuwendung: Vater und Mutter machen sich ständig Gedanken über ihr »Problemkind«, das dadurch schlimmstenfalls den Eindruck erhält, es gelte bei den Eltern vor allem dann etwas, wenn es ihnen Sorgen bereitet.

Beim Nachdenken über die Ursachen der Schuldistanz sollte man einen weiteren Gesichtspunkt nicht vergessen: Manche Kinder sind intellektuell, emotional oder sozial schon sehr weit entwickelt und fühlen sich in der Schule unterfordert und gelangweilt. Andere, entwicklungsverzögerte Kinder hingegen fühlen sich überfordert und brauchen viel Zeit, um den Anforderungen des Unterrichts zu entsprechen. Oft bekommen sie diese Zeit nicht. Vergessen sollte man auch nicht jene Kinder, die zwar gerne lernen *wollen*, dies aber aufgrund bestimmter Entwicklungsbesonderheiten nur eingeschränkt *können*: Da gibt es etwa die hyperaktiven Kinder oder die verträumten. Wieder andere leiden unter einer Lese-Rechtschreib-Schwäche oder brauchen als Frühgeborene mehr Zeit für alles.

»Was können wir denn aber nun tun, um unserem schulmüden Kind zu helfen?«, wollen Eltern wissen. In allererster Linie ist es wichtig, dass Schule und Elternhaus sich nicht gegenseitig die Schuld zuweisen. Darüber hinaus sollten Eltern sich fachliche Unterstützung holen: bei psychologischen Beratungsstellen, dem Jugendamt oder einer Schulpsychologin. Sich Hilfe zu suchen ist kein Zeichen von Schwäche, sondern von Souveränität.

Natürlich können und sollen Eltern daneben auch eigene Ressourcen aktivieren:

- Befragen Sie sich ruhig einmal selbst: Warum soll Ihr Kind gute Schulleistungen erbringen? Soll es möglicherweise jene Schulkarriere hinlegen, die Ihnen selbst versagt geblieben ist?
- Nehmen Sie Ihr Kind, wie es ist, und zeigen Sie ihm dies – unabhängig von seinen Schulleistungen.
- Sorgen Sie für eine entspannte häusliche Atmosphäre, in der sich nicht alles um die Schule dreht. Dann gibt es für alle Beteiligten ein Leben jenseits der Schule.
- Kinder brauchen außerdem Räume jenseits der Schule. Sie brauchen außerhäusliche Aktivitäten, die mit der Schule nichts zu tun haben.
- Sorgen Sie für ein entspanntes Verhältnis von Elternhaus und Schule. Es sollte auf Kooperation statt auf Konkurrenz gegründet sein.

Anders als der Volksmund vermutet, beginnt mit der Grundschule nicht der Ernst des Lebens. Wohl aber erreicht Ihr
Kind eine neue Lebensphase, in der es elterliche Begleitung
braucht.

4.2.7 »Ich komme nicht mehr an mein Kind heran!«

Viele Eltern sind überrascht, mit welcher Vehemenz die
Pubertät eines oder mehrerer Kinder in das Familienleben
einbricht und dieses total durcheinanderwirbelt. Nichts ist
plötzlich mehr so, wie es einmal war. Und obwohl die meisten Eltern »theoretisch« bereits gewusst haben, dass es eines
Tages so sein würde, fühlt es sich in der Praxis dann noch
einmal ganz anders an. Da gibt es Höhen und Tiefen, inten-
sive Emotionen, Gefühle von Ohnmacht und Hilflosigkeit,
Sorgen und Versagensängste. Ein ganz besonderes Kapitel
ist dabei die Achtsamkeit und Zugewandtheit zwischen Eltern und Kindern.

»Ich komme an meine Mädchen nicht mehr heran«, so
die Mutter zweier pubertierender Töchter, die eine zwölf,
die andere vierzehn Jahre alt. »Mit Mühe und Not kriegen
wir ab und an noch ein gemeinsames Abendessen hin. Aber
nur, wenn ich ein Machtwort spreche. Sonst würden die beiden auch zum Essen in ihren Zimmern bleiben. Mein Mann
meint, da könne man nichts mehr machen und die beiden
gingen jetzt ihre eigenen Wege. Aber ich bin nicht so schnell
bereit aufzugeben. Ich denke schon darüber nach, wieso sich
das alles derart entwickelt hat. Früher haben wir gemeinsam
einiges unternommen, und Janina und Rebekka hatten stets
ihren Spaß daran. Wenn mein Mann und ich an einem Wochenende mal keine Zeit für gemeinsame Unternehmungen
hatten, haben die beiden regelrecht geschmollt. Und jetzt?«
Sie schüttelt den Kopf. »Wenn einer von uns beiden einen

Vorschlag macht, was man machen könnte, bekommen wir nur zu hören: ›Och nee, das ist doch blöd!‹ oder ›Wie langweilig ist das denn!‹ Neulich habe ich mal versucht, mit Janina und Rebekka darüber zu diskutieren, dass ihnen nichts mehr Spaß macht. Das ist dann in einem Drama geendet. Dabei hatte ich mir vorher genau überlegt, wie ich das so anspreche, dass es nicht wie ein Vorwurf klingt.« Ein Vater, der aufmerksam zugehört hat, unterbricht sie fast: »Ach, die drehen einem doch das Wort im Munde um! Unser Sohn benimmt sich gerade beim Essen so richtig daneben. Hängt über dem Teller, rülpst ... das volle Programm. Als ich ihn darauf ansprach, zuckte er nur die Achseln. ›Das haben die Ritter früher auch so gemacht.‹ ›Ja, aber die gibt's schon lange nicht mehr, sage ich.‹ Darauf er: ›Na, dann sind sie jetzt eben auferstanden.‹ Also, witzig kann er ja schon sein, unser Lukas, aber manchmal eben auch ganz schön gemein. Was für Schimpfwörter der draufhat! Unglaublich!« Seine Frau, die neben ihm sitzt, ergreift das Wort. »Neulich habe ich mit Lukas darüber sprechen wollen, dass ich von ihm nicht ›Hure‹ genannt werden will. Alles lief ganz ruhig ab, und ich dachte schon, ich habe eben doch einen ganz vernünftigen Sohn. Ich habe dann noch gesagt: ›Ich sag' doch auch nicht Hure zu dir.‹ Daraufhin er: ›Geht ja auch gar nicht, ich kann schließlich gar keine Hure sein. Aber wenn's dir danach ist, Mama, nenn' mich doch gerne einfach trotzdem so.‹ Ich bin dann raus und habe die Tür hinter mir zugeschlagen. Ich konnte einfach nicht anders. Lukas hat mir noch nachgerufen: ›Mama, aber sowas wollten wir doch hier nicht machen!‹ Okay, ich gebe zu, inzwischen kann ich auch selbst wieder darüber lachen. Aber im ersten Moment ...«

»Unsere Tochter Jessica hat sich mit ihrem großen Mundwerk inzwischen um die dritte Lehrstelle gebracht, und das trotz guter Abi-Noten«, erzählt eine andere Mutter. »Anfangs ging es immer gut, aber dann fing sie an, mit ihren Ausbildern Diskussionen zu provozieren. Da hat dann schon mal ein Wort das andere gegeben. Tja, und das war's dann. Uns erklärt sie, das sei nicht so schlimm, die Berufsschule sei ohnehin stinklangweilig. Was soll man dazu sagen? Zu allem Überfluss zieht sie jetzt auch noch am Wochenende um die Häuserecken und lässt sich mit diesen Alcopops volllaufen. Dass Mädchen inzwischen auch so viel trinken, wie sie nur irgendwie schaffen, war mir neu. Wenn ich ihr sage, dass ich das nicht gut finde, heißt es: ›Na und? Papa trinkt doch auch mal einen über den Durst!‹ Neulich haben wir uns richtig gestritten deswegen. Es endete damit, dass Jessica zu mir sagte: ›Schmeiß' mich doch raus, wenn ich dich so nerve. Aber das traust du dich ja doch nicht!‹« In der Elternrunde herrscht einige Augenblicke betroffenes Schweigen, bis ein Vater das Wort ergreift. »Unser Sohn macht auch gerade meine Frau und mich nieder. So wie wir könne man nicht leben, meint er, und dass bei uns alles nur doof sei. Dauernd würden wir streiten, seien ewig unzufrieden. Das mache doch alles überhaupt keinen Sinn mehr. ›Wozu lebt man überhaupt?!‹, sagte er irgendwann. Ich war erstmal sprachlos. Am nächsten Tag habe ich dann nochmal mit ihm darüber gesprochen, dass ich sehr wohl finde, dass das Leben einen Sinn hat. Da hat er mir dann wieder seine Weltuntergangsphantasien vor den Latz geknallt, bei denen mir immer ganz schlecht wird. Theoretisch habe ich natürlich gewusst, dass Jugendliche solche Gedanken haben. Ich erinnere mich sogar noch daran, wie ich selbst so gedacht habe. Aber jetzt stehe ich auf der anderen Seite, und das jetzt so konkret zu hören zu bekommen, ist nochmal ganz was anderes.«

Was die Eltern hier berichten, umfasst drei Themen, die bei Vätern und Müttern häufig zu Sprachlosigkeit und Ohnmachtsgefühlen führen:

– Beziehungskrisen: Sie entstehen aus Auseinandersetzungen, die sich am Aussehen des Jugendlichen oder seinem Verhalten oder an seinem Rückzug aus gemeinsamen Aktivitäten entzünden. Man versteht einander nicht mehr: Die Eltern sind vom Verhalten ihrer heranwachsenden Kinder irritiert, mitunter auch verletzt. Und die Jugendlichen finden Vater und Mutter nur noch peinlich und blöd und wenden sich von ihnen ab. Der Ausspruch vieler Eltern, dass man den Kindern gar nichts mehr recht machen könne, hat seine Berechtigung, denn diese wissen selbst nicht genau, was richtig und was falsch ist.

– Psychisch-physische Krisen: Sie sind kennzeichnend für viele Pubertätsverläufe und können sich in Hyperaktivität ebenso äußern wie in Essstörungen, selbstverletzendem Verhalten, unkontrolliertem Alkoholkonsum oder dem Abtauchen in multimediale Scheinwelten. Auch suizidale Phantasien oder Panikattacken gehören in dieses Spektrum.

– »Null-Bock-Stimmung«: Die Jugendlichen zeigen in Schule oder Ausbildung keinerlei Leistungsbereitschaft, verfügen über keine positive Zukunftsperspektive.

Eltern, die nicht mehr wissen, wie sie mit ihrem pubertierenden Kind zurande kommen sollen, neigen typischerweise zu zwei Reaktionen:

– Sie suchen die Schuld bei sich selbst. Manche gestandene Väter und Mütter denken nun, sie seien eigentlich immer schon unfähig gewesen, Kinder zu erziehen. Die Selbst-

vorwürfe spitzen sich zu, wenn man das Gefühl hat, dass bei anderen Familien alles reibungslos läuft.
– Sie suchen die Schuld beim Kind. Dass nichts mehr geht, dass nichts so ist, wie man es sich vorgestellt hat, wird darin begründet, dass das Kind einfach »nicht richtig« ist. Es ist unfähig, undankbar, frech ... und das, obwohl man als Vater oder Mutter alles tut, was in seiner/ihrer Macht steht.

Leider gibt es für diese krisenhaften Situationen kein Patent-rezept, so sehr sich Eltern dies auch wünschen mögen. Als hilfreich hat es sich jedoch erwiesen, nicht auf ein Patent-rezept fixiert zu sein, sondern sich vielmehr zu fragen: »Wie kann ich, können wir einen Weg durch diese Krise finden?« Dann ist die Krise nicht mehr so sehr Scheitern, sondern eher Chance und Herausforderung. Sich Stück für Stück durch sie hindurchzutasten gibt dann Kraft und Selbstbe-wusstsein.

Die Krisen der Pubertät prozessorientiert anzugehen kann heißen:
– Sich bewusst machen, dass sich nicht nur die Kinder ver-ändern: Wenn Kinder in der Pubertät stecken, sind Väter und Mütter häufig in der Midlife-Crisis oder den Wech-seljahren. Kinder beobachten sehr genau, inwieweit es den Eltern gelingt, mit sich selbst und miteinander im Gespräch zu bleiben, nicht nur auf das Vater- und Mutter-Sein fixiert, sondern wieder mehr ein Paar zu sein.
– Sich informieren: Das Wissen darum, wie Entwicklung in der Pubertät verläuft und welche Themen dabei anste-hen, kann Eltern entlasten. Väter und Mütter sind dann besser in der Lage, sich in ihr Kind hineinzuversetzen. Konflikte werden nicht als Ausdruck der Bösartigkeit des

Kindes gedeutet, sondern als Botschaft, die es gemeinsam zu entschlüsseln gilt. Dabei bleiben Vater und Mutter natürlich in der Erziehungsverantwortung. Verständnis heißt nicht grenzenlose Akzeptanz all dessen, was der Jugendliche tut.

– Weiterhin auf Vertrauen setzen: Viele Eltern verstehen die heftigen Auseinandersetzungen mit ihrem Kind als Bruch der Beziehung. In Einzelfällen mag dies zutreffen. Überwiegend ist gerade die Heftigkeit der Konflikte ein Indiz dafür, dass das Urvertrauen nach wie vor besteht. Die Pubertierenden können den Aufstand proben, weil sie wissen, dass die Eltern sie auch dann akzeptieren, wenn sie sich nach landläufigen Begriffen »danebenbenehmen«. Gleichwohl bleibt die Frage: »Warum will sich mein Kind mir nicht mehr anvertrauen?« Das kann an der zu großen Nähe zwischen Eltern und Kindern liegen. Heranwachsende haben oft die Befürchtung, dass die Eltern – gerade aufgrund dieser Nähe – aus kleinen Sorgen große Probleme machen. Viele Jugendliche haben zudem das Gefühl, ihre Eltern könnten nicht richtig zuhören, würden sofort alles besser wissen oder ihnen Vorwürfe machen. Zuhören zu können, ist eine elementare Fähigkeit zur Bewältigung von Krisen und Konflikten. Das bedeutet nicht, dass man nicht auch eine klare Position beziehen darf, etwa dort, wo es um die elterliche Erziehungsverantwortung geht oder wo objektive Gefahren drohen.

– Loslassen können: So wichtig Vater und Mutter als zentrale Bezugspersonen der Heranwachsenden auch sind – sie müssen sie loslassen können. Loslassen meint: Erkennen, wo die Grenzen der eigenen Möglichkeiten liegen und ein Stück weit Verantwortung abgeben. Loslassen in diesem Sinne ist nicht gleichgültiges Gewährenlassen, und es ist auch kein Zeichen von Schwäche. Wenn man im Gespräch mit dem eigenen Kind nicht mehr weiterkommt, weil man sich zu nah oder zu ähnlich ist oder weil Diskussionen immer in Machtkämpfen enden, dann kann man Gespräche – und damit den Halt, den sie vermitteln – abgeben an andere Bezugspersonen des Kindes: an die Paten, an Oma und Opa, den Lehrer oder den Trainer im Sportverein. Pubertierende werden dies nicht als Abgeschoben-Werden interpretieren, sondern als elterliche Stärke. Und sie werden daraus lernen, dass man sich Hilfe suchen darf und soll, wenn man nicht mehr weiterweiß. Geht man mit Krisen in der Kommunikation auf diese Weise um, bieten sie die Chance, neue Wege zu erkunden.

4.2.8 Freundschaften

»Ich find's super, Freunde zu haben«, meint der 13-jährige Leon. »Wir hängen zusammen rum und reden über alles Mögliche, also nicht nur über die Schule. Treffen tun wir uns meistens auf dem Platz beim Einkaufszentrum. Da beachtet uns niemand groß.«

»Meine beste Freundin und ich sind unzertrennlich«, berichtet die zehnjährige Elena. »Wir machen alles zusammen. Und ich kann mit ihr über alles reden ... in wen wir verknallt sind und so. Mit meiner Mutter geht das nicht. Die regt sich dann nur wieder auf.« – »Ich kenne viele Mädchen«, erklärt Maria, zwölf Jahre alt. »In die Musikschule gehe ich zusammen mit Emma, und zum Ballett mit Johanna. Meine Banknachbarin in der Schule ist Sophie; mit der verstehe ich mich auch toll. Also, die sind alle nett. Ich bin froh, dass ich so viele Freundinnen habe und nicht nur eine beste Freundin.«

Zwischen dem achten und zwölften Lebensjahr lösen sich Kinder ein Stück weit aus den altvertrauten Strukturen und wenden sich Neuem zu. Was mit dem Übergang vom Kindergarten in die Grundschule begann, setzt sich nun fort. Die Kinder wenden sich in zunehmendem Maße Gleichaltrigen zu, die Beziehung zu den Eltern ist nicht mehr ganz so eng. Andere Kinder können gleichermaßen Bezugspersonen sein. Die Heranwachsenden lernen nicht nur von den Eltern und Lehrern, sondern auch von den Gleichaltrigen. Eltern betrachten das meist mit gemischten Gefühlen. Sie nehmen wahr, dass sie weniger Einfluss auf ihre Kinder haben als im Kindergarten- und Grundschulalter, und sie fürchten, dass ihr Kind in »schlechte Gesellschaft« geraten könnte. Tatsächlich wird die Erziehung innerhalb der Familie durch den Einfluss der Gleichaltrigen nicht unbedingt leichter, suchen sie sich doch oft mit fast unheimlich anmutender Treffsicherheit genau diejenigen Kinder als Freunde aus, die ihren Eltern nicht so recht passen. Wachsen Kinder beispielsweise in einer Familie auf, in der Wert auf gutes Deutsch und Höflichkeit gelegt wird, kann es sein, dass sie sich Freunde suchen, die eine eher robuste Ausdrucksweise pflegen. So halten dann »Scheiße«, »Arschloch« usw. Einzug ins Familienleben. Kinder, deren Eltern großen Wert auf gesunde und vollwertige Ernährung legen, lernen bei ihren Freunden, wie Cola und Burger schmecken.

Für Eltern ist so etwas mitunter schwer zu schlucken. Aber gleichaltrige Freunde sind wichtig für die Entwicklung eines Kindes, und da sie die Eltern natürlich niemals ersetzen können, brauchen diese sich in den allermeisten Fällen auch keine Sorgen zu machen. Zwei »Aufgaben« haben die gleichaltrigen Freunde:

– Sie relativieren Macht und Einfluss der Eltern, ohne ihnen aber eine ernsthafte Konkurrenz zu sein. Vater und Mutter bleiben zentrale Bezugspunkte, und eben darum können sie mit den eher befremdlichen Einflüssen, die Gleichaltrige in den Erziehungsalltag einbringen, gelassener umgehen.

– Soziales Lernen findet in einer Gruppe von Gleichaltrigen statt. Hier lernen die Heranwachsenden, sich zu behaupten und die Gunst anderer zu gewinnen, aber auch, sich einzufügen und unterzuordnen. Sie werden sich an Freundschaft und Zuneigung erfreuen, aber ebenso mit Zurückweisungen und Enttäuschungen zurechtkommen müssen.

Unter Gleichaltrigen kann es rauhbeinig und undemokratisch zugehen. Die Jüngeren haben sich beispielsweise in aller Regel den Älteren unterzuordnen. Tun sie dies nicht, wird ihnen unmissverständlich klargemacht, »wo der Hammer hängt«. Die meisten Kinder kapieren schnell: Jetzt bin ich noch bei den Kleinen, aber irgendwann werde ich zu den Großen gehören, und dann wird es wiederum Kinder geben, die jünger sind als ich. In der Gruppe lernen Kinder, verschiedene Rollen zu übernehmen – mal sind sie »Bestimmer«, mal gehören sie zum »Fußvolk« – ein stetiger Wechsel, der einer der Gründe dafür ist, dass die Gruppe der Gleichaltrigen so interessant wirkt.

Auch unter Kindern und Jugendlichen findet moralische Erziehung statt. Dass Kinder nicht mehr unter der unmittelbaren Aufsicht ihrer Eltern stehen, bedeutet noch lange nicht, dass sie tun und lassen können, was sie wollen. Auch Freunde verlangen, dass man sein Handeln rechtfertigt. Und auch unter Gleichaltrigen gilt: Anerkennung erwirbt man sich vor allem, indem man sich gut verhält oder etwas leistet.

Mitunter sind Kinder untereinander in dieser Hinsicht sogar strenger als Eltern. Dies alles ist nicht im Sinne einer Idealisierung zu verstehen. Das Leben unter Gleichaltrigen kann wie gesagt hart sein. Aber es hat positive Aspekte für die soziale, moralische und emotionale Reifung der Kinder:

– Sie können verschiedene soziale Rollen ausprobieren und in sie hineinwachsen: Mal stehen sie eher am Rand, dann wieder im Zentrum; mal sind die Beziehungen zu anderen Kindern sehr eng und intensiv, dann wieder eher locker. Alles ist in stetiger Veränderung begriffen. Und weil das so ist, lernen die Kinder zwangsläufig auch, Frustrationen auszuhalten und Wünsche oder Bedürfnisse gelegentlich länger aufzuschieben.

– Im Umgang mit Gleichaltrigen lernen Kinder Kooperation. Sie begreifen, dass es manchmal darauf ankommt, sich durchzusetzen, und ein anderes Mal darauf, mitzumachen und sich unterzuordnen. Sie stehen in Konkurrenz mit anderen Kindern und müssen wohl oder übel aushalten, dass andere in bestimmten Dingen besser, schneller oder geschickter sind als sie selbst.

– In der Freundesgruppe lernen Kinder neue Arten zu spielen kennen. Viele überwinden hier ihren Hang zu Einzelspielen und lernen Gruppenspiele schätzen.

Zwischen Kindern gibt es verschiedene Arten der Gruppenbildung und des Freundschaft-Schließens. Zwischen dem sechsten und zwölften Lebensjahr lassen sich zwei Tendenzen erkennen:

– Zunächst gibt es den besten Freund, die beste Freundin, mit denen man »ganz dicke« ist. Die Kinder vertrauen einander vieles an, sind unzertrennlich, verlassen sich aufeinander. Daneben gibt es viele lose Freundschaften, die häufiger wechseln. Etwa um das achte Lebensjahr beginnen Kinder, sich zu Gruppen zusammenzuschließen. Vielfach konzentrieren sie sich dabei auf eine feste Gruppe, die eingebettet ist in ein lockeres Netzwerk von anderen Kindern. Innerhalb der Gruppe kann es eine klare Rangordnung geben. Der Anführer, die Anführerin zeichnet sich durch besonderes Können aus. Kinder, die zu Hause gegen die Autorität von Vater und Mutter aufzubegehren beginnen, ordnen sich mit einem Mal einem solchen Anführer widerspruchslos unter.

– Um das sechste, siebte Lebensjahr bilden sich reine Mädchen- und Jungengruppen. Jungs und Mädchen lehnen manchmal einander vehement ab. Freundschaften zwischen Jungen und Mädchen gibt es nur selten. Im eher locker gewebten sozialen Netzwerk eines Kindes hingegen kann es durchaus konstruktive Beziehungen zwischen Jungen und Mädchen geben. Wenn die beiden Geschlechter ihre Identität als Junge oder als Mädchen ausgebildet haben, gehen sie auch wieder stärker aufeinander zu. Bis dahin müssen Jungen und Mädchen, die miteinander befreundet sind, vielfach den Spott der Gleichaltrigen aushalten – eine echte Bewährungsprobe für die Freundschaft.

Echte Freundschaftsgruppen haben einige charakteristische Eigenschaften:

– Es gibt eine eigene Gruppenkultur und eigene Rituale – eine Geheimsprache, ein Begrüßungsritual, gemeinsame Vorlieben, wodurch sich die Gruppe von anderen Gruppen unterscheidet.
– Die beginnende Ablösung von den Eltern wird durch Freundschaften zu anderen Kindern leichter erträglich.

Der beste Freund, die beste Freundin gibt nun ebenfalls Halt. Man übt sich in gemeinsamer Solidarität gegenüber der Welt der Erwachsenen. Je verständnisloser die Erwachsenen auf das Verhalten der Kinder untereinander – ihre Sprache, ihre Rituale – reagieren, umso mehr fühlen sich diese auf dem richtigen Weg. Schließlich geht es nicht darum, von den Erwachsenen verstanden zu werden. Man will unter sich sein, will spielen, herumalbern, sich ausprobieren, eine eigene Welt schaffen, in der Schule, Hausaufgaben und andere Sachzwänge eine allenfalls untergeordnete Rolle spielen.

»Und kaum komme ich dann zu Hause zur Tür herein«, erzählt mir der neunjährige Ruben, »bekomme ich zu hören, dass ich meine Schultasche für den nächsten Tag noch nicht ordentlich gepackt habe. Bei sowas bekomme ich dann immer voll schlechte Laune!«

»Gestern«, berichtet mir eine sichtlich genervte Zehnjährige, »habe ich mit meiner Freundin überlegt, wie unser Traumhaus aussehen muss. Und dann ist meine Mutter ins Zimmer reingeplatzt und hat gefragt: ›Was habt ihr eigentlich für morgen in Mathe auf?‹ Total nervig!« Sie verdreht die Augen.

Viele Eltern irritiert es, dass ihre Kinder mit anderen Kindern Geheimnisse haben. Dies hat jedoch nichts mit einem Vertrauensverlust zu tun. Mutter und Vater bleiben die zentralen Bezugspersonen, aber ihre Meinung, ihre Macht wird nun durch Gleichaltrige relativiert. Die Kinder machen die Erfahrung, dass man sich nicht in allem und jedem zuerst an die Eltern wenden muss. Man kann auch mit den Freunden darüber reden. Die hören oft sogar aufmerksamer zu, verstehen besser, was man meint und halten einem nicht gleich Predigten.

Für Eltern empfiehlt es sich, angesichts der gleichaltrigen Freunde gelassen zu reagieren. Sie sollten sich nicht
einmischen in die Auswahl der Freunde und auch nicht versuchen, ihren Kindern bestimmte Freunde zu verbieten. Für
das soziale, moralische Lernen der Kinder und die Ausbildung einer eigenständigen Persönlichkeit wäre das eher hin-
derlich.

»Sehen Sie das nicht alles ein bisschen zu rosig?«, fragte
mich ein Vater bei einem Seminar. »Immerhin können Kinder untereinander ja auch ganz schön austeilen.« In der
Runde erntet er zustimmende Blicke. »Meine Tochter, sie ist
zehn, kommt alle drei Tage verheult aus der Schule, weil ihre
beiden besten Freundinnen sie mal wieder nicht haben mitmachen lassen. Also, ich sehe an dieser Mädchenfreund-
schaft nichts Gutes. Die machen sich doch gegenseitig verrückt.«

»Und die Jungs sind nicht besser«, ergänzt eine andere
Mutter. »Mein Sohn muss sich manchmal einiges gefallen
lassen. Trotzdem steht er immer wieder bei seinen Freunden
auf der Matte. Bei Erwachsenen wäre da die Freundschaft
längst vorbei!« – »Na ja«, wendet eine andere Mutter ein.
»Bei meinem Sohn Patrick ist das eher umgekehrt. Der hätte gern ein paar Freunde. Er ist aber der Außenseiter, wird
ständig gehänselt: ›Na, Dicker, schwitzt du schon wieder?
Hau ab, du stinkst!‹ Mir tut es jedes Mal weh, wenn er mir
sowas erzählt, und natürlich sehe ich, wie sehr er darunter
leidet.« Ja, auch das ist die Realität der Beziehungen unter
Kindern. Sie ist nicht frei von Verletzungen, Trauer und Zu-
rückweisung – wie später bei den Erwachsenen, selbst wenn
die Themen dann andere sind. Auch darin sind Kinder-
freundschaften ein Lernen fürs Leben.

4.2.9 Ängste und Aggressionen gehören zum Leben

»Meine 13-jährige Tochter ist kaum wiederzuerkennen«, berichtet ein besorgter Vater. »Keine Spur mehr von dem selbstbewussten, eigenständigen Kind, das sie einmal war. In den vergangenen zwei Jahren – eigentlich seit sie angefangen hat, sich körperlich zu verändern – hat sie all ihren Mut verloren. Jetzt traut sie sich kaum noch, sich im Unterricht zu melden, obwohl sie sich sehr gut ausdrücken kann, und sie hat ununterbrochen Angst, sich irgendwie zu blamieren.« – »Bei unserer Melanie ist es dasselbe«, stimmt eine Mutter zu. »Sie ist jetzt auch plötzlich so ein Angsthase. Aber bei ihr sind es mehr Tiere. Nicht Pferde und sowas. Je kleiner, desto schlimmer. Spinnen sind am schlimmsten. Wehe, sie findet eine in ihrem Zimmer! Da kriegt sie einen hysterischen Anfall, und wir müssen sofort kommen und sie retten.«

»Das gibt's nicht nur bei Mädchen«, wirft eine andere Mutter ein. »Unser Sohn – der ist jetzt 14 – hat so richtige Angstanfälle. Das kommt von jetzt auf gleich. Da zittert er dann am ganzen Körper und ist total neben der Spur. Wenn wir versuchen, ihn zu beruhigen, beschimpft er uns. Also, wir wissen langsam nicht mehr weiter.« – »Unser Sohn scheint eine Art Schweigegelübde abgelegt zu haben«, erzählt ein Vater. »Am liebsten verschanzt er sich in seinem Zimmer. Wenn er, zum Beispiel zum Essen, da rauskommen muss, sagt er kein Wort, schaufelt so schnell wie möglich seinen Teller leer und verschwindet dann wieder. Seinen Großeltern erweist er immerhin noch die Ehre, dass er kurz ›Hallo‹ sagt, wenn sie da sind. Aber danach ist dann auch Schluss. Er igelt sich dann sofort wieder in seiner Höhle ein.«

Pubertierende machen eine Achterbahnfahrt der Gefühle durch. In vertrauten Strukturen fühlt man sich nicht mehr wohl, aber neue hat man auch noch nicht gefunden. Die Zukunft ist ungewiss, der eigene Körper spielt verrückt, und man mag sich nicht im Spiegel sehen. Das alles macht Angst.

Zwei Formen der Angst lassen sich für die Pubertät voneinander abgrenzen. Zum einen gibt es die ganz normalen entwicklungsbedingten Ängste: Trennungsängste, »Fremdeln«, also Rückzug von der Umwelt, wie bei einigen der oben beschriebenen Jugendlichen. Die Jungen und Mädchen fühlen sich mit sich selbst am wohlsten. Sie können das Alleinsein durchaus genießen und beenden den selbstgewählten Rückzug erst dann, wenn sie sich in der eigenen Haut wieder wohler fühlen und wieder besser wissen, wer sie sind.

Eltern sollten den Rückzug ins eigene Zimmer nicht als Ablehnung verstehen. Im Gegenteil: Die Jugendlichen haben durchaus auch Trennungsängste. Sie verschanzen sich zwar in ihrem Zimmer, brauchen aber dennoch das Wissen, dass die vertrauten Bezugspersonen in ihrer Nähe sind. Trennungsängste verschwinden meist mit dem Ende der Pubertät.

Neben diesen normalen Ängsten gibt es noch die sogenannten Angststörungen, zu denen man Phobien und Panikattacken zählt. Es gibt spezifische Phobien – etwa Tierphobien – oder soziale Phobien. Ihr erstmaliges Auftreten im Jugendalter macht die betroffenen Heranwachsenden und ihre Eltern gleichermaßen ratlos. Die Angst scheint übermächtig, Ermutigungsversuche laufen ins Leere oder verschlimmern die Angst sogar noch – ganz abgesehen davon, dass der Jugendliche das Gefühl hat, man nehme ihn und seinen Zustand nicht ernst. Pubertierende brauchen in dieser Situation Eltern, die unabdingbar an ihrer Seite bleiben ...

und die sich nicht schämen, therapeutische Hilfe zu suchen. Dies empfiehlt sich bei Phobien ebenso wie bei Panikattacken. Diese treten charakteristischerweise urplötzlich auf und äußern sich in Schwitzen und Zittern, Atemnot und dem Gefühl, gleich ohnmächtig zu werden. Auch die Angst vor Kontrollverlust ist kennzeichnend für Panikattacken. Sie haben meist nichts mit fehlerhafter Erziehung zu tun, sondern entstehen aus der tiefgreifenden Unsicherheit, die die körperlichen und seelischen Veränderungen in der Pubertät mit sich bringen. Auch hier gilt: Eltern und Jugendliche sollten therapeutische Hilfe in Anspruch nehmen, vor allem dann, wenn die Angstanfälle in Situationen auftreten, die an sich nicht beängstigend sind, und wenn sie dazu führen, dass sich der Heranwachsende aus Angst vor der Angst immer stärker zurückzieht.

4.3 Praktisches Erziehungswissen: »Und wie setzt man Tipps im Alltag nun um?«

»Ach ja, die Erziehungsratgeber«, lächelt eine Mutter verhalten. »Da steht ja viel Gutes drin, aber wenn man es dann umsetzen will, ist doch wieder alles ganz anders als im Buch. Klar, ich wünsche mir schon konkrete Tipps. Aber wenn es mit der Umsetzung nicht klappt, komme ich mir ziemlich blöd vor. Bin ich dann zu doof, um es richtig zu machen? Oder taugt das Buch nichts? Ich überlege oft lange.«

»Stimmt!« Eine andere Mutter nickt heftig. »Ich lese die Bücher inzwischen gar nicht mehr komplett durch, sondern picke mir einzelne Kapitel heraus, bei denen mich die Überschriften ansprechen. Ja, und die lese ich dann, und meist kommt es mir vor wie in einem Kochbuch: Ein bisschen von dem und eine Prise von jenem, und dann klappt es schon. Ich habe mich bevormundet gefühlt. Was ich will, sind eigentlich keine Vorschriften, sondern Anregungen, die mich zum Weiterdenken bringen. Um nochmal auf das Kochbuch zurückzukommen: Als erfahrene Köchin weiß man ja auch, dass die Sachen ein bisschen fad schmecken, wenn man exakt nach Rezept vorgeht. Es fehlt dann eben die persönliche Note. Und beim Erziehen ist es wahrscheinlich genauso. Wer sich nur an die Buchstaben hält, kommt nicht weit. Das Persönliche gehört dazu. Und eben auch die Fehler, die man macht.«

»Ehrlich gesagt, ich will in einem Ratgeber nicht nur gesagt bekommen, was ich alles falsch mache«, meldet sich eine dritte Mutter zu Wort. Ich will mich auch bestätigt sehen, will wissen, was ich richtig mache, oder das Gefühl bekommen, dass ich doch eine ganze Menge kann. Gut finde ich auch, wenn Menschen vorgestellt werden, denen es ähnlich geht wie mir, und von denen man dann erfährt, wie sie ihren Problemen beigekommen sind. Sowas ist für mich dann oft hilfreicher als irgendwelche Tipps oder Vorschläge. Zumal die nicht immer alltagsnah und umsetzbar sind. Vor einiger Zeit hatte ich ein Buch, da stand drin, dass fünfjährige Kinder allerhöchstens 20 Minuten am Tag fernsehen sollen. Ja, wissen die Autoren nicht, dass es gar keine Kindersendung gibt, die nur 20 Minuten dauert? Soll ich dann also mittendrin ausschalten, wenn mein Sohn eine Sendung anschaut, und einen Wutanfall riskieren? Nein danke!« Sie hält kurz inne, um sich wieder zu beruhigen, und schließt dann versöhnlicher: »Na, glücklicherweise sind nicht alle Elternratgeber so. Es gibt auch richtig gute; die liegen bei mir immer griffbereit. Manche Kapitel daraus habe ich schon mehrmals gelesen, weil sie mir einfach guttun.«

Hier wird deutlich, was Eltern nicht brauchen: Ratschläge, die als Dogmen daherkommen und keinen Raum für die individuellen Besonderheiten jeder einzelnen Familie lassen. Familienratgeber, die wirklich weiterhelfen wollen, müssen an die Erfahrungen der Eltern anknüpfen. Sie müssen berücksichtigen und wertschätzen, dass jede Familie nicht nur über Probleme, sondern auch über Ressourcen verfügt. Bestenfalls sind sie eine Art Kompass, der Eltern auf ihrem persönlichen Weg durchs Land des Erziehens entlastet.

In welchen Bereichen wünschen sich Eltern mehr konkretes Erziehungswissen? Es gibt hier einige Schwerpunkte:

- Die Eltern-Kind-Beziehung und die Konflikte, die damit einhergehen. Wie gibt man ihnen Raum, wie sorgt man dafür, dass gegenseitige Achtung und Respekt herrschen?

- Die Geschwisterbeziehungen: Warum streiten Geschwister so oft? Eltern wünschen sich hier Hintergrundwissen, aber auch alltagspraktische Anregungen.

- Entwicklungsfragen: Warum kann mein Kind nicht durchschlafen? Warum hat es so häufig Angst? Warum sagt es so wenig? Eltern brauchen Anhaltspunkte, um das Verhalten ihres Kindes besser einschätzen zu können.

- Strafen und Verbote: Soll man oder soll man nicht? Und wenn ja, wie? Schließlich wollen viele Eltern nicht so werden wie ihre eigenen Eltern.

- Umgang mit Medien: Was kann man den Kindern zugestehen, was sollten sie können, um »zukunftsfit« zu sein, und wo wird es gefährlich? Hier brauchen Eltern alltagsnahe Tipps.

- Was tun bei kritischen Situationen – etwa, wenn die Eltern sich trennen? Väter und Mütter wollen wissen, wie sie ihren Kindern am besten zur Seite stehen, wenn das Leben richtig schwierig wird.

Praktisches Erziehungswissen zu vermitteln, das den Erziehungsalltag erleichtert, ist somit eine zentrale Aufgabe der Elternberatung – sei es durch Seminare, Bücher oder im Einzelgespräch.

4.3.1 »Diese grässlichen Umgangsformen!«

»Es ist zum Davonlaufen«, klagt die Mutter eines 15-jährigen Sohnes. »Diese Manieren! Wer ihn sieht, muss meinen, wir hätten ihn überhaupt nicht erzogen!« Ich frage nach, was sie damit meint, und bitte um ein konkretes Beispiel. – »Eines? Ich könnte Ihnen Tausende nennen!« Ihre Stimme klingt bitter. »Nehmen wir mal das Essen. Er hängt mit dem Kopf fast im Teller und schlingt das Essen in sich rein. Wenn der Teller leer ist, holt er einmal tief Luft und rülpst dann. Und dann nochmal, und nochmal. Es ist so eklig! Ich kann nicht fassen, dass das unser Kind ist!«

Noch ehe ich etwas antworten kann, ergreift eine andere Mutter das Wort. »Ja, ich würde mich auch am liebsten schütteln, wenn ich an unsere Tochter denke. Die hat einen Ton drauf, das ist unfassbar. Und ewig dieses beleidigte Gesicht! Mit dem kommt sie schon an den Frühstückstisch, und nachmittags nach der Schule guckt sie noch ganz genauso. ›Wann gibt's Essen?‹, kommt dann nur. Kein Bitte, kein Danke, für gar nichts. Zu ihren Großeltern ist sie genauso. Eine richtige Zicke!«

»Es gibt aber auch männliche Zicken, das kann ich Ihnen versichern«, sagt ein Vater. »Unser Sohn ist jetzt 13 und – entschuldigen Sie – ein richtiger Kotzbrocken. Das Wort ist übrigens gar nichts gegen die Ausdrücke, die er im Munde führt. Da bleibt einem die Spucke weg. Der hat vor nichts und niemandem mehr Respekt. Wenn man ihn darauf anspricht, ist er beleidigt. Wir sollten uns doch nicht so anstellen, hat er neulich zu meiner Frau und mir gesagt. Aber selber austeilen bis zum Gehtnichtmehr! Wo soll das eigentlich noch enden?!« Er schaut gleichermaßen empört wie ratlos in die Runde.

Derartige Klagen hört man vor allem von den Eltern Pubertierender. Wie kommt es, dass die Jugendlichen plötzlich alles, was sie an Erziehung genossen haben, vergessen zu haben scheinen? Sie haben es natürlich nicht vergessen, und Eltern müssen sich in dieser Situation auch nicht vorwerfen, etwas falsch gemacht zu haben. Der »Sinn« des verletzenden und unangemessenen Verhaltens besteht darin, sich an Vater und Mutter und ihren Regeln zu reiben. Das geht am besten, indem man die Regeln probeweise außer Acht lässt ... und schaut, was dann passiert.

So hart es klingen mag: Pubertierende haben das Recht, Regeln und Normen in Frage zu stellen und die Vertreter des »Establishments« herauszufordern. Aber: Es ist auch die Pflicht der Eltern, den Jugendlichen nicht alles widerspruchslos durchgehen zu lassen, sondern weiterhin einzufordern, dass gewisse zwischenmenschliche Standards eingehalten werden.

Wenn Pubertierende in ihrer Ausdrucksweise über die Stränge schlagen, müssen Eltern dies ansprechen. Wenn Jugendliche ihre Launen ungehemmt ausleben, gilt dasselbe. Heranwachsende, die sich die Freiheit nehmen, Grenzen zu überschreiten, tragen auch die Verantwortung für ihr Verhalten. Daneben gibt es die Verantwortung der Eltern. Das bedeutet:

– Bei allem Verständnis für die emotionale Achterbahnfahrt der Pubertierenden muss man nicht auf jede ihrer Launen eingehen. Auch wenn man weiß, dass bei ihrem Verhalten die Hormone eine gewichtige Rolle spielen, kann man darauf bestehen, dass Normen und Regeln eingehalten werden. Allerdings sollten Eltern darauf achten, dass sie dabei selbst ruhig und gemäßigt bleiben.

– Gegenseitiger Respekt und Achtsamkeit sind im Umgang miteinander Standards, die nicht unterschritten werden sollten. Natürlich gilt auch hier: Was man von den Jugendlichen verlangt, muss man auch selbst erbringen.

– Eltern sind Vorbilder, ob sie es wollen oder nicht. Das bedeutet, dass sie ihren Kindern soziale Werte vorleben müssen. Kinder werden nicht als soziale Wesen geboren. Um es zu werden, müssen sie Empathie erleben.

– Gerade die sozialen Werte sind in der Pubertät Gegenstand der Auseinandersetzungen. So paradox es klingen mag: Indem sich Jugendliche »unmöglich« benehmen, kommen sie den Werten auf den Grund, die sie verletzen. Soziale Kompetenz erwirbt man ein Stück weit auch dadurch, dass man sich ins Abseits stellt. Das unbotmäßige Benehmen Jugendlicher hat also weder etwas mit Charakterfehlern noch mit Versäumnissen der Eltern zu tun. Es ist ein mitunter notwendiger Umweg, den der Junge, das Mädchen macht, um seinen eigenen Weg zu finden.

4.3.2 »Muss man sich das alles gefallen lassen?«

»›Als Mutter bist du echt der letzte Dreck!‹, hat neulich meine 16-jährige Tochter zu mir gesagt.« Die Mutter, die das erzählt, schaut kurz zu Boden, bevor sie fortfährt. »Ich kann in solchen Momenten erstmal nur schlucken. Carina ist nicht immer so. Wenn sie will, dass ich sie irgendwohin fahre – zum Sport, zur Schule, zu einer Freundin –, ist sie der liebste Mensch. Aber eben nur, wenn ich in ihren Augen ›funktioniere‹. Sobald ich ihr widerspreche oder sonst wie

177

unbequem werde, bewirft sie mich mit Dreck. Mit meinem Mann springt sie genauso um. Der meint, wir sollten die Zähne zusammenbeißen und nichts sagen, das ginge schon irgendwann wieder vorbei. Aber ich weiß nicht so recht ...«

»Ja, klar«, nimmt ein Vater in der Runde den Faden auf. »Die meisten von uns wollen ja dann auch nicht dieselben Sachen machen, die unsere Eltern mit uns gemacht haben. Ohrfeigen, Ausgangsverbot und so. Fragt sich nur: Wie geht's denn anders? Ich verstehe ja, dass heranwachsende Kinder über die Stränge schlagen müssen. Aber muss man sich wirklich alles gefallen lassen? Diese Überheblichkeit, diese Geringschätzung von Seiten der eigenen Kinder. Als wäre man der letzte Depp.«

»Also, hochnäsig meinen Eltern gegenüber war ich, ehrlich gesagt, früher auch«, gesteht ein anderer Vater ein. »Mich nerven eher die Beschimpfungen. Muss ich mich ›Volltrottel‹ oder ›gehirnamputiert‹ nennen lassen? Neulich habe ich mal losgebrüllt: ›Du hältst jetzt die Klappe – was glaubst du eigentlich, wer du bist?!‹ Und mein Sohn, was sagt der? ›Dein Sohn. Und du solltest eigentlich mein Vorbild sein, anstatt dich so gehenzulassen.‹ Ich habe dann beschlossen, lieber rauszugehen, bevor ich noch lauter werde.« – »Und haben Sie dann hinterher nochmal mit Ihrem Sohn geredet?«, frage ich. Der Vater zuckt die Achseln. »Wozu? Das hätte doch gleich den nächsten Streit gegeben. Offen gestanden, war ich froh, meine Ruhe zu haben. Vor allem, weil meine Frau sich da gern mal einmischt und sagt, ich könne doch auch mal nachgeben und müsse nicht immer das letzte Wort haben!« Er schaut mich fast trotzig an. »Aber mal ehrlich: Muss man sich das wirklich alles gefallen lassen?«

»Das würde ich auch gern wissen«, merkt eine schon etwas ältere Mutter an. »Ich habe eine Tochter, die mich sehr fordert. Sie ist meine Jüngste, jetzt 16, ein Nachzüglerkind. Meine beiden Älteren sind schon erwachsen. Mit denen bin ich in der Pubertät ganz gut klargekommen. Klar, die waren auch aufmüpfig. Aber die haben sich bei Auseinandersetzungen irgendwann wieder von selbst beruhigt. Julia ist da ganz anders. Die macht immer weiter. Inzwischen frage ich mich, ob ich ihr schon als Kleinkind zu viel habe durchgehen lassen. Jetzt kriege ich die Quittung. Geschrei, Chaos und alles, was dazugehört.« Wieder bitte ich um Konkretisierung. – »Na, was die anderen hier auch schon geschildert haben«, ergänzt die Mutter. »Beleidigungen schlimmster Art. ›Du Schlampe, guck’ doch mal, wie du aussiehst!‹ oder ›Raus hier, verpiss’ dich, aber dalli!‹ In letzter Zeit fängt Julia nun auch an, körperlich auszuflippen. Neulich hat sie einen Tritt gegen mich angedeutet, und dann gab’s eine Ohrfeige. Von ihr, wohlgemerkt! Meinem Mann ist es schon ähnlich ergangen. Wir schämen uns so sehr. Was ist bloß aus unserem Kind geworden?!«

Heranwachsende können ihre Väter und Mütter an die Grenzen ihrer körperlichen und seelischen Belastbarkeit bringen. Beschimpfungen und körperliche Grenzüberschreitungen sind allerdings nicht auf die Pubertät beschränkt. Schon Kleinkinder schreien »Blöde Mama!« und versuchen den ein oder anderen Tritt gegen das Schienbein. Beleidigungen und Respektlosigkeit sind für Kinder wie Jugendliche eine Möglichkeit, sich von den Eltern abzugrenzen.

Dass man ihr Verhalten vor diesem Hintergrund versteht, heißt jedoch nicht, dass man es akzeptiert. Wenn Kinder oder Heranwachsende Grenzen überschreiten, dann gilt es umso mehr, Grenzen zu setzen. Allerdings kommt es auf das »Wie« an. Ziel ist es ja nicht, Revanche am Kind zu nehmen, sondern ihm unmissverständlich klarzumachen, dass bestimmte Standards im Umgang miteinander nicht unterschritten werden dürfen. Mütter und Väter haben ein Recht auf physische und psychische Unversehrtheit. Setzt ein Kind oder Heranwachsender sich über dieses Recht hinweg, müssen Eltern klarmachen, dass sie diese Art von Verletzungen nicht akzeptieren.

Zu Beleidigungen und körperlichen Übergriffen kommt es in der Regel, wenn Auseinandersetzungen emotional eskalieren, wenn ein Wort das andere gibt und es am Schluss nur noch darum geht, den aktuellen Machtkampf zu gewinnen. Allerdings gibt es keine Gewinner – letztlich sind alle Beteiligten verletzt, fühlen sich ohnmächtig, wollen es dem anderen »heimzahlen«.

»Was macht man denn aber nun, wenn es wieder mal soweit ist?«, will die Elternrunde von mir wissen. Die Antwort lautet: Am besten erst einmal gar nichts. Wenn die Gefühle derart hochkochen, sollte man sich zurücknehmen, anstatt sich weiter ineinander zu verbeißen. Das kann beispielsweise geschehen, indem einer der Beteiligten ein zuvor vereinbartes Wort sagt – etwa »Stopp!« – und aus der Situation herausgeht. Wenn für alle genügend Zeit verstrichen ist, um sich zu beruhigen, kommt man wieder zusammen und setzt das Gespräch fort.

Sollte es in der Auseinandersetzung bereits zu Verletzungen verbaler oder körperlicher Art gekommen sein, spricht man diese an: »Ich möchte nicht, dass du so mit mir sprichst!« – »Ich bin verletzt durch das, was du gesagt hast.« – »Ich habe genau wie du ein Recht darauf, dass du nicht nach mir trittst!« Wichtig ist dabei, »Ich« zu sagen, bei sich selbst zu bleiben, statt mit »Du hast ...« und »Immer sagst du ...« dem anderen Schuld zuzuweisen. Wichtig ist auch, sich selbst und dem Kind ausreichend Zeit zur Beruhigung zu lassen.

Wenn Auseinandersetzungen jedoch immer wieder eskalieren, sollten Eltern sich Hilfe holen.

4.3.3 »Ich bin doch nicht deine Köchin, Putzfrau oder Taxifahrerin!«

»Mein Sohn ist ein richtiger Sonnyboy«, erzählt eine Mutter. »Aber der Kindercharme hat auch seine Kehrseite. Irgendwie kriegt er es immer hin, dass ich ihn von vorne bis hinten bediene. Ich fahre ihn zum Sport, putze hinter ihm her, räume sein Zimmer auf ... Manchmal ärgere ich mich darüber. Aber wenn ich nichts mache, macht's keiner.«

»Ach«, wendet eine andere Mutter ein, »es sind doch noch Kinder. Ich finde, die darf man schon verwöhnen. Sicher, manchmal ist es stressig, besonders dann, wenn man eigentlich genug anderes zu tun hat. Aber wie das ist, wenn man alles selber machen muss, das weiß ich nur zu gut aus der Zeit, in der ich selber ein Kind war. Um alles musste ich betteln! Nein, so möchte ich meine eigenen Kinder nicht behandeln! Und ich bin sicher, es tut ihnen gut, wenn sie merken, dass sich jemand um sie kümmert.«

»Ich bediene meine Kinder auch gerne«, bestätigt ihr Mann. »Ich meine, es ist für jeden Menschen wichtig, sich umsorgt zu fühlen, sich fallen lassen zu können. Das gibt neue Kraft. Darum verwöhne ich auch gerne meine Frau.« Er lächelt. »Schön ist es zudem, gelegentlich bedient zu werden, einfach die Füße hochlegen zu dürfen, nichts tun zu müssen. Ich finde, auf dieses Gefühl haben auch Kinder ein Recht. Aber sich immer nur bedienen zu lassen, geht natürlich nicht.«

In diesen Äußerungen ist das Spektrum elterlicher Ambivalenz zwischen Fürsorge einerseits und Verwöhnung anderseits enthalten. Kinder haben den natürlichen Wunsch nach Selbständigkeit. Wer ihnen jeden Wunsch von den Lippen abliest, tut ihnen keinen Gefallen. Denn er bringt sie um die Möglichkeit, Enttäuschungen auszuhalten, Wünsche aufzuschieben und Verantwortung zu übernehmen. Es ist kein Zufall, dass verwöhnte Kinder bei Gleichaltrigen so unbeliebt sind. Allzu häufig sind sie nur an sich und ihrem Vorteil interessiert, haben wenig soziale Kompetenzen entwickelt. Materielle Überversorgung geht häufig mit einem Mangel an zwischenmenschlicher Aufmerksamkeit und Zuwendung einher. Viele Väter und Mütter versuchen, den chronischen Mangel an Zeit für die Kinder dadurch zu kompensieren, dass sie dem Sohn, der Tochter die heiß ersehnte Markenjeans kaufen, sie da und dorthin chauffieren usw. Allerdings merken Kinder ganz genau, dass diese Art von Großzügigkeit nicht »einfach so« erfolgt, sondern etwas kaschieren soll. Das oben zitierte Elternpaar hat schon recht: Kinder wollen verwöhnt werden. Aber dabei geht es nicht um materielle Güter oder beständige Dienstleistungen seitens der Eltern. Vielmehr brauchen Kinder das Gefühl, sich fallen lassen zu können. Sie brauchen Eltern, die ihnen Raum und Zeit geben, sich Träumen und Phantasien hinzugeben und einfach mal nichts zu tun. Und sie brauchen Väter und Mütter, die ihnen eigene Erfahrungen ermöglichen. Aber wo endet elterliche Fürsorge und wo beginnt Verwöhnung? Es gibt drei Kriterien dafür, wann Kindern mehr abgenommen wird, als ihnen guttut:

– Die Kinder müssen innerhalb der Familie keinerlei Pflichten übernehmen, obwohl sie dazu in der Lage sind (z. B. den Müll wegbringen, einfache Einkäufe erledigen u. Ä.).
– Sie bekommen selbst bei Dingen, die sie selbständig er-

ledigen könnten, ständig Hilfestellung (z. B. beim Anziehen, beim Packen der Schultasche ...).

- Sie sind nicht in der Lage, Verantwortung für ihr Handeln zu übernehmen.

Kinder werden nicht mit dem Wunsch nach Verwöhnung geboren. Das Bedürfnis, sich von A bis Z bedienen zu lassen, ist Ergebnis einer bestimmten Art von Erziehung. Eltern, die ihre Kinder rundum bedienen, orientieren sich mehr an den eigenen Bedürfnissen als an denen der Kinder. Kinder haben ihrerseits das Bedürfnis, durch aktives Tun ihre Zugehörigkeit zur Familie zu beweisen. Hindert man sie daran, eigene Erfahrungen zu machen, so entmutigt man sie und erreicht letztlich nur, dass sie irgendwann aufgeben, sich zurücklehnen und die Eltern alles allein machen lassen.

Doch was steckt dahinter, wenn sich Mütter und Väter vor allem als »Bediener« ihrer Kinder verstehen?

- Sie wollen Konflikte vermeiden. Vielfach sehen Kinder nicht gleich ein, warum etwas Bestimmtes getan werden muss. Auf diese Diskussion lässt man sich lieber gar nicht erst ein.
- Sie haben kein Vertrauen in die Fähigkeiten der Kinder. Es geht doch viel schneller und besser, wenn man die Sachen selber »richtig« macht.
- Sie haben keine Zeit oder Geduld, Kindern beizubringen, wie sie Aufgaben selbständig erledigen können.
- Sie sind Perfektionisten und können nicht wertschätzen, wenn ein Kind eine Sache möglicherweise nur unvollkommen erledigt.
- Sie wollen Defizite aus der eigenen Kindheit ausgleichen oder ihr schlechtes Gewissen besänftigen. Auf alle Fälle soll es dem Kind an nichts fehlen.

Wer sich in einem oder mehreren dieser Gesichtspunkte wiedererkennt, fragt sich nun vielleicht, ob sich das ständige Verwöhnen und Bedienen denn überhaupt noch abstellen lässt. Ja, das tut es, aber nicht mit einem Schlag! Veränderungen sollten schrittweise eingeführt werden. So können die Kinder z. B. anfänglich nur eine kleine alltägliche Aufgabe aufgetragen bekommen (etwa das Tischdecken). Oder man nimmt ihnen in einem bestimmten Bereich nicht mehr alles ab. Kinder, die ihre Schulsachen selbst zusammenpacken müssen, lernen, dass sie dafür Zeit einplanen müssen, und sie machen selbst die Erfahrung, was es bedeutet, wenn man dabei etwas vergisst. Wenn Eltern sich als Dienstleister allmählich zurückziehen, wird das nicht konfliktfrei abgehen. Das muss man aushalten. Leichter geht es, wenn man sich bewusst macht, dass Kinder, die im Rahmen ihrer Möglichkeiten selbst für sich sorgen können, langfristig auch ein größeres Selbstvertrauen entwickeln.

4.3.4 »Kann man verlangen, dass die Kinder im Haushalt mithelfen?«

»Meine Tochter macht zu Hause keinen Finger krumm«, klagt eine Mutter. »Alles muss ich ihr dreimal sagen. Und oft bequemt sie sich erst dann zum Mithelfen, wenn ich ihr drohe.« – »Ja, und selbst dann diskutieren sie noch!«, unterbricht eine andere Mutter. »Bei meinen Söhnen ist das jedenfalls so. Ich hab's inzwischen aufgegeben und mache alles alleine. Ich weiß schon, dass das nicht in Ordnung ist. Aber so habe ich wenigstens meine Ruhe.«

»Ich kann das Gesicht nicht mehr sehen, das meine Tochter macht, wenn sie mal Wäsche aufhängen oder einkaufen gehen muss«, fügt eine dritte Mutter hinzu. »Und dann dieses Gejammer: Sie sei die Einzige aus ihrer Klasse, die so etwas machen müsse. Allen anderen gehe es zu Hause viel besser.«

Derartige Klagen hört man vor allem von Müttern, nicht von Vätern. Ob es daran liegt, dass Männer nach wie vor ihrerseits meist nur einen geringen Teil der Hausarbeit erledigen?

Dann gibt es noch die andere Seite der Medaille: die Sicht der Kinder und Jugendlichen, die ihre Erfahrungen ebenso eindrücklich schildern wie die Mütter: »Ich sitze in meinem Zimmer, und plötzlich kommt meine Mutter reingestürmt und jammert mit weinerlicher Stimme und tieftraurigem Gesicht, ich könne doch jetzt mal die Geschirrspülmaschine ausräumen. Dieser Ton, dieses Gesicht – das ist wirklich zum Kotzen«, erzählt der 14-jährige Paul.

»Bei mir ist es so, dass ich oft gar nicht weiß, woran ich bin«, meint die 16-jährige Nicole. »Mal will meine Mutter, dass ich helfe, und wenn ich dann was mache, meckert sie, dass es nicht schnell genug geht.«

»Bei meiner Mutter und mir gibt es Absprachen«, erklärt der 13-jährige Jonas. »Ich soll einmal pro Woche den Käfig von meinen Mäusen sauber machen. Tja, das vergesse ich dann manchmal. Also, ehrlich gesagt, vergesse ich es ziemlich oft. Dann meckert meine Mutter erst eine Weile, und schließlich macht sie's dann selbst. Und ich entschuldige mich. Ja, so läuft das bei uns.« Er grinst etwas verlegen.

»Das mit dem Entschuldigen funktioniert bei meinen Eltern auch ganz gut«, nimmt die zwölfjährige Anne-Sophie den Faden auf. »Ich sage ›Es tut mir leid‹, und alles ist gut. Bis ich das nächste Mal gegen die Regeln verstoße. Dann geht das Spiel wieder von vorne los. Ich weiß, das ist irgendwie fies von mir. Aber manchmal sind Eltern eben so leicht zu durchschauen!«

Die Äußerungen lassen erkennen, warum in Sachen Mithilfe im Haushalt in Familien immer wieder gestritten wird. Was lässt sich dagegen tun?

– Generell sollten Kinder von Anfang an – und nicht erst in der Pubertät – zur Mithilfe im Haushalt aufgefordert und erzogen werden. Schon ab dem zweiten, dritten oder vierten Lebensjahr haben Kinder ein ausgeprägtes Bedürfnis, den Großen zu helfen und so zu beweisen, dass sie dazugehören. Bekommen sie dann jedoch immer wieder ein »Du bist noch zu klein/zu langsam/zu ungeschickt« zu hören, versiegt allmählich der Wunsch nach Mithilfe. Irgendwann finden die Heranwachsenden es schließlich höchst angenehm, im »Hotel Mama« zu wohnen, in dem man rundum versorgt wird.

– Je früher Kindern klargemacht wird, welche Regeln im elterlichen Haushalt gelten, desto weniger Stress wird es geben. Das bedeutet allerdings nicht, dass Heranwachsende nicht ab und an bewusst versuchen werden, gegen die Regeln zu verstoßen. Aber sie wissen immerhin, woran sie bei ihren Eltern sind.

– Je später Heranwachsende in die anstehenden Aufgaben einbezogen werden, desto wichtiger ist es, klare Absprachen zu treffen. Diese signalisieren Verlässlichkeit und gegenseitigen Respekt. Die Absprachen sollten dann keineswegs nur auf dem Papier bestehen. Mit anderen Worten: Wenn Kinder nur im Notfall in häusliche Aufgaben einbezogen werden, sind Auseinandersetzungen vorprogrammiert.

Und wie kann man Jugendliche zur Mitarbeit im Haushalt motivieren?

– Legen Sie für einen bestimmten Zeitraum fest, welche

Aufgaben Ihre Tochter, Ihr Sohn übernehmen soll. Der Zeitraum sollte mindestens vier Wochen betragen, und die Aufgabe muss dem Alter und der Entwicklung Ihres Kindes angemessen sein. Die Aufgaben können sich also mit zunehmendem Alter Ihres Kindes ändern. Achten Sie darauf, dass Ihr Kind regelmäßig anstehende Aufgaben übernimmt und nicht nur solche, die nur gelegentlich auszuführen sind. Lassen Sie Ihr Kind nicht heute dies und morgen jenes erledigen. Beliebigkeit wirkt sich demotivierend aus.

– Machen Sie einen Vertrag mit Ihrem Kind: Schreiben Sie die abgesprochenen Aufgaben auf und hängen Sie den Zettel an einer für alle gut sichtbaren Stelle auf. Bitten Sie Ihren Sohn, Ihre Tochter, den Vertrag zu unterzeichnen, und versehen Sie ihn ruhig auch mit Datum und Vertragsdauer. Jugendliche mögen das erfahrungsgemäß.

– Erinnern Sie Ihr Kind an den Vertrag. Tun Sie dies in zeitlicher Nähe zur anstehenden Aufgabe. Heranwachsende sind bekanntermaßen ziemlich vergesslich.

– Wenn Sie auf Ihre Erinnerung hin die Antwort »Mach ich gleich« bekommen, dürfen Sie durchaus mit einem »Ich möchte, dass du das sofort machst« antworten. Heranwachsende unterscheiden zwischen »gleich« und »sofort«: »Sofort« meint: augenblicklich, »gleich« bedeutet: irgendwann (falls die Mutter es nicht vorher selbst macht).

– Wenn ein Jugendlicher immer wieder Absprachen verletzt, sollte man sich zunächst auf die Suche nach den Gründen dafür machen: Fühlt Ihr Kind sich unter- oder überfordert? Wünscht es sich eine andere Aufgabe? Führt es einen Machtkampf um Absprachen, bei dem es eventuell um ganz andere Themen geht als die Aufgaben im Haushalt? Falls Sie den Eindruck gewinnen, dass es

Ihrem Sohn, Ihrer Tochter tatsächlich nur darum geht, Grenzen auszutesten, sich an Ihnen zu reiben, dann sollten Sie alle gemeinsam über Konsequenzen nachdenken. »Konsequenzen« heißt nicht »Strafen«! Eine Drohung wie »Wenn du den Müll nicht runterbringst, darfst du die nächsten vier Wochen samstagabends nicht weggehen!« mag Sie als Eltern zwar im ersten Moment psychisch entlasten, zieht aber höchstwahrscheinlich einen konfliktreichen Machtkampf nach sich.

Vielleicht mag es Sie trösten, dass Sie als Vater oder Mutter mit dem Stress um die Mithilfe im Haushalt nicht allein dastehen. Anderen geht es genauso. Grund zur Sorge bestünde also eher dann, wenn Ihr pubertierendes Kind Sie ernsthaft fragt: »Mama, kann ich dir noch irgendwo helfen?«

4.3.5 »Die fetzen sich wie die Kesselflicker, schlimmer denn je!«

»Dieses ewige Gezanke zwischen unseren beiden Kindern ist kaum noch zum Aushalten«, seufzt ein Vater. »Unser Sohn ist 13, die Tochter 16. Und beide sind sie sowas von eifersüchtig aufeinander! Wie die kleinsten Kinder!« Er schüttelt den Kopf. »Es gibt nichts, worüber sie nicht streiten können. Wehe, der eine steht fünf Minuten später auf, ohne dass meine Frau ihn ermahnt. Oder der andere bekommt von uns etwas für die Schule gekauft. Dann wird aufgerechnet: Wer bekommt mehr, wer weniger; wer hat es besser bei uns, wer schlechter.« – »Das Beste ist, wenn wir dann an die Vernunft unserer Kinder appellieren und sie daran erinnern, dass sie doch eigentlich schon groß sind und so etwas gar nicht mehr nötig haben sollten«, ergreift seine Frau das Wort. »Einer von beiden greint dann garantiert los: Das sei wieder typisch, immer müsse er nachgeben, wir würden den anderen eben doch lieber mögen. Wenn wir uns darauf einlassen und anfangen, Gegenargumente aufzuführen, werden wir einfach stehengelassen. Wir sind es wirklich leid.«

Eine andere Mutter, die aufmerksam zugehört hat, nickt heftig: »Bei uns ist es genau dasselbe! Wir haben auch einen Jungen und ein Mädchen, beide ziemlich verschieden. Unsere Tochter ist fast 16, achtet sehr auf ihr Äußeres, ist ehrgeizig, eine gute Schülerin. Unser Sohn ist neun, und die Schule ist ihm herzlich egal. Dabei ist er alles andere als dumm und kann ganz schön frech sein. Neulich hat unsere Tochter eine herablassende Bemerkung über die Vier im Diktat gemacht, die der Marco heimgebracht hatte. Das war natürlich auch nicht besonders nett. Aber Marco ist, wie gesagt, nicht auf den Mund gefallen. Erst hat er eine Minute lang gar nichts gesagt. Dann ging es los: ›Na, Putzi, alles klar bei dir?‹ So ging es das gesamte Mittagessen lang weiter. Putzi hier, Putzi da. Irgendwann ist die Große vom Tisch aufgesprungen und rausgerannt. Ich habe Marco dann gefragt, was ›Putzi‹ denn eigentlich bedeutet. ›Ist doch klar‹, meinte er nur: ›Pubertierende Zicke!‹ Keine Ahnung, wo er das herhat. Ich habe mir das Wort dann verbeten, und eine gute Woche lang war Ruhe. Bis Marco sich dann – wieder beim Mittagessen – plötzlich die Nase zugehalten hat und meinte: ›Bäh, hier stinkt's!‹ Als wir ihn fragend ansahen, fügte er hinzu: ›Weil Julia ihre Tage hat. Eklig! Ich kann nichts mehr essen. Ich gehe.‹ Spricht's, steht auf und geht in sein Zimmer. Julia hat erstmal bloß geheult, und mir ist das Essen im Hals stecken geblieben. Erst recht, als ich meine Ältere zischen hörte: ›Dieser miese kleine Versager! Den mach' ich fertig!‹ Also, mir wird bei solchen Szenen jedes Mal ganz übel. Was haben mein Mann und ich denn bloß falsch

gemacht, dass unsere Kinder so schlecht miteinander aus-
kommen?«

Geschwisterrivalität tut Eltern weh, und viele sehen sie
als Beweis dafür an, dass sie bei der Erziehung schwere Fehler begangen haben. Zu Unrecht! Konflikte und Eifersüchte-
leien zwischen Geschwisterkindern sind normal. Sie dienen
dem Zweck, sich der eigenen Position und Bedeutung in der
Familie zu versichern, die eigene Besonderheit darzustellen.
Der Individualpsychologe Alfred Adler hat zu Beginn des
letzten Jahrhunderts auf die Bedeutung der Geschwisterkon-
stellation hingewiesen. Zugleich hat er deutlich gemacht,
dass jede Position in der Geschwisterreihe ihre spezifischen
Vor-, aber auch Nachteile hat.

Dies gilt ganz besonders für das ältere bzw. älteste Kind.
Es ist, nachdem es auf die Welt gekommen ist, zunächst einmal mit den Eltern allein, hat Vater und Mutter ganz für sich
und fühlt sich entsprechend an- und ernst genommen. Dann
kommt irgendwann eine kleine Schwester, ein kleiner Bruder hinzu. Plötzlich gilt die elterliche Aufmerksamkeit nicht
mehr allein dem oder der Erstgeborenen. Er oder sie wird
gewissermaßen vom Sockel gestoßen, empfindet sich als
»entthront« – eine schwierige Erfahrung für ein Kind. Um
sich die gewohnte Aufmerksamkeit zu erhalten, hat das ältere Kind zwei Möglichkeiten: Entweder nutzt es seinen Alters-
vorsprung, um das jüngere Kind zu unterdrücken. Oder es
macht sich klein und hilfsbedürftig, wie das jüngere Kind es
ja ebenfalls ist. Wer klein und hilflos ist, erhält erfahrungsgemäß mehr Zuwendung. Das jüngere Kind hat und spielt
seine eigene Rolle. Es ist der oder die »ewige Zweite«, »Unterlegene«. Immer darf das ältere Kind mehr, hat mehr Möglichkeiten, weil es ja schließlich »schon groß« ist.

Betrachtet man die Geschwisterrivalitäten aus dieser Per-

spektive, stellt sich rasch heraus, dass jedes Kind seinen Anteil an den Auseinandersetzungen hat. Ein ausgeglichenes
Miteinander ist selten. Geschwister sind erfahrungsgemäß
mal ein Herz und eine Seele, dann wieder heftig auf dem
Kriegspfad.

Die häufigen Streitereien sind also normal – ein Trost insbesondere für diejenigen Eltern, die sich deswegen Selbstvorwürfe machen. Noch etwas: Auseinandersetzungen zwischen Geschwistern haben auch einen Entwicklungs-Aspekt.
Am heftigsten kracht es erfahrungsgemäß in bestimmten
Entwicklungsphasen. Beispielsweise dann, wenn es dem älteren oder ältesten Kind besonders wichtig ist, der oder die
»Große« zu sein: wenn es bereits in den Kindergarten geht,
während das jüngere Kind noch ein Säugling ist. Oder wenn
das ältere Kind in der Grundschule ist, das jüngere aber noch
im Kindergarten. Und natürlich erst recht, wenn ein Kind
bereits in der Pubertät steckt, während das andere noch ganz
unbefangen seine Kindheit genießt. Immer dann, wenn das
ältere Kind nachdrücklich seinen Rang und seine Rechte betont und einfordert, eskalieren Konflikte.

Trotzphase und Pubertät sind ganz generell bestens geeignet, Geschwisterkonflikte anzuheizen, insbesondere dann,
wenn die Kinder unterschiedlichen Geschlechts sind. Häufig
sind die Mädchen den Jungen voraus: Sie können sich besser
ausdrücken, sind emotional weiter entwickelt – und spielen
diese Überlegenheit gerne aus. Die Bezeichnung »Zicke« ist
da nicht immer ganz von der Hand zu weisen. Allerdings
sollte man auch die Jungs nicht allzu sehr bemitleiden. Sie
haben erfahrungsgemäß ihre ganz eigenen Möglichkeiten,
sich zur Wehr zu setzen – das »Putzi«-Beispiel zeigt es.

»Manchmal könnte ich die beiden auf den Mond schie-
ßen«, konstatiert Julias und Marcos Mutter mit lächelndem

Ingrimm. Sie schüttelt ihren Kopf. »Mache ich natürlich nicht. Aber gemeinsam etwas zu unternehmen, das ist jetzt fast unmöglich. Schade!«

Das trifft leider zu. Vätern und Müttern bleibt da meist eine Zeitlang nicht viel anderes übrig, als die relative Ruhe zu genießen, die sich einstellt, wenn man etwas getrennt unternimmt: die Mutter mit der Tochter, der Vater mit dem Sohn, die Eltern alleine. Daneben gilt: Man muss beileibe nicht jede Inszenierung mit ansehen und ertragen, die streitende Kinder, seien sie gleichen oder verschiedenen Geschlechts, Tag für Tag zum Besten geben. Wenn es mal wieder mehr als genug ist, kann man die Streithähne ruhig auch mal des Platzes verweisen, um schlicht seine Ruhe zu haben. Väter und Mütter brauchen diesbezüglich kein schlechtes Gewissen zu haben. Schließlich gehört es auch zu ihren Aufgaben als Eltern, sich bei den Kindern Respekt zu verschaffen.

Bleibt noch eine Frage, die angesichts von Geschwisterstreitigkeiten immer wieder gestellt wird: Wann soll man eingreifen? Leider gibt es darauf keine schnelle Antwort. Wie Eltern Geschwisterkonflikten begegnen, ist eine Frage der grundsätzlichen Erziehungshaltung. So meinen viele Eltern, sie müssten ihre Kinder »alle gleich« erziehen. Wie aber soll das gehen, da doch jedes Kind von Anfang an eine ganz individuelle Persönlichkeit ist? Jedem Kind gerecht zu werden, ist wichtiger, als bei jedem Kind das Gleiche zu tun. In Bezug auf Geschwisterkonflikte bedeutet das beispielsweise: Eltern sollten nicht negieren, dass das älteste oder ältere Kind eine herausgehobene Position hat und darin gewürdigt sein will. Ältere Kinder haben diesen Punkt erfahrungsgemäß sehr genau im Auge. Sie akzeptieren im Allgemeinen, dass sie in der Familie mehr Pflichten haben als die Jüngeren, wenn man ihnen auch mehr Rechte zugesteht. Ein älteres Kind, das länger aufbleiben oder öfter mal bei Freunden übernachten darf, das mehr Taschengeld bekommt als ein jüngeres, tut sich leichter damit, »vernünftig« zu sein und bei Konflikten um des lieben Friedens willen auch mal nachzugeben. Dass das jüngere Kind dann immer mal wieder meckert – »Der/die darf viel mehr!« –, ist allerdings unvermeidlich.

Mit Geschwisterrivalitäten umzugehen, kann Eltern ganz schön ins Schwitzen bringen. Da hilft dann nur, sich daran zu erinnern, dass Väter und Mütter ebenso wenig wie alle anderen Menschen vollkommen sein müssen. Besonders an Tagen, an denen die Kinder partout keinen Frieden miteinander schließen wollen.

4.3.6 »Warum immer ich?«
Von der Last, das älteste Kind zu sein und andere Geschwisterprobleme

Lukas, sechs Jahre alt, schubst seinen dreijährigen Bruder Benjamin weg, als dieser den roten Holzklotz sucht, den Lukas gerade für seinen Turmbau benötigt. »Den brauche ich!«, erklärt er.

Benjamin fällt hin, rappelt sich wieder auf und betrachtet Lukas keineswegs böse, sondern höchst interessiert. Als Lukas den dreieckigen gelben Stein sucht, der das Dach des Turmes bilden soll, ruft Benjamin: »Da ist er!« und greift eifrig nach dem Stein, sichtlich stolz, seinem Bruder helfen zu können.

»He, was soll das?!«, ärgert sich Lukas, der das Hilfsangebot als Übergriff versteht. »Gib her!«

Benjamin zögert, und Lukas macht sich daran, seinem Bruder den Bauklotz zu entwinden. Er ist fast am Ziel, als Benjamin plötzlich loslässt, sodass Lukas das Gleichgewicht verliert, hinfällt und dabei den Turm zum Einsturz bringt.

»Du Blödmann! Immer machst du alles kaputt!«, schreit er seinen jüngeren Bruder an und versetzt ihm einen heftigen Stoß, sodass Benjamin nun ebenfalls hintenüber in die Bauklötze fällt, sich dabei wehtut und aus Leibeskräften schreit.

»Selber schuld«, meint Lukas nur. »Hättest du mich nicht gestört ...«

Das hört die Mutter, die in diesem Moment das Zimmer betritt.

»Lukas, was ist los? Was hast du wieder gemacht?!«

»Aber der Benni hat ...!«

»Ja, ja, immer ist es der Benni gewesen! Kannst du denn nicht ein einziges Mal vernünftig sein und einfach nachgeben?«

Eine typische Szene zwischen Geschwistern. Eltern stehen vor der Entscheidung, ob und wann sie bei solchen Situationen eingreifen sollen. Mindestens ebenso wichtig wie das »Ob« und das »Wann« ist allerdings das »Wie«.

Kommen wir nochmals auf die Auseinandersetzung zwischen Lukas und Benjamin zurück. Lukas schubst Benjamin weg. Der schreit. Die Mutter betritt das Zimmer und spricht als Erstes Lukas an. Er bekommt also als Erster die mütterliche Zuwendung – und lernt dadurch: »Wenn ich Benjamin schubse, dann sieht mich Mama wenigstens!«

Aus dieser Perspektive wird nachvollziehbar, dass Lukas Benjamin auch in Zukunft immer mal wieder eher unsanft behandeln wird – ist ihm dann die Aufmerksamkeit der Eltern doch sicher. Dass die Mutter oder der Vater in solchen Situationen mit ihm schimpfen, tut nicht allzu viel zur Sache: Auch negative Aufmerksamkeit ist Aufmerksamkeit.

Eltern, die diesen Effekt vermeiden wollen, können sich in Situationen wie der oben geschilderten auf zwei andere Weisen verhalten:

– Wenden Sie sich zunächst dem Kind zu, das in der aktuellen Situation das »Opfer« ist. Nehmen Sie es beispielsweise kurz in den Arm, ohne dabei in übertriebenes Mitleid auszubrechen. Das könnte zur Folge haben, dass das unterlegene Kind in Zukunft bei jedem noch so kleinen Streit elterliche Unterstützung sucht. Während Sie mit dem unterlegenen Kind sprechen, schicken Sie das »Täter«-Kind unmissverständlich aus dem Zimmer: »Ich möchte, dass du gehst!« Sollte dieses sich weigern, können Sie mit dem unterlegenen Kind den Raum verlassen.

– Wenn Sie gar nicht wissen, wer den Streit angefangen hat und wer der Überlegene bzw. der Unterlegene ist, kann es sinnvoll sein, die Kinder erst einmal in verschiedene Räume zu schicken. Wenn sie sich beruhigt haben, können Sie mit ihnen reden – allerdings bitte nicht darüber, wer angefangen hat. Wichtiger ist es, gemeinsam mit den Kindern zu überlegen, wie man sich streiten kann, ohne dass dabei jemandem wehgetan wird. Sie können auch mit dem älteren Kind unter vier Augen besprechen, wie dieses künftig Konfliktsituationen anders als mit körperlichem Einsatz lösen kann.

»Und davon abgesehen sollen wir uns also aus den Geschwisterkämpfen raushalten?«, fragt ein Vater nach. »Puh«, seufzt eine Mutter. »Ob wir das schaffen? Manchmal ist es ja schon ganz schön schwer, den Mund zu halten und nichts zu unternehmen.« Stimmt. Es ist tatsächlich nicht einfach, die Zeitung weiterzulesen oder das Gespräch fortzusetzen, wenn Wehgeschrei aus dem Kinderzimmer ertönt oder wenn ein Kind weinend angerannt kommt, um Hilfe bittet oder sich heftig über das andere beklagt.

Kinder lernen voneinander – und sie lernen dabei eben nicht nur Hilfsbereitschaft oder Mut, Mitgefühl oder Füreinander-Einstehen, sondern auch, sich auseinanderzusetzen, sich voneinander abzugrenzen und so richtig sauer aufeinander zu sein.

Das bedeutet natürlich nicht, dass beim Streiten alles erlaubt sein soll. Eltern können und sollen Regeln für Geschwisterstreitigkeiten aufstellen: Nicht beißen, treten, kratzen, spucken. Und wenn es ganz schlimm wird: Weggehen und die Auseinandersetzung der »Wüteriche« unterbrechen. Dabei hilft ein Codewort, das Sie zuvor mit den Kindern besprechen und das diese dann anwenden können. Anschließend sollten sich die »Streithähne« für eine Weile in getrennten Zimmern aufhalten. Wenn die Kinder es nicht allein schaffen, den Streit zu unterbrechen, bis sie wieder »abgekühlt« sind, können Vater oder Mutter natürlich eingreifen und für die notwendige Pause sorgen. Die räumliche Trennung der »Streithähne« hilft vor allem dann, wenn Konflikte besonders verbissen ausgetragen werden und die Kinder es erkennbar nicht schaffen, selbst einen Ausweg aus dem Streit zu finden.

Wenn Auseinandersetzungen zwischen Geschwistern hartnäckig immer wieder ausbrechen und regelmäßig mit erschreckender Heftigkeit ausgetragen werden, sollten Eltern darüber nachdenken, ob dies ein Signal für eine grundlegende Störung in der Eltern-Kind-Beziehung sein könnte. Ein elterliches Eingreifen ist bei Auseinandersetzungen unverzichtbar,

- wenn Kinder sich nicht an vereinbarte Streitregeln halten. Tun Sie als Mutter oder Vater jetzt nichts, machen Sie sich unglaubwürdig. Prüfen Sie, warum die Regeln nicht eingehalten werden: Ist eines der Kinder oder sind beide mit den Regeln überfordert? Oder will ein Kind durch die Grenzüberschreitung Ihre Zuwendung erzwingen?

– wenn die Aggressionen gegenüber dem Geschwisterkind unverhohlen ausgeübt werden, gewissermaßen vor den Augen der Eltern. Wer hier nicht eingreift, wird erleben, dass die Aggressionen zunehmen. Meist ist es so, dass das »Täter«-Kind durch sein Verhalten auf einen grundsätzlichen Missstand, ein tieferliegendes Problem aufmerksam machen will.

– wenn Geschwisterstreitigkeiten immer »auf offener Bühne« stattfinden, die Eltern also Adressaten der Auseinandersetzungen sind. Auch hier gilt: Wer wegschaut, trägt zur Eskalation bei. Vielfach inszenieren ältere Kinder die Streitigkeiten so, dass die Eltern Beteiligte sind, um auf fehlende Zuwendung hinzuweisen.

4.3.7 »Mein Kind schläft nicht ein, mein Kind schläft nicht durch!«

Das abendliche Zubettgehen der Kinder ist für Väter und Mütter mitunter an jedem Tag eine neue Herausforderung. »Mein Sohn ist sehr einfallsreich, wenn es darum geht, länger aufzubleiben«, erzählt die Mutter eines Vierjährigen. »Ich rede mit Engelszungen auf ihn ein, bis ich ihn endlich im Bett habe. Und dann, kaum liegt er drin und hat sein Lieblings-Kuscheltier im Arm, fallen ihm die Augen zu und er schläft tief und fest. Ich bin allerdings schon längst schweißgebadet. Am nächsten Abend geht dasselbe Theater von vorne los.«

Was sagen die Kinder, wenn man sie fragt, wie sie das Zubettgehen finden? »Schlafen ist so langweilig«, sagt der sechsjährige Lars. »Es ist blöd, allein im Bett zu liegen, und im Wohnzimmer sind Mama und Papa noch wach.« Die vierjährige Lea fürchtet sich vor der Dunkelheit. Und die acht-jährige Melissa gesteht: »Manchmal habe ich Angst, dass ich meine Eltern am nächsten Tag nicht wiedersehe, dass sie einfach weg sind, wenn ich wach werde.«

Die Ursachen für den Stress zur Schlafenszeit können sehr vielschichtig und komplex sein. Zunächst einmal ist zu bedenken, dass jedes Kind sein eigenes Temperament, seine individuelle Konstitution hat. So können auch Geschwister in ihren Schlafgewohnheiten völlig unterschiedlich sein, ob-wohl sie gleich erzogen werden. Manche Kinder empfinden es als sehr unangenehm, müde zu sein, und bekämpfen die Müdigkeit durch Bewegung. Je müder sie werden, desto zap-peliger gebärden sie sich im vergeblichen Versuch, die Mü-digkeit zu vertreiben, bis sie dann schließlich total erschöpft einschlafen.

Hinter Problemen beim Zubettgehen kann aber auch der Wunsch eines Kindes stecken, mehr selbst bestimmen zu dürfen. Zwischen dem ersten und sechsten Lebensjahr ver-ringert sich die Schlafdauer von Kindern stark. Manche El-tern halten an Schlafregeln und Schlafenszeiten fest, die der Entwicklung, die ihr Kind durchgemacht hat, nicht mehr entsprechen. Wenn Sie also jeden Abend mit Ihrem Kind einen erbitterten Machtkampf ums Schlafengehen führen, sollten Sie darüber nachdenken, ob eine neue Zubettgeh-Zeit das Problem lindern oder beheben könnte. Um heraus-zufinden, welche Zeit für Ihr Kind passt, können Sie über einige Wochen ein Schlaftagebuch oder Schlafprotokoll füh-ren. Dort tragen Sie die Schlaf- und Wachzeiten Ihres Kindes ein. Auf diese Weise lässt sich im Allgemeinen gut erkennen, wie viel Schlaf ein Kind braucht und ob ihm möglicherweise zu viel Schlaf zugemutet wird.

Offenkundig ist, dass viele Kinder mit dem Schlafengehen

Ängste verbinden. Manche fürchten sich vor ihren Träumen (erst recht, wenn sie tagsüber belastende Erfahrungen gemacht haben), andere haben Angst vor der Dunkelheit oder davor, dass Schlaf gleichbedeutend mit dem Tod ist und dass sie oder ihre Eltern am nächsten Morgen nicht mehr aufwachen. Wieder andere Kinder fühlen sich abends von ihren Eltern »ins Bett abgeschoben«. Eltern sollten solche Ängste ernst nehmen, ohne sie jedoch zu dramatisieren. Letzteres birgt die Gefahr, dass Kinder die Ängste als Mittel einsetzen, um das Schlafengehen hinauszuzögern.

Wie können Probleme beim Zubettgehen konkret angegangen werden?

– Schaffen Sie ein Zubettgeh-Ritual, für das Sie sich gemeinsam mit Ihrem Kind ausreichend Zeit nehmen. Kinder spüren es nämlich sofort, wenn ihre Eltern unter Zeitdruck stehen, während sie sie zu Bett bringen.

– Das Ritual sollte immer gleich ablaufen, es muss also nicht jeden Abend neu ausdiskutiert werden. Besprechen Sie mit Ihrem Kind, was ihm gefällt: beispielsweise ein Lied zu singen, aus einem Buch vorgelesen zu bekommen oder ein Gebet zu sprechen.

– Zum Ritual kann auch gehören, dass Sie mit Ihrem Kind über den vergangenen Tag sprechen. Was war schön daran, was evtl. nicht so schön? Kinder haben so die Möglichkeit, anzusprechen, was sie belastet.

– Machen Sie sich keine Sorgen, dass das Ritual Ihr Kind langweilen könnte. Kinder schätzen Gleichförmigkeit, denn sie vermittelt ihnen Sicherheit und Vertrauen. Wenn Sie Ihrem Kind jeden Abend eine Zeitspanne gönnen, in der es zuverlässig Ihre ganze Aufmerksamkeit hat, wird es sich nicht abgeschoben fühlen und die mit dem Schlafen verbundene Trennung leichter aushalten.

Alles gut und schön, werden Sie nun möglicherweise denken. Aber was, wenn mein Kind immer dann, wenn es nach dem Abendritual in seinem Bett liegt, schon kurze Zeit später darüber klagt, dass es nicht einschlafen kann?

Etwa ein Drittel aller Kinder hat mit Einschlafproblemen zu kämpfen. Viele Kinder schaffen es übrigens durchaus, sich selbst zu beruhigen und in den Schlaf zu bringen. Wenn Sie also beispielsweise hören, wie Ihr Kind nach dem Zubettbringen noch eine Weile – etwa 30 Minuten – vor sich hin singt oder leise spricht, sollten Sie es dabei nicht stören. Es hat dann auch keine Einschlafprobleme im engeren Sinne. Kinder sind ebenso wenig wie Erwachsene Automaten, die man mit einem Knopfdruck einfach »abschalten« kann. Häufig führen sie das gemeinsame Zubettgeh-Ritual fort, nachdem die Mutter oder der Vater eine gute Nacht gewünscht hat und aus dem Zimmer gegangen ist: Sie erzählen die Gutenachtgeschichte weiter, sprechen mit ihrem Kuscheltier, denken über den vergangenen Tag nach, um sich selbst zu beruhigen.

Einschlafprobleme sind häufig so individuell wie die Kinder, zu denen sie gehören:

– Das Schlafbedürfnis von Kindern kann sehr unterschiedlich sein. Manche Säuglinge brauchen zwölf Stunden Schlaf pro Tag, andere hingegen achtzehn. Auch bei Einschlafproblemen sollte man also in Erwägung ziehen, ob dem Schlafbedürfnis des Kindes angemessen Rechnung getragen wird, und dies evtl. mit Hilfe eines Schlaftagebuchs überprüfen.

– Gerade Kinder, die sich tagsüber heftig an ihren Eltern reiben, ständig Grenzen überschreiten und Konflikte suchen, sind abends oft extrem anschmiegsam. Sie können dann gar nicht genug Zuwendung bekommen, um sich rückzuversichern, dass die Eltern sie noch mögen. Auch Schulstress oder Streitigkeiten der Eltern miteinander können bei Kindern zu Einschlafproblemen führen.

– Die Umstellung von Tag zu Nacht, von Helligkeit und Geräuschen auf Dunkelheit und Stille fordert viele Kinder.

– Wenn Eltern ständig nachschauen, ob ihr Kind schon schläft oder wenn sie das Kind zu unregelmäßigen Zeiten ins Bett bringen, kann dies das Einschlafen verzögern.

– Die Entwicklung der Kinder bringt naturgemäß mit sich, dass sie ständig neue Erfahrungen machen, die mit Unsicherheiten und Angst verbunden sind. Kinder, die nach dem Zubettbringen immer wieder nach ihren Eltern rufen, suchen oft auch nach Kontakt und Beziehung, die sie, allein im abgedunkelten Zimmer liegend, schmerzlich vermissen.

– In den Ferien oder wenn sie krank sind, dürfen Kinder oft länger aufbleiben als gewohnt. Viele Kinder finden dann nur schwer wieder in den Alltagsrhythmus zurück.

Vielleicht hilft Ihnen diese Liste bei der Suche nach den Gründen, weshalb Ihr Kind schlecht einschläft. Fragen Sie aber auch Ihr Kind, was es selbst dazu meint und wo die Ursachen nach seinem Gefühl liegen könnten.

Neben einem immer gleich gearteten Zubettgeh-Ritual gibt es noch andere Möglichkeiten, Kindern zur Schlafenszeit Sicherheit und Geborgenheit zu vermitteln, sodass sie sich nicht ins Bett abgeschoben fühlen:

– Da ist zum einen das Lieblings-Schmusetier, eine weiche Puppe oder irgendein anderer Gegenstand, den das Kind gern ganz nah bei sich hat.

– Außerdem können Sie die Tür des Kinderzimmers einen Spalt breit offenlassen oder im Zimmer selbst gedämpftes Licht einschalten. Behalten Sie im Hinterkopf, dass bei Kindern Wirklichkeit und Phantasie nicht so klar voneinander abgegrenzt sind wie bei Erwachsenen. Da wird aus einem Vorhang, der sich bewegt, mitunter ein Gespenst, aus dem Schatten eines Gegenstandes ein Monster oder ein Räuber.

– Gestehen Sie dem Kind zu, dass es, nachdem Sie ihm eine gute Nacht gewünscht haben, nicht gleich die Augen zumacht, sondern sich noch eine Zeitlang mit eigenen Ritualen selbst beruhigt und in den Schlaf bringt.

– Vergessen Sie auch nicht, dass Ihr Kind austesten wird, wie ernst Sie selbst das Einschlafritual nehmen. Bleiben Sie liebevoll, aber konsequent bei Ihrer Vorgehensweise.

Manche Kinder schlafen zwar problemlos ein, aber nicht durch. Ein Vater erzählte mir, dass seine knapp fünfjährige Tochter jede Nacht mit ihrem Bettzeug im Schlafzimmer der Eltern erschien, sich vor deren Bett legte und dort sofort wieder einschlief. Weniger spektakulär, aber für Eltern ebenso anstrengend ist es, wenn Kinder nachts immer wieder nach der Mama, seltener nach dem Papa rufen (worüber manche Väter nicht unfroh sein dürften).

Generell treten Durchschlaf-Probleme eher bei jüngeren Kindern auf, während Probleme beim Einschlafen mit steigendem Alter der Kinder zunehmen. Ein Durchschlaf-Problem im engeren Sinne besteht nur dann, wenn das Kind nach dem nächtlichen Aufwachen nicht ohne die Hilfe anderer wieder einschlafen kann. Das Aufwachen an sich ist hingegen noch kein Problem.

Kinder müssen erst lernen, wie man durchschläft. Ein Säugling entwickelt etwa ab dem vierten Lebensmonat seinen eigenen Schlaf-Wach-Rhythmus. Bei Kindern wie bei

Erwachsenen wechseln Phasen des tiefen Schlafes mit Phasen ab, in denen man nur leicht schläft. Allerdings sind bei Kindern die Schlafzyklen kürzer, und sie schlafen insgesamt leichter als Erwachsene. In den Übergängen zwischen den Schlafphasen kann es zum Zähneknirschen, zum Schlafwandeln, zum Einnässen oder eben auch zum erschreckten Aufwachen kommen, ganz besonders bei Kindern, die auf Reize sehr empfänglich reagieren.

Viele Eltern sind unsicher, wie sie auf das nächtliche Aufwachen ihres Kindes reagieren sollen. Soll man es allein lassen, gar weinen lassen, bis es sich von selbst wieder beruhigt? Väter und Mütter liegen richtig, wenn sie sich mit derartigen Empfehlungen unwohl fühlen. Ein Kind, das nachts aufwacht, sich erschreckt und weint, braucht Nähe, Beziehung und Unterstützung. Bekommt es all dies nicht, entwickelt es möglicherweise ausgeprägte Trennungs- und Verlassensängste. Dann wird es nachts immer häufiger aufwachen, um sich elterlicher Nähe zu vergewissern und auch tagsüber kaum von der Seite der Eltern weichen.

Etwa vom zweiten Lebensjahr an kann man Kinder dazu ermutigen, mit den Unsicherheiten beim nächtlichen Aufwachen eigenständig umzugehen. Das Kuscheltier oder Schmusetuch oder das gedämpfte Licht einer Nachtlampe kann ihnen dabei helfen. Sie können Ihrem Kind auch ein von Ihnen getragenes Kleidungsstück unter das Kopfkissen legen, das nach Ihnen riecht. Der vertraute Geruch wird ihm, wenn es aufwacht, Geborgenheit vermitteln und das Wieder-Einschlafen erleichtern. Nicht jedes leise Geräusch aus dem Kinderzimmer sollte Anlass sein, sofort nachzusehen, was los ist. Im Zweifelsfall lernen Kinder dadurch, nächtliches Wimmern oder Stöhnen bewusst einzusetzen, um elterliche Zuwendung zu gewinnen.

Der Volksmund legt Eltern nahe, dass Kinder, die nicht früh ein- und durchschlafen lernen, dies niemals richtig können werden. Zu Unrecht. Natürlich ist es wichtig, Kinder zur Eigenständigkeit anzuleiten. Ebenso bedeutsam ist es aber, ihnen dabei ihr eigenes Tempo zuzugestehen. Falls Ihr Kind das Elternschlafzimmer als nächtliche Zuflucht regelmäßig braucht, sollten Sie ihm dies gewähren – vorausgesetzt, es beeinträchtigt Ihre (auch sexuelle) Paarbeziehung nicht zu sehr. Oft brauchen gerade Kinder, die tagsüber auf beeindruckende Weise ihre Eigenständigkeit unter Beweis stellen, nachts mehr elterliche Nähe.

4.3.8 »Muss ich denn immer konsequent sein?«

»Ich wäre im Umgang mit meinen Kindern gern konsequenter, als ich es bin«, gesteht eine Mutter. »Klar, man hat seine guten Vorsätze: Ruhig bleiben, nicht schreien, die Kinder aus den Konsequenzen ihres Handelns lernen lassen. Aber dann ist man morgens eben doch mal wieder zu spät dran, hat einen Termin, und die Kinder trödeln herum und haben scheinbar alle Zeit der Welt. Da verliere ich dann immer wieder mal die Nerven und brülle rum. Neulich hat meine Tochter – die ist jetzt sieben – ganz ernst zu mir gesagt: ›Mama, sag' uns doch, wenn du es eilig hast!‹ Ja, habe ich da gedacht, warum eigentlich nicht? Warum muss es immer erst so weit kommen, dass ich brülle? Andererseits: Als Erwachsener hat man nun mal bessere und schlechtere Tage. Muss ich wirklich jeden Tag hundertprozentig funktionieren? Oder sind auch mal Ausnahmen drin?«

»In unserer Familie sind Rituale sehr wichtig«, knüpft eine andere Mutter an. »Es bringt Ruhe in den Alltag, wenn vieles immer nach dem gleichen Muster abläuft. Aber ich habe festgestellt, dass es mit den Ritualen schwierig wird an

Feiertagen oder wenn Besuch da ist. Dann ist es kaum noch möglich und kostet unheimlich viel Kraft, alles so durchzuziehen wie gewohnt. Die Kinder sind dann eben einfach aufgedreht. Irgendwann haben mein Mann und ich beschlossen, dass wir uns das nicht mehr antun. Seitdem gibt es an Sonn- und Feiertagen später Frühstück, und samstags oder wenn wir Besuch haben, dürfen die Kinder länger aufbleiben. Seitdem läuft es an den besonderen Tagen ruhiger, und wir sind alle weniger gestresst.«

Jede Familie braucht Absprachen, Regeln und Rituale. Sie lassen Kinder und Eltern wissen, woran sie sind. Nicht alles muss Tag für Tag neu ausgehandelt werden. Rituale und Regeln schaffen Raum für das Wesentliche, und durch ihre Einhaltung erweisen die Familienmitglieder einander Achtung und Respekt.

Wenn die Regeln allerdings zu einem Korsett werden, das die Familie einschnürt, wenn Absprachen keinen Raum mehr für Kreativität lassen, ist es sinnvoll, darüber nachzudenken, wo Änderungen oder Ausnahmen angebracht sind. Das bedeutet nicht, dass man nun alles laufen lassen sollte. Ausnahmen sind als solche nur erkennbar, wenn es auch weiterhin Regeln gibt. Für die Kinder sind sie ein Überraschungsmoment, das ihnen zeigt: Die Eltern können auch anders. Und: Wir können uns auch dann auf sie verlassen, wenn die Dinge mal anders laufen als gewohnt.

Ausnahmen sollten von den Eltern bewusst gestaltet sein. Eine Ausnahme zu machen ist nicht erschöpftes Gewährenlassen, weil die Kinder gerade so anstrengend sind und nicht aufhören zu quengeln. Für die Kinder sollte deutlich sein, dass nach der Ausnahme wieder die gewohnte Regel gilt. Ist dies nicht der Fall, wird es für Eltern erst recht anstrengend, weil dann vieles, was bisher unhinterfragt gegolten hat, plötzlich neu verhandelt werden muss. »Manchmal setzen mich meine Kinder mit ihrem Gebettel nach Süßigkeiten so sehr unter Druck, dass ich irgendwann nachgebe und ihnen schon vor dem Mittagessen etwas gebe. Ich bereue das jedes Mal, denn am nächsten Tag habe ich die größten Probleme, und es heißt: ›Aber gestern durften wir doch!‹«, erzählt eine leidgeprüfte Mutter.

Kinder wissen ganz gut, wie sie ihren Eltern Druck machen können, um eigene Bedürfnisse gestillt zu bekommen. Eine Ausnahme vom Gewohnten zu machen, bietet Vätern und Müttern die Chance, das vom Kind nicht Erwartete, Überraschende zu tun. Ausnahmen können so zu einer Art »Zauberschlüssel« werden, um schwierige Situationen kurzfristig zu entspannen.

»Meine beiden Kinder, sieben und neun, können förmlich riechen, wenn ich unter Strom stehe, weil sich für den Abend Besuch angekündigt hat«, berichtet eine Mutter. »Früher haben wir dann immer miteinander herumgezankt, weil die beiden mehr fernsehen wollten als gewohnt und ich das nicht zulassen wollte. Irgendwann war ich dann immer so genervt, dass ich nachgegeben habe – nur um mir anschließend wie eine Totalversagerin vorzukommen. Irgendwann kam mir die Lösung. Seitdem dürfen die beiden an Besuchstagen mehr fernsehen als sonst, aber die Extra-Sendungen werden auf die nächsten Tage angerechnet. Die Kinder haben ihren Spaß und wissen, woran sie sind, und ich behalte meine Nerven!«

Schlafen, solange man will, oder beim Essen mal nach Herzenslust schmatzen. Eine Kissenschlacht machen oder spätabends mit Taschenlampen durch den Garten tollen: das sind Ausnahmen, die Eltern und Kindern guttun, weil sie den Alltag durchbrechen, Raum für Kreativität und Unbeschwertheit schaffen. Wer solche besonderen Zeiten im Erziehungsalltag zulässt, macht den Kindern und sich selbst die unvermeidlichen Mühen des Alltags leichter. Wo Regeln kurzfristig außer Kraft gesetzt werden, haben alle Familienmitglieder die Chance, einander anders wahrzunehmen als sonst. Eltern und Kinder, die sich die Woche über aneinander abgearbeitet haben, entdecken aneinander Qualitäten, die im alltäglichen Einerlei nahezu verschütt gegangen sind ... und kommen so einander wieder näher.

4.3.9 »Mein Kind hängt dauernd vor der Glotze oder vor dem Computer!«

Vor etwas mehr als 200 Jahren dachte der Schriftsteller, Pädagoge und Verleger Johann Heinrich Campe darüber nach, »ob man einem großen Teil von Menschen noch anraten soll, lesen zu lernen«. (Rogge, 1985) Das Lesen, so Campe, berge die Gefahr, dass Menschen ihre sittlichen Grundsätze aus dem Auge verlören, dass Mütter ihre Pflichten vernachlässigten und Kinder in ihrer Phantasie überfordert würden.

Im 20. und 21. Jahrhundert stehen andere Medien im Fokus der gesellschaftlichen Aufmerksamkeit. Computer- und Internetnutzung durch Kinder und Jugendliche beschäftigt Eltern und Erziehende. Und nach wie vor ist der Fernsehkonsum in den Familien ein großes Thema.

Medien verunsichern Eltern und andere Erziehende. Es ist angesichts ihrer Wirkungsmacht nicht immer leicht, seiner Erziehungsverantwortung gerecht zu werden. Inwieweit tun Medien Kindern gut und ab wann ist es zu viel? Wo liegt das rechte Maß zwischen Gewährenlassen und Grenzensetzen? Kinder ihrerseits sind von den Medienwelten fasziniert und tauchen nur allzu gerne in ihnen ab.

Kinder und Jugendliche finden beim Fernsehen emotionale Bedürfnisse befriedigt – schnell, unkompliziert und ohne dass sie selbst viel dafür tun müssen. Das gilt umso mehr, je »langweiliger« ihr sonstiges Umfeld beschaffen ist. Die Intensität und das Ausmaß des kindlichen Fernsehkonsums sagen daher auch etwas darüber aus, wie Kindheiten heute beschaffen sind. Allzu viele Kinder und Jugendliche leben in einer Welt, die ihren emotionalen Bedürfnissen nicht gerecht wird und die stattdessen allzu sehr auf Rationalität und Vernünftig-Sein setzt.

»Ich finde spannende Zeichentrickfilme toll«, erklärt der siebenjährige Luis. »Am besten ist es, wenn ich fast bis zum Schluss so richtig mitzittern kann. Aber am Ende soll es dann gut ausgehen. Sonst träume ich nachts davon.«

»Manchmal muss ich weinen, wenn ich was Trauriges im Fernsehen angucke«, berichtet Sarah, sechs Jahre alt. »Meine Mutter meint dann immer, ich soll doch einfach abschalten. Aber darf ich denn nicht mehr weinen?«

Für Kinder ist das Fernsehen eine hochemotionale Angelegenheit. Sie identifizieren sich mit den Figuren auf dem Bildschirm, versetzen sich ganz in das hinein, was dort zu sehen ist. Das geht so weit, dass sie sich in spannenden oder beängstigenden Momenten Augen und Ohren zuhalten oder unter dem Tisch verstecken – nur um schon einige Augenblicke später den Blick wieder gebannt auf den Bildschirm zu richten – ein Phänomen, das viele Erwachsene auch von sich selbst kennen.

Neben dem emotionalen Thrill schätzen Kinder am Fernsehen durchaus den Informationsaspekt – vorausgesetzt, die Informationen sind unterhaltsam aufbereitet und die Kinder können sich ernst genommen fühlen. Die neunjährige Mia meint dazu: »Ich mag Sendungen, von denen ich was lernen kann. Die sind viel spannender als der Unterricht in der

Schule. Da ist es ja oft so, dass die Lehrer einfach nur vorne stehen und den Stoff runterlabern.«

Daneben mögen Kinder am Fernsehen aber auch das Überzeichnete, Grelle, das Laute und den Schund – erst recht, wenn Eltern und andere Erziehende die entsprechenden Sendungen lautstark ablehnen und verbieten. Dann ist der Lustgewinn gleich doppelt: zweifelhafte Unterhaltung und Väter und Mütter, die sich so richtig aufregen.

Damit ist der Beziehungsaspekt angesprochen, den das Fernsehen neben dem Unterhaltungs- und Informationsaspekt hat. Kindlicher Fernsehkonsum ist immer auch eine Botschaft an die Eltern. Wie in anderen Bereichen auch, testen die Kinder und Jugendlichen aus, wie weit sie gehen können und wo die Grenzen liegen. Eltern sind hier gefragt und gefordert. Und wie so oft gilt auch hier: Grenzen zu setzen birgt das Risiko von enervierenden Auseinandersetzungen und endlosen Machtkämpfen.

Wiederum gilt: Auch wenn sie es niemals zugeben würden – Kinder wünschen sich in Sachen Fernsehen von ihren Eltern Klarheit und Orientierung. Sie wollen wissen, woran sie sind. Mit einer Laissez-faire-Erziehung fühlen sie sich allein gelassen. Einmal mehr müssen also gemeinsame Absprachen getroffen werden, auf deren Einhaltung Mütter und Väter dann pochen sollten. Letztlich geht es darum, dass Kinder und Jugendliche einen selbstverantwortlichen Umgang mit dem Medium erlernen. Ein Patentrezept gibt es dazu nicht. Wohl aber einige Prinzipien, die Eltern auf dem Weg dorthin helfen können:

– Fragen Sie sich nach den Motiven, aus denen Ihr Kind fernsieht, und unterscheiden Sie dabei zwischen kurzfristigen Wünschen und langfristigen Bedürfnissen. Wenn ein Kind an einem verregneten Wochenende mehr fernsehen möchte als sonst, ist dies noch kein Anlass zur Besorgnis. Anders sieht es aus, wenn Kinder längerfristig nicht genug vom Fernsehen bekommen können. Dann sollten Eltern darüber nachdenken, ob ein kritisches Lebensereignis oder eine negative Erfahrung des Kindes die Ursache sein könnte, ob es an sinnvollen Freizeitalternativen mangelt oder ob sie als Vater oder Mutter in Sachen Fernsehen ein schlechtes Vorbild abgeben. Wann es mit dem Fernsehen zu viel ist, lässt sich nur schwer objektiv bestimmen. Entscheidend ist vielmehr die Motivation, mit der ein Kind an das Fernsehen herangeht. Nutzt es das Medium zur Flucht aus seiner Wirklichkeit und isoliert es sich dabei zunehmend von anderen, sollte etwas geschehen: Dann sind selbst kurze Sendungen schon zu viel.

– Kinder brauchen den Kontakt zu Gleichaltrigen. Sie müssen spielen, sich bewegen, unmittelbare Erfahrungen machen können. Das Fernsehen darf demgegenüber erst an zweiter Stelle stehen. Ist der Tagesablauf auf bestimmte Fernsehsendungen hin ausgerichtet, stimmt etwas nicht. Übrigens nimmt erfahrungsgemäß das Bedürfnis der Kinder nach Fernsehen in dem Maße ab, in dem sie ihre Freizeit auf andere Weise sinnvoll gestalten können. Auch hier gilt: Vereinzelte »Glotz-Tage« sind kein Grund zur Sorge.

– Wenn ein Kind andauernd fernsehen möchte, sollten Mütter und Väter dies als Hilferuf verstehen. Dann gibt es im Leben des Kindes meist irgendetwas, was es dauerhaft belastet und unzufrieden sein lässt – sei es in der Schule, in der Beziehung zu den Eltern oder zu Gleichaltrigen. »Fernsehsüchtige« Kinder verfügen häufig über ein gering ausgeprägtes Selbstwertgefühl, und sie leiden an einem Mangel an Halt und Orientierung.

- Den Kindern das Fernsehen schlicht zu verbieten, führt meist in erster Linie dazu, dass sie heimlich fernsehen. Eltern und Kinder sollten also miteinander aushandeln, wann und wie lange ferngesehen werden darf und was die Kinder anschauen. Väter und Mütter sollten davon absehen, den Fernsehkonsum für Straf- oder Belohnungsmaßnahmen einzusetzen. Sie verleihen dem Medium dadurch nur zusätzlich Bedeutung.

- Jüngere Kinder sollten weniger fernsehen dürfen als ältere. Darum muss das, was erlaubt ist, immer neu festgelegt und ausgehandelt werden. Fernseherziehung ist niemals abgeschlossen, sie sollte in Abstimmung mit der Entwicklung des Kindes erfolgen. Ältere Kinder sollten in Bezug auf die Fernsehregeln mehr Mitspracherecht genießen. Sie sollten sich aber auch dessen bewusst sein, dass sie damit eine größere Verantwortung für sich selbst übernehmen.

- Lassen Sie Ihr Kind nach Möglichkeit nicht allein fernsehen. Setzen Sie sich selbst dazu oder sorgen Sie dafür, dass es Gleichaltrige zur Gesellschaft hat. In beiden Fällen ist es mit seinen Gefühlen vor dem Bildschirm nicht allein. Wenn Ihnen Sendungen nicht gefallen, sagen Sie dies Ihrem Kind. Achten Sie dabei auf Ich-Botschaften (z. B. »Ich mag diese Sendung nicht« anstelle von »Musst du dir so einen Mist anschauen?!«). Ersparen Sie Ihrem Kind Moralpredigten und Besserwisserei. Bleiben Sie stattdessen über das Gesehene mit ihm im Gespräch und versuchen Sie, Einsicht zu wecken. Auf diese Weise kann Ihr Kind langfristig Verantwortung für den eigenen Fernsehkonsum übernehmen.

- Kinder haben ein anderes Fernsehverhalten als Erwachsene. Sie gehen häufig mit dem Gesehenen körperlich mit – ein Mittel der Verarbeitung, das Sie nicht unterbinden sollten. Kinder brauchen die Bewegung vor dem Fernseher, um ihre innere Anspannung abzubauen.

- Wo steht bei Ihnen der Fernseher? Bildet er den Mittelpunkt des Wohnzimmers oder befindet er sich eher am Rand oder in einer entfernten Ecke? Letzteres ist besser, denn es signalisiert, dass das Fernsehen nicht die Hauptrolle spielt. Darüber hinaus können einzelne Mitglieder der Familie sich eine Sendung ansehen, ohne dass die anderen gestört oder zwangsweise mit einbezogen werden.

- Geben Sie Ihrem Kind Zeit, um das, was es gesehen hat, verarbeiten zu können. Dies gilt vor allem unmittelbar nach dem Fernsehkonsum. Wie lange ein Kind braucht, um das Gesehene zu »verdauen«, hängt von seiner individuellen Konstitution ab und davon, wie sehr es von der Sendung emotional berührt wurde. Mitunter kommen Eltern und Kinder über das Gesehene ins Gespräch. Sie sollten jedoch Ihr Kind nach dem Fernsehen keinesfalls systematisch »abfragen«, sondern abwarten, ob es von sich aus den Dialog sucht. Vielfach verarbeiten Kinder jedoch das, was sie gesehen haben, auch beim Spielen und ohne unmittelbare Beteiligung von Erwachsenen.

- Die ideale Fernseherziehung, bei der sich nichts widerspricht, gibt es nicht. Hier gilt dasselbe wie in allen anderen Bereichen der Erziehung: Sprechen Sie mit Ihren Kindern darüber, wenn etwas widersprüchlich ist. So wird klar, dass ein guter Umgang mit dem Fernsehen nicht ein für alle Mal feststeht, sondern immer neu gefunden werden muss – von allen Beteiligten. Je dynamischer und offener dieser Annäherungs-Prozess abläuft, desto zufriedener werden Sie und Ihre Kinder langfristig damit sein, wie bei Ihnen zu Hause mit dem Fernsehen umgegangen wird.

– Zu guter Letzt ein paar Faustregeln: Kinder im Alter von drei bis fünf Jahren sollten täglich höchstens 30 Minuten fernsehen; Kinder im Grundschulalter täglich nicht mehr als 60 Minuten (generell sehen Kinder im Herbst und Winter mehr fern als im Sommer). Während der Mahlzeiten oder unmittelbar vor dem Schlafengehen sollte der Fernseher ausgeschaltet sein. Und: Als Eltern sind Sie Vorbilder – auch in Sachen Fernsehen. Leben Sie also beim eigenen Fernsehkonsum das vor, was Sie Ihren Kindern vermitteln möchten.

Mit dem Fernsehkonsum ihrer beiden Söhne, dem achtjährigen Noah und dem zehnjährigen Florian, habe sie schon ihre Probleme gehabt, erzählt eine Mutter. Sie habe sich hier allerdings auf ihr Bauchgefühl verlassen können und stets gewusst, wann sie den Fernseher lieber ausschalten sollte, da sie ja selber mit dem »Kasten« groß geworden sei. Aber im Umgang mit dem Computer sei sie völlig hilflos. Ihre Söhne seien ihr hierin weit überlegen. Und das mache ihr Angst – vor allem auch wegen der brutalen Computerspiele und des Internets mit seinen Gefahren.

Als Noah und Florian mit den Aussagen ihrer Mutter konfrontiert werden, müssen sie lachen. Sie würden den Computer schon benutzen, aber viel häufiger zur Recherche für die Schule. Ihre Eltern hingegen hätten ja viel zu viel Angst, sich über das Internet zu informieren und sich so neues Wissen anzueignen. Die Jungs geben durchaus zu, an manchen Tagen zu viel Zeit vor dem PC zu verbringen, aber es gäbe auch Tage, an denen sie gar »keinen Bock« auf dieses Gerät hätten, und ihren Freunden würde es ähnlich gehen: »Unsere Eltern sehen nur das, was ihnen nicht gefällt. Etwa, wenn wir zusammen vor dem Computer abhängen. Dabei spielen wir viel mehr draußen oder gehen in den Sportverein. Wenn sie uns beim Fußball sehen, haben sie gewöhnlich keine blöden Sprüche auf Lager.« Nachdenklich gestehen die beiden: »Aber es ist schon gut, wenn sie auf uns aufpassen. Manchmal gerät man bei den Computerspielen in einen richtigen Sog. Da kann man gar nicht mehr aufhören. Wenn unsere Eltern dann rufen ›Schluss jetzt!‹, sind wir meist wütend, aber hinterher sehen wir ein, dass sie recht hatten.«

Einige Gesichtspunkte, die in diesen kurzen Statements vorkommen, sollten hervorgehoben werden:

- Viele Erwachsene kann man als »digital immigrants« bezeichnen, da ihnen die neuen Kommunikationstechnologien fremd sind. Die digitale Welt ist ihnen nicht geheuer. Sie sind unsicher und oft ängstlich. Ihnen gegenüber stehen die »digital natives«: Kinder und Jugendliche, die ins digitale Zeitalter hineingeboren werden bzw. hineinwachsen und die wie selbstverständlich mit Computer, Smartphone, iPad oder Laptop umgehen. Der technologische Wandel betrifft die Eltern-Kind-Beziehung in besonderem Maße: Beim Lesenlernen oder dem Schrifterwerb waren die Eltern unverzichtbar. Die Heranwachsenden können jedoch die digitalen Medien im Alltag viel selbstverständlicher (be)nutzen. Eltern werden dadurch zu Lehrlingen und Kinder zu Lehrmeistern. Die elterliche Erziehungsverantwortung wird allerdings nicht aufgehoben: Eltern sind bei der Computer- und Internetnutzung sehr wichtig – nicht nur, was die Bestimmung der Dauer, sondern vor allem was die Motivation betrifft, mit der die Kinder an die digitalen Medien herangehen.

- Kinder und Jugendliche verlieren sich aber nicht in der

digitalen Welt. Traditionelle Druckerzeugnisse stehen nach wie vor ganz oben in der Beliebtheitsskala, genauso wie das Treffen von Freunden oder die Ausübung ihrer Hobbys. Wenn ein Hirnforscher wie Manfred Spitzer vor »digitaler Demenz« warnt, scheint er den Kontakt zur Lebenswelt der Heranwachsenden komplett verloren zu haben.

Die alten und neuen Medien spielen in der Elternberatung eine weniger wichtige Rolle als in der öffentlichen Diskussion. Anstelle überzogener Hysterie und Angstmacherei scheint eine selbstbewusste Gelassenheit vonnöten zu sein; eine innere Haltung, die die Chancen und Risiken der digitalen Medien sorgfältig gegeneinander abwägt. In den Fällen, wo die körperliche Bewegung von Kindern und Jugendlichen eingeschränkt ist, erlangt der Computer meist einen großen Stellenwert. Zeitliche Grenzen in Abhängigkeit von Alter und Entwicklungsstand der Heranwachsenden sind wichtig, noch wichtiger sind allerdings die sozialen und emotionalen Momente, die hinter der Nutzung digitaler Medien stehen. Hier müssen Eltern in der Erziehung Verantwortung übernehmen. Anders formuliert: Ist der Tagesablauf eines Kindes oder Jugendlichen nur auf die digitalen Medien ausgerichtet? Oder ist die Computernutzung derart in den Alltag integriert, dass soziale Kontakte oder ein Bewegungsdrang immer noch Priorität haben?

Eltern sollten zudem ein Interesse an den digitalen Kompetenzen ihrer Kinder zeigen. Man kann viel von ihnen lernen, auch um die Probleme mit den digitalen Medien realistischer einschätzen zu können. Wer Heranwachsende als »Computerautisten« beschimpft, der liefert sie unfreiwillig der Faszination aus, die die neuen Medien nun einmal haben.

4.3.10 »Mein Kind kann sich nicht alleine beschäftigen!«

»Manchmal frage ich mich«, so die Mutter einer Sechsjährigen, »wie lange ich für meine Tochter eigentlich noch die Animateurin geben muss. Immer noch fragt sie mich ständig: ›Und was soll ich jetzt als Nächstes machen?‹ oder klagt, ihr sei langweilig. Bin ich denn wirklich rundum dafür verantwortlich, dass mein Kind sich gut unterhält? Immerhin hat meine Tochter alle Möglichkeiten der Welt, aber nichts scheint ihr wirklich Freude zu machen.«

»Mit unserem Sohn haben wir dasselbe Problem«, greift ein Vater ins Gespräch ein. »Mit seinen Freunden will er nicht spielen, und allein kann er nicht. So sitzt er meistens allein in seinem Zimmer und starrt an die Decke. Ein richtiger Einsiedler! Manchmal kommt er raus und sieht meine Frau und mich traurig oder vorwurfsvoll an. Wenn wir ihm dann vorschlagen, was er machen könnte, findet er es nach kürzester Zeit blöd.« – »Hört sich ganz nach unserer Tochter an«, meint eine Mutter. »Die ist jetzt sieben und bringt meinen Mann und mich fast zur Verzweiflung mit ihrem ständigen Bedürfnis nach Ablenkung. Dauernd will sie, dass wir ihr ein Programm bieten! Es sei denn, das Wetter ist schön und sie kann draußen rumtoben. Dann ist alles gut, dann wird ihr auch nicht langweilig und sie quengelt nicht.«

Kinder, die ständig bespaßt werden wollen – fast alle Eltern kennen dieses Problem und fragen sich nach den Gründen dafür. Und diese sind in der Tat vielschichtig.

Zunächst hat der Wunsch des Kindes nach Anwesenheit und Begleitung der Eltern natürlich etwas mit dem Alter und Entwicklungsstand eines Kindes zu tun. Für jüngere Kinder ist es schwierig, mit der Abwesenheit der Eltern zurechtzukommen. Viele Kinder spielen zwar durchaus gern allein, wünschen sich aber trotzdem jemanden in ihrer Nähe. Der ständige Ruf nach Vater oder Mutter dient dann der Vergewisserung: da ist jemand, der mich beschützt und der für mich da ist. Eltern jüngerer Kinder sollten sich daher nicht einfach entfernen, ohne dies den Kindern anzukündigen, denn das kann die Kinder nachhaltig verunsichern und dann erst recht ständige Nachfragen (»Mama, wo bist du?«) oder Klagen (»Mir ist so langweilig!«) provozieren. Je sicherer sich Kinder in ihrer Bindung zu Vater und Mutter sind, desto besser kommen sie mit kurzfristigem Getrennt-Sein von den Eltern zurecht.

Möglich ist auch, dass ein Kind aufgrund besonderer Lebenssituationen, die es als krisenhaft oder bedrohlich erlebt, die ständige Anwesenheit der Eltern einfordert: etwa, wenn es krank ist, wenn Oma oder Opa gestorben sind, wenn die Familie umgezogen ist oder wenn plötzlich ein neues Geschwisterkind da ist.

Für Eltern ist die ständige Suche nach elterlicher Nähe und Aufmerksamkeit anstrengend ... was das Kind nicht sonderlich kümmert. Ein genervter Elternteil ist immer noch besser als einer, der überhaupt nicht anwesend ist. Auch negative Aufmerksamkeit ist Aufmerksamkeit.

Kinder brauchen ihre eigenen Räume, in die sie sich zurückziehen können – das ist klar. Aber ebenso wichtig wie das Kinderzimmer sind Räume, die der ganzen Familie gehören und die von allen genutzt werden. Kinder lieben diese Räume, in denen immer etwas los ist. Deshalb hat beispielsweise meist die Küche einen so hohen Stellenwert. Wo mehrere oder alle Familienmitglieder anwesend sind und etwas tun, fühlen Kinder sich nicht »abgeschoben«, sondern eingebunden in den familiären Alltag und ins gemeinsame Leben. Manche Kinder wollen in der Küche aktiv mithelfen, andere spielen mitten in der größten Betriebsamkeit seelenruhig vor sich hin. Das Hin- und Herlaufen der anderen, ihr Gespräch, die Geräusche bedeuten Sicherheit, Bindung und Nähe.

4.3.11 »Wir wollen niemals auseinandergehen ...«

»Eigentlich sind die Kinder das Einzige, was uns in den letzten Jahren noch zusammengehalten hat«, erklären mir die Eltern einer dreizehnjährigen Tochter und eines elfjährigen Sohnes. »Jüngere Kinder brauchen schließlich beide Eltern. Wir dachten, wenn die beiden etwas älter sind, würden sie unsere Trennung besser verkraften. Pustekuchen! Die beiden sind komplett ausgerastet, als wir ihnen gesagt haben, dass wir uns trennen wollen. Unsere Tochter hat nur noch geheult, während unser Sohn erstmal seine Spielsachen geschrottet hat und dann auf uns losgegangen ist: Wir hätten ihm und seiner Schwester die ganze Zeit nur etwas vorgemacht; dabei hätten sie schon länger gemerkt, dass etwas nicht stimmt.« Die Mutter stützt den Kopf in ihre Hand und schaut nachdenklich aus dem Fenster, während sie fortfährt: »Erst nach ein paar Monaten haben sich die beiden wieder einigermaßen beruhigt. Da war mein Mann dann schon ausgezogen, und bei den Kindern und mir hat sich so allmählich ein neuer Alltag eingespielt.« – »Es ist aber immer noch eine Art Tanz auf dem Vulkan«, ergänzt der Vater. »Auf den ersten Blick herrscht Ruhe, aber unter der Oberfläche brodelt es. Da ist eine riesige Anspannung. Und scheinbar aus heiterem Himmel kommen dann die übelsten Beschimpfungen. Da bin ich dann der größte Lügner, der schlimmste Drecksack, ein ›richtiger Arsch‹, wie meine Tochter neulich gesagt hat.« Die Mutter hat inzwischen Tränen in den Augen: »Das Ganze tut sehr weh! Nicht nur den Kindern – auch uns!«

»Wir haben uns sehr bemüht, bei unserer Trennung alles sauber, transparent und vor allem einvernehmlich abzuwickeln«, berichtet eine andere Mutter. »Wir haben einen Mediator dazugeholt und uns bemüht, alles richtig zu machen. Aber ›richtige‹ Trennungen gibt es nicht. Kinder wollen nun einmal, dass ihre Eltern zusammenbleiben. Und wenn sie dann sehen, dass ihre Eltern trotz der Trennung noch gut miteinander umgehen, verstehen sie nicht, was los ist. Unsere Älteste hat mich irgendwann gefragt, warum wir uns überhaupt trennen würden, wir kämen doch so gut miteinander aus. Ja, was sagt man in so einem Moment? Man versucht zu erklären, dass es eben trotzdem zusammen nicht mehr geht. Aber die Kinder gucken nur groß, und irgendwann merkt man dann, dass man überhaupt nicht zu ihnen durchdringt.« Ihr Ex-Mann übernimmt: »Unsere jüngere Tochter war zur Zeit unserer Trennung eigentlich so eine richtige Kratzbürste, halt mitten in der Pubertät. Sie war die meiste Zeit in ihrem Zimmer, wollte nichts mehr mit uns unternehmen, pochte auf ihre Selbständigkeit. Nachdem wir ihr dann gesagt hatten, dass wir auseinandergehen wollen, war alles ganz anders. Mit einem Mal schlug sie Wochenendausflüge vor, bei denen sie uns dann mit ihrem Handy dauernd fotografierte. Wir mussten regelrecht für sie posieren: Mama und Papa Hand in Hand oder nebeneinander auf einer Bank. Von den Fotos hat sie Abzüge machen lassen, die sie nun ständig mit sich herumträgt.« Die Mutter der beiden schaut ihn von der Seite an. »Wir haben unseren Mädchen schon einiges zugemutet. Und uns selbst auch.«

»Aus dem Haus auszuziehen, das wir vor 20 Jahren gemeinsam gekauft und dann umgebaut haben, das war schon hart«, erinnert sich ein anderer Vater. »Ich bin in eine Dreizimmerwohnung umgezogen. Ich wollte unbedingt, dass unsere beiden Kinder auch bei mir ihr eigenes Zimmer haben, wenn sie mich besuchen. Aber die wollten erstmal gar nicht. ›Was sollen wir denn bei dir, du Fremdgeher?‹, hat mir unsere 17-jährige Tochter irgendwann an den Kopf geworfen. Klar, sie hatte irgendwie schon recht. Ich hatte mich in eine jüngere Frau verliebt und war zu Hause rausgeflogen.«

Die Äußerungen der zitierten Männer und Frauen sprechen für sich. Sie zeigen:

– Vater und Mutter bleibt man ein Leben lang, auch wenn man kein Paar mehr ist. Das sollte den Kindern deutlich vermittelt werden. Sie brauchen dieses Wissen, um die Trennungserfahrungen aushalten und längerfristig verarbeiten zu können.

– Trennungen schaffen seelisches Leid – für alle unmittelbar Beteiligten und für das Umfeld der Familie. »Wir haben uns im Guten getrennt« – das wird häufig umso stärker betont, je mehr Gefühle von Trauer und Ratlosigkeit oder auch das schlechte Gewissen gegenüber den Kindern sich breitmachen. Es versteht sich von selbst, dass ein faires Miteinander wichtig ist, um Emotionen nicht allzu sehr hochkochen zu lassen und weitere seelische Wunden nach Möglichkeit zu vermeiden. Dennoch bleibt die Verletzung, und manchmal braucht es seine Zeit, bis der unmittelbare Schmerz, die größte Wut sich so weit gelegt haben, dass man sich auf einen Weg der Fairness begeben kann. Nicht alles lässt sich eben unmittelbar »vernünftig regeln«.

– Trennungen tun weh. In dieser Situation brauchen alle Beteiligten Sicherheiten, ganz besonders die Kinder. Für sie sollte die Trennung der Eltern nach Möglichkeit nicht mit weiteren Trennungen einhergehen. Väter und Mütter sollten versuchen, den Kindern so viel Normalität wie möglich zu erhalten: den Wohnort und die Wohnung, das eigene Zimmer, die Schule, Verwandte und Freunde.

– Die weit verbreitete Ansicht, dass ältere Kinder das Auseinandergehen der Eltern besser verkraften, weil sie kognitiv schon weiter entwickelt sind, findet sich in der Praxis kaum bestätigt. Trennungen sind nun einmal keine kognitive Angelegenheit. Sie gehen mit starken Gefühlen einher und gleichfalls mit Verlust- und Verlassensängsten. Auch in der Pubertät sind Trennungserfahrungen daher schmerzhaft, und die Wunden, die sie reißen, lassen sich nur selten auf rationale Weise wieder heilen.

Gerade in der Pubertät fällt eine Trennung der Eltern mit anderen Erfahrungen zusammen, die den Heranwachsenden wehtun. Jugendliche müssen sich von so vielem, das bisher galt, verabschieden und Neuland betreten. Dabei brauchen sie ihre Eltern. Sie sind in den Stürmen der Pubertät der sichere Hafen. Sind Vater oder Mutter aufgrund einer Trennung nur noch bedingt oder gar nicht mehr verfügbar, bricht für die Jugendlichen ein Stück Sicherheit weg. Entsprechend groß ist ihre Trauer und Verängstigung.

Allerdings atmen einige Kinder auch gewissermaßen auf, wenn ihre Eltern sich trennen. Dies ist meist dann der Fall, wenn der Trennung eine längere Zeit der Unklarheit und belastender Auseinandersetzungen vorausging. Für die überwiegende Mehrheit der betroffenen Heranwachsenden aber gilt, dass die Trennung der Eltern sie erst einmal aus der Bahn wirft. In der Reaktion der Jugendlichen lassen sich vier Aspekte unterscheiden, die nacheinander, aber auch parallel auftreten können.

Zunächst spielt erfahrungsgemäß die Verdrängung eine große Rolle: Die Jugendlichen wirken unbeteiligt, »cool« und vernünftig. Sie zeigen durchaus Verständnis für ihre Eltern, legen insgesamt wenig Gefühle an den Tag und wirken fast schon erwachsen. Bei genauerem Hinsehen allerdings zeigt sich, dass die Coolness vor allem der Versuch ist, sich gegen die Zumutungen in ihrem Umfeld abzuhärten. Die Heranwachsenden lassen sich gewissermaßen einen Panzer wachsen, an dem allzu starke Gefühle abprallen sollen. Gesprächsangebote helfen da nur bedingt: Gerade Pubertierende brauchen Zeit, um sich auf Brüche und Verwerfungen in ihrer Umwelt einzulassen. Sie neigen erst einmal zum Rückzug – sei es in das eigene Zimmer, in Träume oder in Phantasien – und wollen in erster Linie in Ruhe gelassen werden.

Eltern bleibt angesichts dessen erst einmal nicht sehr viel anderes übrig, als ihren Kindern behutsam zu signalisieren, dass sie als Ansprechpartner jederzeit zur Verfügung stehen. Es kann dauern, bis der Sohn oder die Tochter reden möchte – manchmal monate-, mitunter auch jahrelang. Oft suchen sich Jugendliche ihre Gesprächspartner in dieser Zeit auch anderswo: manchmal sind es Freunde, manchmal die Taufpatin, manchmal der Fußballtrainer. Eltern können ihrem Kind dabei helfen, einen Ansprechpartner zu finden, der vertrauenswürdig ist und das, was der Heranwachsende ihm erzählt, diskret behandelt.

Zwei weitere Aspekte der Reaktion auf eine Trennung der Eltern treten häufig miteinander oder abwechselnd auf: Idealisierung und Aggression. Viele Kinder reagieren wütend, verbittert und enttäuscht. Die ganze Wucht dieser Gefühle entlädt sich häufig über der Person, die sich um die Kinder kümmert. Meist ist dies die Mutter. Aber auch Väter, die sich bemühen, ihren Kindern zur Seite zu stehen und ihnen Halt zu geben, können zur Zielscheibe von heftigen Gefühlsausbrüchen werden.

Gleichzeitig idealisieren die Jugendlichen die Vergangenheit oder auch einen Elternteil: »Früher – das war toll!« Oder: »Papa/Mama ist viel besser als du!« Häufig ist es so, dass gerade der Elternteil, bei dem die Kinder leben und der die Hauptsorge um sie trägt, der unbeliebtere ist. Die Kinder drohen, dass sie ausziehen, lassen ihre Enttäuschung an ihm aus und vergleichen ihn mit dem anderen Elternteil: »Bei Papa ist es viel besser; wir unternehmen tolle Sachen und ich muss nicht im Haushalt helfen.«

Irgendwann schaffen es die Kinder, die Trennung der Eltern als gegeben zu akzeptieren. Sie wird dann zu einem Teil ihrer Biographie. In dieser Phase der Integration hat sich die Beziehung zu den Eltern dann unter den geänderten Vorzeichen wieder gefestigt. Doch bis es soweit ist, braucht es Zeit – und von Seiten der Eltern jede Menge Geduld.

Auch für den Umgang mit Trennungen gilt: Es gibt kein Patentrezept, wohl aber einige Grundsätze, an denen man sich orientieren kann:

– In Übergangszeiten ist es wichtig, so viel Normalität weiterzuleben wie nur irgend möglich. Kinder brauchen in Zeiten der Trennung ihre vertraute Umgebung und die gewohnten Rituale. Zieht der Vater oder die Mutter aus, müssen Kinder die Sicherheit haben, ihn oder sie verlässlich wiederzusehen. Feste Besuchszeiten sind ein Muss.

– Bei den Kindern sollte keinesfalls das Gefühl entstehen, sie seien für die Trennung ihrer Eltern verantwortlich. Darüber hinaus sollte ihnen vermittelt werden, dass das Ende der Paarbeziehung zwischen Vater und Mutter nicht das Ende der Elternschaft bedeutet. Wenn Kinder wissen, dass ihnen Vater und Mutter – wenn auch an getrennten Orten und zu unterschiedlicher Zeit – erhalten bleiben, tun sie sich mit der Trennungssituation leichter.

- Dennoch ist es ganz normal, dass Kinder in Trennungs-
  zeiten von heftigen Gefühlen umgetrieben werden. Eltern müssen diese Emotionen aushalten: Angst und Verunsicherung ebenso wie trauriges Schweigen und Wut.
  Kinder dürfen diese Gefühlsschwankungen haben und
  müssen sie zeigen dürfen – auch über längere Zeit. Die
  Trauer über das Ende des Lebens als Familie zieht sich
  über Wochen, Monate und Jahre hin.
- Getrennt lebende Eltern sollten ihre Kinder nicht als Bot-
  schafter oder Spione missbrauchen, die dem Ex-Partner
  Nachrichten übermitteln oder seine Befindlichkeit aus-
  spähen müssen. Als eigenständige Persönlichkeiten brauchen die Kinder Raum, um angesichts der neuen Situation ihren eigenen Weg zu finden.
- Unbedingt vermieden werden sollte zudem, die Kinder
  in Loyalitätskonflikte zu bringen. Sie müssen auch weiterhin den Vater oder die Mutter, der/die ausgezogen ist,
  liebhaben dürfen. Eltern sollten darauf achten, sich nicht
  von den Kindern gegeneinander ausspielen zu lassen
  (»Bei Mama darf ich aber ...«), sondern klar und konsequent zu bleiben. Dazu braucht es Selbstdisziplin.
- Eltern brauchen auch und gerade in Zeiten der Trennung
  Dinge, die ihnen guttun. Nur wer gut für sich selbst sorgt,
  kann Kindern Halt und Geborgenheit geben.

4.3.12 »Darf ich Verbote aussprechen?«

»Meine Älteste macht jedes Mal ein Riesentheater, wenn ich
ihr etwas verbiete«, berichtet eine Mutter. »Wir wohnen auf
dem Land. Neulich wollte sie abends um sieben Uhr in die
Stadt fahren, um dort mit Freundinnen ins Kino zu gehen.
Sie wäre erst gegen Mitternacht zurück gewesen, und das
mitten in der Woche. Ich habe Nein gesagt und darauf hin-

gewiesen, dass sie am nächsten Tag zur ersten Stunde in der Schule sein musste. Das hat sie schon gar nicht mehr gehört, weil sie gleich losgebrüllt hat: ›Der Film geht aber so lange!‹ Ich habe einmal tief durchgeatmet, um ruhig zu bleiben, und habe dann vorgeschlagen, dass sie und ihre Freundinnen doch eine frühere Vorstellung besuchen könnten. Das hat sie rundweg abgelehnt. Ich habe mich aber auch nicht weichklopfen lassen. Immerhin gibt es noch das Jugendschutzgesetz. Anna-Lena ist noch keine 18. Es ging dann noch eine Weile hin und her, bis ich es satt hatte, aufgestanden bin und gesagt habe: ›Du bist um acht Uhr zu Hause!‹ Da ist sie auch aufgesprungen, hat gebrüllt: ›Du siehst mich nie wieder!‹ und ist aus dem Zimmer gestürmt.« Sie hält einen Moment inne und lächelt dann. »Na, ehrlich gesagt, das aufbrausende Naturell hat sie ein Stück weit von mir. In ihrem Alter habe ich genauso reagiert. Und ich will ja auch gar kein super-angepasstes, kreuzbraves Kind. Aber ich kann eben auch nicht jedem Wunsch nachgeben. Schließlich trage ich doch die Verantwortung für mein Kind.«

»So ist es!«, schließt sich eine andere Mutter an. »Neulich kam unsere Tochter Mara und kündigte an, dass ihr Freund Julian bei ihr übernachten wolle. Ich war im ersten Moment sprachlos. Julian ist ein netter Kerl und macht einen verantwortungsbewussten Eindruck. Er ist ja auch zwei Jahre älter als Mara. Ich verstehe, dass man, wenn man so richtig verliebt ist, nur noch Schmetterlinge im Bauch hat. Aber auch wenn die beiden schon fast ein Jahr zusammen sind – Mara ist noch keine 16! Also habe ich gesagt: ›Nein, das möchte ich nicht!‹ Dann war was los! Mara hat mich mit den übelsten Beschimpfungen angeschrien. Dann war sie wieder sekundenlang ganz still, aber ich habe deutlich gemerkt: Der nächste Ausbruch steht unmittelbar bevor. Irgendwann sagte sie dann zu mir: ›Du bist und bleibst eben eine Spießerin. Du bist einfach nur peinlich!‹« Die Mutter schüttelt den Kopf. »Ich habe mich so an die Wand gedrängt gefühlt, dass ich erst einmal gar nichts sagen konnte. Dann habe ich versucht, Mara über den Arm zu streicheln, aber die ist rückwärtsgegangen. ›Fass mich bloß nicht an!‹, hat sie gebrüllt. ›Ich finde das einfach noch zu früh‹, habe ich dann gesagt, um den Faden wieder aufzunehmen. ›Was glaubst du denn eigentlich?‹, hat Mara dann geschrien. ›Dass ich mit Julian ficken will?! Das kann ich auch anderswo, wenn ich will!‹ Sie hat kurz innegehalten und dann angefangen zu heulen. ›Warum musst du mir mein ganzes Leben kaputtmachen?‹, hat sie mich dann gefragt. Ich habe darauf erst einmal nichts mehr gesagt, und sie hat sich in ihr Zimmer verkrümelt. Als ich eine halbe Stunde später bei ihr klopfte, heulte sie immer noch. Ich habe mich neben sie aufs Bett gesetzt und sie in den Arm genommen. Das hat sie sich gefallen lassen. ›Wir finden schon noch eine Lösung!‹, habe ich sie dann getröstet.«

Ein Vater ergreift das Wort. »Bei uns gibt es ständig Ärger, weil unser Sohn nicht von der Glotze bzw. vom PC loskommt. Der zieht sich einfach alles rein, genug hat er offensichtlich nie. Wir haben es mit Absprachen probiert: maximal zwei Stunden Bildschirmkonsum täglich, und das auch erst, wenn alle anderen schulischen und häuslichen Pflichten erledigt sind. Alexander hält sich aber einfach nicht dran und erfindet immer neue Ausreden, warum es mal wieder nicht geklappt hat. Irgendwann reißt dann entweder bei mir oder bei meiner Frau der Geduldsfaden. Neulich bin ich einfach in Alex' Zimmer gegangen, habe den Fernseher ausgestöpselt und rausgetragen, das Handy an mich genommen und den Internetzugang gekappt. Anschließend habe ich verkündet, dass das jetzt eine Woche lang so bleibt. Alex hat nichts, aber auch gar nichts gesagt – die ganze Woche über. Klar, mag sein, dass er woanders ferngesehen hat und im Netz unterwegs war. Na ja, nachdem in seinem Zimmer wieder alles beim Alten war, ging es so weiter wie bisher. Ich habe ihm dann vier Wochen Medienentzug angedroht, aber er hat nur gemeint, ich soll mir doch allmählich mal was Besseres überlegen. Das hat mich zum Nachdenken gebracht.«

Erziehen und zugleich in Beziehung bleiben: Gerade mit älteren Kindern kann das ein echter Balanceakt sein. Da sind auf der einen Seite die Heranwachsenden, die sich mehr Freiheit wünschen, Neues ausprobieren, Grenzen überschreiten wollen. Auf der anderen Seite stehen die Eltern: Sie wollen ihre Erziehungsverantwortung wahrnehmen und ihre Kinder vor den Gefahren bewahren, die das Leben bereithält. Von Jugendlichen zu erwarten, dass sie das verstehen, wäre allerdings zu viel verlangt. Für sie sind Eltern, die Regeln aufstellen und ermahnen, einfach nur spießig, unlocker und »peinlich«.

Tatsache ist natürlich, dass Eltern ihre Kinder in der Regel nicht aus purer Besserwisserei und Lust an der Macht ermahnen und einschränken. Erziehungsverantwortung leitet sich nicht allein aus subjektiven Interessen der Erwachsenen ab, sondern auch aus ihrem größeren Lebenswissen, ihrem Vorsprung an Erfahrung. Und Jugendliche – auch wenn sie es unter keinen Umständen je zugeben würden – brauchen und suchen Eltern, die ihnen Halt und Orientierung geben.

Erziehung erfolgt immer auch in einem bestimmten gesetzlichen Rahmen. Das Jugendschutzgesetz regelt unter anderem, wie lange Jugendliche abends ohne die Begleitung Erwachsener unterwegs sein und ab welchem Alter sie bestimmte Arten von Alkohol konsumieren dürfen. Auch wenn Jugendliche ihre Väter und Mütter oft genug als

»Polizisten« empfinden – Eltern sind an die gesetzlichen Vorgaben gebunden. Es ist den Heranwachsenden schwer zu vermitteln, dass es Regeln braucht, um ein menschenfreundliches Miteinander zu ermöglichen. Dennoch müssen sie, wenn sie gegen Regeln verstoßen, die Konsequenzen aushalten, die sich daraus ergeben. Neben den Folgen, die sich unmittelbar aus ihrem Handeln ableiten, können solche Konsequenzen auch Wiedergutmachung oder Verbote beinhalten. Letztere sind bei Jugendlichen ein heikles Thema. Und allzu leicht erwachsen aus Verboten nervenaufreibende Machtkämpfe, erst recht, wenn der Heranwachsende das Verbot als ungerechte und ungerechtfertigte Zwangsmaßnahme empfindet. Wie man als Vater oder Mutter dies vermeidet und dennoch klar und konsequent bleibt, sei an den eingangs dieses Abschnitts geschilderten Situationen erläutert:

Da war zunächst einmal Anna-Lena, die unbedingt bis Mitternacht in der Stadt bleiben wollte. Die Mutter erkannte den Wunsch ihrer Tochter nach mehr Eigenständigkeit und machte, nachdem der unmittelbare Ärger abgeklungen war, einen Kompromissvorschlag: Unter der Woche war acht Uhr abends nach wie vor die Obergrenze für Ausflüge in die Stadt u. Ä. Am Wochenende sollte gelten: zehn Uhr abends, für private Partys auch länger, allerdings unter der Voraussetzung, dass die Tochter von den Eltern abgeholt würde. Anna-Lena musste das Ganze erst einmal überschlafen, bevor sie zustimmte.

Mara wünschte sich, dass ihr Freund bei ihr übernachten konnte. Ihre Mutter suchte daraufhin nach Rücksprache mit der Tochter das Gespräch mit dem Freund. Der hörte sich ihre Bedenken an und machte dann seinerseits folgenden Vorschlag: Er würde bei Mara übernachten, dabei aber in einem anderen Zimmer schlafen. Dem konnte die Mutter zustimmen.

Bleibt noch Alexander mit seinem exzessiven Medienkonsum. Seine Eltern dachten darüber nach, wie sie den Machtkampf beenden konnten, der vornehmlich Gefühle der Hilflosigkeit und Rachegelüste ausgelöst hatte. Auch sie suchten das Gespräch mit ihrem Sohn. Anstelle einer Tages-Obergrenze legte man gemeinsam eine wöchentliche Obergrenze von 20 Stunden fest. Alexander bekam jeweils freitags 20 »Wertbons«, die er nach eigenem Ermessen bis zum darauffolgenden Freitag einlösen konnte. Nachdem dies einige Wochen lang gut funktionierte, löste Alex einmal alle Wertbons gleich am Wochenende ein. Seine Bitte um einen Vorschuss für den Rest der Woche lehnte der Vater freundlich, aber bestimmt ab. Daraufhin, so erzählte er mir, habe der Sohn ihn angegrinst und gesagt: »Also gut, ich seh's ja ein – aber probieren kann man's ja mal.« Wer sich dem Freiheitsdrang der Heranwachsenden beugt und ihnen keine Grenzen setzt, macht sie orientierungslos. Gerade Alex' Reaktion zeigt, dass Jugendliche durchaus in der Lage sind, ein Nein zu akzeptieren. Das fällt ihnen umso leichter, wenn sie das Gefühl haben können, dass ihre Eltern sie respektieren, das Gespräch mit ihnen suchen und sich dabei ernsthaft um Lösungen bemühen, die allen Beteiligten gerecht werden. Dann werden Verbote nicht als willkürliche Akte der Bestrafung empfunden, sondern zwischen Eltern und Jugendlichen kann sich eine Erziehungsbeziehung entwickeln, die von gegenseitiger Achtung getragen ist und die auch Konflikte aushält.

4.3.13 »Mich regen die Heimlichkeiten auf!«

»Ich weiß, dass meine Tochter heimlich raucht«, erzählt die Mutter der 14-jährigen Katharina. »Zu Hause verbiete ich es ihr. Warum, weiß sie ganz genau. Ich habe x-mal mit ihr darüber geredet, wie ungesund Rauchen ist. Offensichtlich ist ihr das egal. Sie macht, was sie will«

»Bei uns ist es dasselbe«, stimmt eine andere Mutter zu. »Ich selbst habe schon mit 13, 14 angefangen zu rauchen und kam dann über viele Jahre nicht mehr davon los. Das wollte ich meiner Tochter gern ersparen. Aber immer, wenn ich versuche, mit ihr zu sprechen, hält sie sich die Ohren zu und schreit, ich solle ruhig sein. Wenn mein Mann oder ich in der Nähe sind, raucht sie nicht, aber ich weiß genau, dass hinter unserem Rücken die Post abgeht. Ich weiß gar nicht, was ich schlimmer finden soll: das Rauchen oder die Heimlichkeit.«

»Ich fühle mich ganz schön in der Klemme«, gesteht der Vater zweier heranwachsender Kinder. »Unser Sohn – er ist der Ältere – raucht heimlich bei Freunden. Wenn er nach Hause kommt und meine Frau oder ich ihn darauf ansprechen, dass er nach Rauch riecht, leugnet er: ›Die anderen haben halt geraucht, und ich bin danebengesessen. Was soll ich denn machen?‹ Wenn wir dann sagen, dass wir ihm das nicht glauben, grinst er bloß und meint: ›Was soll das überhaupt? Ihr raucht doch selber!‹ In dem Moment fällt uns dann regelmäßig keine gute Antwort mehr ein. Also, ich hätte mich das bei meinen Eltern nicht getraut. Und wenn doch, hätte ich mir garantiert eine Ohrfeige eingefangen.«

Nicht nur in Situationen wie der eben geschilderten bringen Pubertierende ihre Eltern an den Rand ihrer Möglichkeiten. Die ständigen Grenzverletzungen der Heranwachsenden sind anstrengend, und ihre Heimlichkeiten verletzen die Eltern nicht nur, sondern bereiten ihnen auch Sorgen.

Die meisten Eltern wissen und verstehen, dass das Ausprobieren neuer Freiheiten zum Heranwachsen dazugehört. Völlig zu Recht vertreten sie jedoch auch die Meinung, dass deswegen noch längst nicht alles erlaubt sein darf. Es wurde schon einige Male angesprochen, soll hier aber noch einmal wiederholt werden, weil es so wichtig ist: Auch wenn Jugendliche scheinbar »nur noch« aufmüpfig und »immer« frech zu ihren Eltern sind: Sie suchen Grenzen, eine klare Haltung, eine eindeutige Meinung der Eltern. Sie brauchen deren Nein, das nicht aus Ablehnung oder Machtwillen, sondern aus Verantwortung erfolgt – »ein Nein aus Liebe«, wie es Jesper Juul so eindrücklich formuliert hat.

Heranwachsende können ihre Freiheiten nur dann genießen, wenn sie den sicheren Hafen vor Augen haben, in dem sie Schutz finden, wenn sie nicht mehr weiterwissen. Es kann hilfreich sein, sich als Vater oder Mutter an diesen Sachverhalt zu erinnern, wenn mal wieder nichts mehr geht und das eigene Kind sich nur noch halsstarrig und unansprechbar zeigt. Jetzt bitte nicht aufgeben nach dem Motto: »Dann mach' doch, was du willst!« Eltern, die sich resigniert abwenden, verlieren den Bezug zu ihrem Kind, ebenso wie jene Eltern, die, statt das Gespräch zu suchen, auf rigide Machtausübung und allzu starre Regeln setzen.

Ja, aber was sollen wir denn machen, wenn unser Kind eben hinter unserem Rücken genau das tut, was es nicht soll?, werden Sie nun fragen. Zu Recht! Jugendliche sind so. Die Heimlichkeit ist jedoch nicht der Ausdruck eines Wunsches nach Beziehungslosigkeit. Im Gegenteil: Pubertierende wünschen sich Eltern, die auch dann zu ihnen stehen, wenn es nicht rund läuft, wenn es Konflikte und heftige Auseinandersetzungen gibt. Generell gilt:

– Grenzverletzungen und Heimlichkeiten wie eben das Rauchen mit Freunden, wenn die Eltern es nicht sehen, sind nicht zu verhindern. Dies gilt vor allem dann, wenn das Kind sich in einem Freundeskreis bewegt, in dem speziell das Rauchen als chic, als Ausdruck von Erwachsensein und Selbstbestimmung gilt. Die verbotenen Zigaretten sind dann auch ein Mittel der Abgrenzung: Sie stehen symbolisch für die eigenen Räume, die sich die Jugendlichen schaffen und in denen die Eltern nichts zu sagen haben. Je mehr diese dann insistieren und moralische oder gesundheitliche Argumente anführen, umso mehr verschließen sich die Heranwachsenden: Wie schön, dass man sich in seine selbstgeschaffene Festung zurückziehen kann und Vater und/oder Mutter keine Chance haben, durchzudringen.

– Wirklich keine Chance? Vielleicht ja doch ... Kennen Sie die Redensart »Du hast keine Chance, aber nutze sie!«? Ihre Chance liegt im Gespräch und im Vorbildverhalten. Wer als Vater oder Mutter das zu beanstandende Verhalten – sei es das Rauchen oder etwas anderes – selbst nicht an den Tag legt, wirkt natürlich erheblich überzeugender. Allerdings brauchen Pubertierende keine Heiligen zum Vorbild, sondern Menschen aus Fleisch und Blut, die dazu stehen können, dass sie gelegentlich einmal Ausrutscher begehen und dass nicht alles, was sie sagen und tun, hundertprozentig widerspruchsfrei ist. Sie schätzen Eltern, die das Gespräch suchen und darin ihren Standpunkt vertreten. Das bedeutet nun wieder nicht, dass die Jugendlichen diesen Standpunkt rasch und unwidersprochen übernehmen werden ... aber orientieren werden sie sich daran schon – auch wenn sie dies niemals eingestehen würden.

- Bezogen auf das Rauchen (das Trinken, das Kiffen ...) heißt das konkret: nicht den Mund halten, nicht stillschweigend davon ausgehen, dass die Jugendlichen »schon noch irgendwann selbst zur Vernunft kommen werden«, sondern immer wieder das Gespräch suchen und auf die Risiken hinweisen, die bei Maßlosigkeit bestehen – selbst dann, wenn es den Jugendlichen längst zum Hals heraushängt und man sich, genau betrachtet, auch selbst nicht mehr dabei zuhören mag.

Wichtig ist hier zweierlei: Erstens, als Vater oder Mutter keine sofortige Verhaltensänderung zu erwarten. Jugendliche brauchen Zeit! Zweitens, und letztlich entscheidend: Dem Kind auch dann, wenn es weiterhin raucht (trinkt, kifft ...), das Gefühl zu vermitteln: »Du bist unser Kind, und wir stehen zu dir.« Auch wenn es paradox klingen mag: Gerade das Wissen darum, selbst mit unerwünschtem Verhalten von den Eltern noch angenommen zu sein, macht es Heranwachsenden leichter, dieses Verhalten zu überwinden.

4.3.14 »Macht das Taschengeld denn überhaupt Sinn?«

»Vor kurzem ist unser zehnjähriger Sohn zu mir gekommen und hat erklärt, dass er mehr Taschengeld will«, berichtet eine Mutter. »Die anderen in seiner Klasse bekämen auch mehr, und schließlich habe er ein Recht darauf, hat er noch gesagt. Ich war, ehrlich gesagt, erst einmal ziemlich perplex. Stimmt das denn überhaupt? Haben Kinder ein gesetzlich verbrieftes Recht auf Taschengeld?«

Tatsache ist: Es gibt kein Gesetz, in dem ein solcher Anspruch festgeschrieben wäre. Dennoch sollten Kinder und Jugendliche ein Taschengeld bekommen, denn es ist pädagogisch wichtig.

Das Taschengeld macht Kinder ein kleines Stück weit unabhängig. Sie können sich damit eigene Wünsche erfüllen, ohne die Eltern um Unterstützung bitten zu müssen. Genau aus diesem Grund gibt es um das Taschengeld in Familien immer wieder Streit. Speziell Jugendliche erheben oft lautstark Forderungen nach einer Erhöhung, um ihre Unabhängigkeit auch auf diesem Gebiet auszuweiten. Und Eltern sind häufig wenig begeistert, wenn sie sehen, für was ihre Kinder das Geld ausgeben, um danach wieder um einen Vorschuss zu betteln.

Das jedoch ist genau der springende Punkt: Mit dem Geld-Ausgeben lernen Kinder nicht nur ein Stück Freiheit, sondern auch Verantwortung. Was weg ist, ist weg, auch wenn man hinterher erkennt, dass das Geld für etwas anderes vielleicht sinnvoller ausgegeben worden wäre.

Indem man ihnen Taschengeld in die Hand gibt, lernen Kinder zu planen: Wollen sie das Geld gleich ausgeben, alles auf einmal, oder wollen sie es über einen bestimmten Zeitraum strecken oder auch über längere Zeit aufsparen, um sich dann einen größeren Wunsch erfüllen zu können?

Das Taschengeld sollte nicht dazu dienen, wichtige Alltagsgegenstände anzuschaffen. Es sollte dem Kauf von Dingen vorbehalten sein, die wunschlos glücklich machen: eine lang ersehnte CD oder DVD, ein Buch, das die Eltern »grauenhaft kitschig« finden oder Spielzeug, das der Nikolaus beim letzten Mal vergessen hat mitzubringen.

Neben den Aspekten der Freiheit und der Eigenverantwortung spielt in Sachen Taschengeld auch das Verhalten der Eltern eine wichtige Rolle. Väter und Mütter sollten sich kritische Anmerkungen zur Verwendung des Geldes verkneifen. Kinder haben ein Recht auf eigene Erfahrungen. Das gilt auch dann, wenn es schmerzhaft ist, dass das neu gekaufte

Spielzeug ruckzuck kaputtgeht oder wenn das Taschengeld mal wieder nur bis zur Mitte des Monats reicht. Die allermeisten Kinder lernen ganz von allein aus solchen Erfahrungen, und nur dann, wenn dies nicht der Fall ist, können Eltern beratend – nicht belehrend – eingreifen und gemeinsam mit dem Kind überlegen, wie der Umgang mit dem Geld besser organisiert werden könnte.

Am meisten Streit gibt es erfahrungsgemäß nicht über den Verwendungszweck, sondern über die Höhe des Taschengeldes. Immer wieder bekommen Eltern zu hören: »Die anderen bekommen von ihren Eltern aber viel mehr!« Eine kleine Rückfrage bei den betreffenden Vätern und Müttern kann hier Wunder bewirken. Ohnehin ist es sinnvoll, wenn Eltern untereinander in Kontakt stehen, um auszuloten, welche Spanne an Taschengeld den Kindern ausbezahlt wird. Die Angaben in den durchaus verlässlichen Broschüren von Jugendämtern können nur Orientierungshilfen sein. Wie viel Taschengeld man seinen Kindern geben kann, hängt immer in erster Linie von der individuellen finanziellen Lage der eigenen Familie ab. Viel wichtiger als die vereinbarte Summe sind aber andere Kriterien:

– Die Kinder erhalten ihr Taschengeld regelmäßig und pünktlich ausbezahlt. Etwa bis zum neunten Lebensjahr ist eine wöchentliche Auszahlung sinnvoll. Erst ab diesem Alter sind Kinder in der Lage, über einen längeren Zeitraum zu planen. Ab dem zehnten Lebensjahr kann das monatliche Taschengeld auch auf das Bankkonto des Kindes überwiesen werden, falls es eines hat.

– Das Kind entscheidet selbst, was es mit seinem Geld macht. Missbilligende Kommentare seitens der Eltern bringen vielfach nichts als Machtkämpfe mit sich. Natürlich können Väter und Mütter sachlich ihre Meinung zu etwas äußern, was ihr Kind sich wünscht – die letztendliche Entscheidung bleibt aber beim Kind. Die meisten Kinder sind übrigens geschmackssicherer und wertbewusster, als ihre Eltern vielleicht zunächst erwarten. Und manchmal muss »Schund« eben einfach angeschafft werden, um sich von den Eltern abzugrenzen.

– Reicht das Taschengeld nur bis zur Wochen- oder Monatsmitte, sollten Eltern keinen Vorschuss gewähren. Bittet das Kind oder der Jugendliche häufig darum, kann man sich zusammensetzen und miteinander besprechen, was dagegen getan werden kann. Vielleicht möchten Sie Ihrem Kind zeigen, wie es mit Hilfe eines Ausgabenbuches den Überblick über seine Anschaffungen behält?

– Die Höhe des Taschengeldes wird dem Alter des Kindes angepasst, jeweils mit Rücksicht auf die finanziellen Möglichkeiten der Familie. Der Betrag sollte hoch genug sein, dass das Kind noch etwas davon für größere Ausgaben beiseitelegen kann, aber nicht so hoch, dass es angesichts des »Geldsegens« die Orientierung verliert.

»Neulich bin ich mit meiner Tochter so richtig aneinandergeraten«, erzählt eine Mutter. »Da hatte sie sich mit ihrem Taschengeld das x-te T-Shirt gekauft, und ich habe das kritisiert.« – »Ich habe letzte Woche meinem Sohn das Taschengeld gekürzt, weil er im Haushalt mal wieder seine Aufgaben nicht erfüllt hat«, berichtet eine andere Mutter. »Er hat sich dann lange nicht mehr eingekriegt.«

Zwei typische Situationen, aus denen deutlich hervorgeht, was passiert, wenn man die subjektive Bedeutung des Taschengeldes für Kinder und Jugendliche zu gering veranschlagt. Auch wenn das Taschengeld eine pädagogische Funktion hat, sollte es nicht als Erziehungsmittel eingesetzt werden.

Vier Überlegungen helfen dabei, unnötige Machtkämpfe zu vermeiden:

- Selbst wenn sich das Kind unangemessen verhalten hat, sollte ihm nicht das Taschengeld gekürzt werden. Dasselbe gilt bei schlechten Schulnoten. »Ja, aber wenn es ums Geld geht, spürt unser Kind doch am ehesten, dass etwas nicht in Ordnung war«, wenden viele Eltern ein. Das stimmt, aber dem Kind wehzutun kann in einer auf Respekt gründenden Erziehungsbeziehung kein Anliegen sein.
- Umgekehrt gilt jedoch auch: Für bestimmte Leistungen gibt es keine Erhöhung des Taschengeldes. Dass ein älteres Kind oder ein Jugendlicher etwa im Haushalt mithilft, versteht sich von selbst und muss nicht extra belohnt werden.
- Das Taschengeld wird nicht mit anderen Geldgeschenken oder dem Entgelt für Aushilfs- oder Ferienjobs verrechnet. Auf die Höhe des Taschengeldes und seine regelmäßige Auszahlung zum vereinbarten Termin muss sich das Kind verlassen können.
- Zu den Anschaffungen der Kinder und Jugendlichen äußern Eltern ihre Meinung nur, wenn sie direkt gefragt werden. Sie tun dies dann ehrlich, aber sachlich und ohne das Kind herabzusetzen.

Tabelle: Richtwerte für das Taschengeld von Kindern

6 bis 7 Jahre	1,50 bis 2,00 Euro	wöchentlich
8 bis 9 Jahre	2,00 bis 3,00 Euro	wöchentlich
10 Jahre	12,00 bis 14,00 Euro	monatlich
11 Jahre	14,00 bis 16,00 Euro	monatlich
12 Jahre	16,00 bis 20,00 Euro	monatlich
13 Jahre	20,00 bis 22,00 Euro	monatlich

Quelle: verschiedene Jugendämter

5. Begleiten, bestärken, beraten – drei Haltungen in der Elternbildung

Brauchen Väter und Mütter einen »Elternführerschein«? Der Begriff taucht seit vielen Jahrzehnten immer wieder in der pädagogischen Diskussion auf. Den Elternführerschein – so die Forderung – habe man so früh wie möglich zu machen, um spätere Erziehungsfehler zu vermeiden. Allerdings gilt in Sachen Elternbildung dasselbe wie in Sachen Erziehung: Erziehung ist nicht Vorbereitung der Kinder auf das Leben, vielmehr die Begleitung der Heranwachsenden in das Leben. Und Elternbildung ist nicht Vorbereitung auf eine Zukunft, die so oder so aussehen mag, sondern geschieht im Hier und Jetzt.

Studien haben immer wieder gezeigt, dass Paare, solange sie kinderlos sind, sich viele Gedanken über die optimale Erziehung der geplanten Kinder machen. Nicht selten sind sie dabei getragen von der Vorstellung, Erziehung sei bis ins letzte Detail vorhersehbar und planbar. Der Alltag mit Kindern bringt dann die große Ernüchterung. Elternbildung hat Väter und Mütter aber genau in diesem Alltag zu begleiten.

Das Kind kommt auf die Welt, und aus einer Paarbeziehung wird eine Zweier-, später vielleicht auch eine Dreier-, Vierer- oder Fünferbeziehung. Im Zuge der Entwicklung ihrer Kinder sehen sich Eltern immer neuen Herausforderungen gegenüber: Schon für einen Säugling zu sorgen kann sehr anstrengend sein. Später sorgt das Trotzalter für ersten Aufruhr. Das typische Miteinander von Anhänglichkeit und Revolte dieser Entwicklungsphase macht Eltern oft genug ratlos.

Das Kind entwickelt sich körperlich und geistig. Je besser es sprechen lernt, desto besser kann es aufbegehren, Widerworte geben. Nachts sucht es dann Schutz im elterlichen Bett. Mit dem Ende der Kindergartenzeit stehen für die Kinder neue Aufgaben an – eine Übergangszeit, die ihre eigenen Schwierigkeiten mit sich bringen kann. Und kaum sind diese bewältigt, kündigt sich die Pubertät an – das schlechthinnige »Schreckgespenst« vieler Eltern.

Diese Phase wird nicht einfacher dadurch, dass nun in der Regel auch die Eltern ihre eigenen Schwierigkeiten mit den Herausforderungen der Lebensmitte haben und sich damit auseinandersetzen müssen, nicht für immer jung zu sein. Eltern sein meint eben auch, älter zu werden.

Elternbildung hat die Aufgabe, Väter und Mütter auf diesem Weg, der gekennzeichnet ist von immer neuen Übergängen, oft auch von Sackgassen und Umwegen, zu begleiten. Sie kann ermutigen, wenn Eltern angesichts der »Mühen der Ebene« die Puste auszugehen droht. Dabei gibt sie den Weg nicht vor. Aber sie rüstet Eltern mit Kompass und Landkarte aus. Die überwiegende Mehrheit der Väter und Mütter gewinnt daraus genügend Zuversicht und Selbstvertrauen, um allein weiterzugehen.

Elternbildung nimmt die Ressourcen der Eltern in den Blick: das, was Väter und Mütter können. Sie erhebt nicht den Zeigefinger, um auf das zu deuten, was sie nicht können und vielleicht niemals können werden.

Die Eltern sollen in ihrer Haltung – sich selbst und dem Kind gegenüber – bestärkt werden. Dankbarkeit spielt dabei eine wichtige Rolle. Kinder sind Geschenke. Sie haben viel zu geben. Von ihnen lernen Erwachsene Lebensfreude. Kinder halten uns auf unnachahmliche Weise einen Spiegel vor, sind oft genug Korrektiv. Manchmal allerdings stößt man beim Erziehen auch an seine eigenen Grenzen. Und das kann durchaus wehtun, vor allem, wenn man meint, bei anderen Eltern laufe alles reibungslos.

Elternbildung vermittelt den Eltern, ihre Kinder anzunehmen, wie sie sind. Sie sollte ihrerseits aber auch die Eltern annehmen, wie sie sind. Ein Eltern- oder Familienbildner, der von Eltern erwartet, dass sie Erziehung nicht als Machtausübung begreifen, sollte nicht mit erhobenem Zeigefinger als Besserwisser auftreten. Das bedeutet nicht, dass Elternbildner nicht auch konkrete Tipps geben dürfen, wenn dies gewünscht wird. Ihre Anregungen sollten aber immer in Abstimmung mit der konkreten Lebenswelt der Eltern erfolgen und auf dem Alltagswissen der Väter und Mütter aufbauen. Wer gegen die Eltern arbeitet, dem werden sie sich nicht anvertrauen.

Eltern probieren beim Erziehen häufig etwas aus, um es anschließend wieder zu verwerfen. Zum Erziehen braucht es Kopf und Bauch, Vernunft und Gespür. Elternbildung kann helfen, die Balance zwischen beidem zu finden. Sie kann und soll Eltern außerdem dazu ermutigen, einmal anders zu reagieren und zu handeln, als die Kinder es von ihnen gewohnt sind. Dann erleben sie ihre Mütter und Väter als Lernende, die ihrerseits ihren Weg erst suchen und finden müssen. So mancher Erziehungskonflikt wird dadurch nicht schwerer, sondern leichter.

»Tu' nicht mehr von dem, was nicht funktioniert! Mach' was anderes!« Eltern Mut zu geben, diese Aufforderung im Alltag umzusetzen, ist die Aufgabe einer zugewandten, ressourcenorientierten Eltern- und Familienbildung.

Literatur

Arnold, Rolf: Aberglaube Disziplin. Antworten der Pädagogik auf das »Lob der Disziplin«. Heidelberg: Carl-Auer 2007.

Bäuerle, Wolfgang: Theorie der Elternbildung. Weinheim, Basel: Beltz 1971.

Beiner, Friedhelm (Hg.): Janusz Korczak – Pädagogik der Achtung. Heinsberg: Agentur Dieck 1987.

Berg, Insoo Kim: Familien-Zusammenhalt(en). 7. Aufl. Dortmund: Verlag Modernes Lernen 2002.

Bergmann, Wolfgang: Warum unsere Kinder ein Glück sind. So gelingt Erziehung heute. Weinheim, Basel: Beltz 2009.

Bowlby, John: Bindung. Eine Analyse der Mutter-Kind-Beziehung. München: Kindler 1975.

Bowlby, John: Frühe Bindung und kindliche Entwicklung. 6. Aufl. München [u. a.]: Reinhardt 2010.

Brazelton, Thomas Berry/Greenspan, Stanley I.: Die sieben Grundbedürfnisse von Kindern. Was jedes Kind braucht, um gesund aufzuwachsen, gut zu lernen und glücklich zu sein. Weinheim, Basel: Beltz 2008.

Brisch, Karl Heinz: SAFE® – Sichere Ausbildung für Eltern. Stuttgart: Klett-Cotta 2010.

Bueb, Bernhard: Lob der Disziplin. Eine Streitschrift. Berlin: List 2006.

Bünder, Peter/Sirringhaus-Bünder, Annegret/Helfer, Angela: Lehrbuch der Marte-Meo-Methode. Entwicklungsförderung mit Videounterstützung. 2., erg. Aufl. Göttingen: Vandenhoeck & Ruprecht 2011.

Correll, Lena/Lepperhoff, Julia (Hg.): Frühe Bildung in der Familie. Perspektiven in der Eltern- und Familienbildung. Weinheim, Basel: Beltz Juventa 2013.

De Jong, Peter/Berg, Insoo Kim: Lösungen (er-)finden. 6., verb. und erw. Aufl. Dortmund: Verlag Modernes Lernen 2008.

De Shazer, Steve: »... Worte waren ursprünglich Zauber«. Von der Problemsprache zur Lösungssprache. 3. Aufl. Heidelberg: Carl-Auer 2012.

De Shazer, Steve: Der Dreh. Überraschende Wendungen und Lösungen in der Kurzzeittherapie. 12. Aufl. Heidelberg: Carl-Auer 2012.

Dreikurs, Rudolf/Gould, Shirley/Corsini, Raymond J.: Familienrat. Der Weg zu einem glücklichen Zusammenleben von Eltern und Kindern. 2. Aufl. Stuttgart: Klett-Cotta 2003.

Dreikurs, Rudolf/Cassel, Pearl/Dreikurs Ferguson, Eva: Disziplin ohne Tränen. Stuttgart: Klett-Cotta 2009.

Dreikurs, Rudolf/Blumenthal, Erik: Wie Eltern besser werden. Die häufigsten Erziehungsfehler und ihre Lösungen. Stuttgart: Klett-Cotta 2010.

Dreikurs, Rudolf/Soltz, Vicki: Kinder fordern uns heraus. 18. Aufl. Stuttgart: Klett-Cotta 2011.

Edelstein, Wolfgang (Hg.): Entwicklungskrisen kompetent meistern. Der Beitrag der Selbstwirksamkeitstheorie von Albert Bandura zum pädagogischen Handeln. Heidelberg: Asanger 1995.

Ellis, Albert: Training der Gefühle. Wie Sie sich hartnäckig weigern, unglücklich zu sein. Heidelberg: Moderne Verlagsgesellschaft 2006.

Elschenbroich, Donata: Weltwissen der Siebenjährigen. Wie Kinder die Welt entdecken können. München: Goldmann 2002.

Erikson, Erik H.: Identität und Lebenszyklus. 3 Aufsätze. 7. Aufl. Frankfurt a. M.: Suhrkamp 1981.

Feibel, Thomas: Kindheit 2.0. So können Eltern Medienkompetenz vermitteln. Berlin: Stiftung Warentest 2009.

Flitner, Andreas: Konrad, sprach die Frau Mama ... Über Erziehung und Nicht-Erziehung. Weinheim, Basel: Beltz 2009.

Furman, Ben: Es ist nie zu spät, eine glückliche Kindheit zu haben. 7. Aufl. Dortmund: Borgmann 2013.

Galuske, Michael: Methoden der Sozialen Arbeit. Weinheim, München: Juventa Verlag 2001.

Ganguin, Sonja/Meister, Dorothee (Hg.): Digital native oder digital naiv? Medienpädagogik der Generationen. München: kopaed 2012.

Goetze, Herbert: Familien spielend helfen. Mit der Filialtherapie elterliche Ressourcen stärken. Weinheim, Basel: Beltz Juventa 2013.

Gordon, Thomas: Gute Beziehungen – Wie sie entstehen und stärker werden. Stuttgart: Klett-Cotta 2013.

Gudjons, Herbert: Pädagogisches Grundwissen. Bad Heilbrunn: Klinkhardt 1993.

Hartkemeyer, Martina/Hartkemeyer, Johannes F./Dhority, L. Freeman:

Miteinander Denken – Das Geheimnis des Dialogs. Stuttgart: Klett-Cotta 1998.

Hawellek, Christian/von Schlippe, Arist (Hg.): Entwicklung unterstützen – Unterstützung entwickeln. Systemisches Coaching nach dem Marte-Meo-Modell. 2. Aufl. Göttingen: Vandenhoeck & Ruprecht 2011.

Hennings, Barbara/Niemöller, Gisela: Ermutigen statt kritisieren. Ein Elternratgeber nach Rudolf Dreikurs. 5. Aufl. Freiburg i. B.: Herder 2012.

Hierdeis, Helmwart/Hug, Theo: Pädagogische Alltagstheorien und erziehungswissenschaftliche Theorien. Bad Heilbrunn: Klinkhardt 1997.

Hofer, Manfred [u. a.]: Familienbeziehungen. Eltern und Kinder in der Entwicklung. Ein Lehrbuch. Göttingen: Hogrefe 1992.

Honkanen-Schoberth, Paula: Starke Kinder brauchen starke Eltern. Ein Elternkurs des Deutschen Kinderschutzbundes. Freiburg i. B.: Kreuz 2012.

Hurrelmann, Klaus: Einführung in die Sozialisationstheorie. 8. vollständig überarb. Aufl. Weinheim, Basel: Beltz 2002.

Juul, Jesper: Nein aus Liebe. Klare Eltern – starke Kinder. München: Kösel 2008.

Juul, Jesper/Jensen, Helle: Vom Gehorsam zur Verantwortung. Für eine neue Erziehungskultur. 5. Aufl. Weinheim, Basel: Beltz 2012.

Juul, Jesper: Was Familien trägt. Werte in Erziehung und Partnerschaft. Ein Orientierungsbuch. Weinheim, Basel: Beltz 2013.

Kamin, Anna-Maria/Meister, Dorothee M./Schulte, Dietmar (Hg.): Kinder – Eltern – Medien. Medienpädagogische Anregungen für den Erziehungsalltag. München: Fink 2013.

Keller, Heidi (Hg.): Handbuch der Kleinkindforschung. 2. Aufl. Bern [u. a.]: Huber 1997.

Korczak, Janusz: Wie man ein Kind lieben soll. Göttingen: Vandenhoeck & Ruprecht 1967.

Korczak, Janusz/Goldszmith, Hendryk: Kinder achten und lieben. Freiburg i. B.: Herder 1998.

Largo, Remo H.: Babyjahre. Entwicklung und Erziehung in den ersten vier Jahren. München: Piper 2010.

Largo, Remo H.: Kinderjahre. Die Individualität des Kindes als erzieherische Herausforderung. 24. Aufl. München: Piper 2013.

Lenz, Albert: Ressourcenorientierte Beratung – Konzeptionelle und methodische Überlegungen. In: Praxis der Kinderpsychologie und Kinderpsychiatrie 52 (2003) 4, S. 234–249.

Missildine, W. Hugh: In dir lebt das Kind, das du warst. Seelische Belastungen bewältigen. 20. Aufl. Stuttgart: Klett-Cotta 2012.

Montessori, Maria: Grundlagen meiner Pädagogik. 8. Aufl. Wiesbaden: Quelle & Meyer 1996.

Papous ek, Mechthild: Die intuitive elterliche Kompetenz in der vorsprachlichen Kommunikation als Ansatz zur Diagnostik von präverbalen Kommunikations- und Beziehungsstörungen. In: Kindheit und Entwicklung 5 (1996) 4, S. 140–146.

Papous ek, Mechthild: Entwicklungsdynamik und Prävention früher Störungen der Eltern-Kind-Beziehungen. In: Analytische Kinder- und Jugendlichen-Psychotherapie 28 (1997), S. 5–30.

Pestalozzi, Johann Heinrich: Mutter und Kind. Hrsg. von Heidi Lohner und Willi Schohaus. Zürich, Leipzig: Grethlein & Co. 1924.

Pestalozzi, Johann Heinrich: Sämtliche Werke. Kritische Ausgabe. Bd. X. Begründet von Artur Buchenau, Eduard Spranger und Hans Stettbacher. Berlin: De Gruyter 1972.

Petermann, Franz/Niebank, Kay/Scheithauer, Herbert (Hg.): Risiken in der frühkindlichen Entwicklung. Entwicklungspsychopathologie der ersten Lebensjahre. Göttingen: Hogrefe 2000. S. 283–299.

Petry, Jörg: Dysfunktionaler und pathologischer PC- und Internet-Gebrauch. Göttingen [u. a.]: Hogrefe 2009.

Rogge, Jan-Uwe: Heidi, PacMan und die Video-Zombies. Die Medienfreunde der Kinder und das Unbehagen der Eltern. Reinbek bei Hamburg: Rowohlt 1985.

Rogge, Jan-Uwe/Bartram, Angelika: Viel Spaß beim Erziehen! Ein Buch für alle unvollkommenen Eltern. München: Gräfe und Unzer 2009.

Salzmann, Christian Gotthilf: Ameisenbüchlein oder Anweisung zu einer vernünftigen Erziehung der Erzieher. Leipzig: Reclam 1948.

Sanders, Matthew R./Markie-Dadds, Carol/Turner, Karen: Das Triple P Elternarbeitsbuch – Der Ratgeber zur positiven Erziehung mit praktischen Übungen. Münster: PAG Institut für Psychologie 2003.

Schneewind, Klaus A./Ruppert, Stefan: Familien gestern und heute. Ein Generationenvergleich über 16 Jahre. Berlin, München: Quintessenz 1995.

Schneewind, Klaus A.: Familienpsychologie. 2. überarb. Aufl. Stuttgart: Kohlhammer 1999.

Schoenaker, Theo und Julitta/Platt, John M.: Die Kunst, als Familie zu leben. Freiburg i. B.: Herder 2009.

Schopp, Johannes: Eltern stärken. Dialogische Elternseminare. Ein Leitfaden für die Praxis. Leverkusen: Budrich 2005.

Schopp, Johannes: Eltern stärken. Die Dialogische Haltung in Seminar und Beratung. 3. völlig überarb. Aufl. Leverkusen: Budrich 2010.

Schulz von Thun, Friedemann: Miteinander reden. Band 1–3. Reinbek: Rowohlt 2001.

Schwartz, Dieter: Vernunft und Emotion. Die Ellis-Methode: Vernunft einsetzen, sich gut fühlen und mehr im Leben erreichen. Praxis der rational-emotiven Verhaltenstherapie. 5. Aufl. Dortmund: Verlag Modernes Lernen 2007.

Sodtke, Diana/Armbruster, Meinrad M.: ELTERN-AG – Die niedrigschwellige Elternschule für die frühe Kindheit. In: Praxis der Kinderpsychologie und Kinderpsychiatrie 56 (2007) 8, S. 707–720.

Stapf, Kurt H. [u.a.]: Psychologie des elterlichen Erziehungsstils. Stuttgart: Klett 1972.

Steiner, Therese/Berg, Insoo Kim: Handbuch lösungsorientiertes Arbeiten mit Kindern. 6. Aufl. Heidelberg: Carl-Auer 2013.

Tausch, Reinhard/Tausch, Anne-Marie: Erziehungspsychologie. Psychologische Vorgänge/Prozesse in Erziehung und Unterrichtung. 1. & 7. Aufl. Göttingen: Hogrefe 1963, 1973.

Tschöpe-Scheffler, Sigrid: Pestalozzi – Leben und Werk im Zeichen der Liebe. »Versuchet die Liebe, die eure Pflicht ist«. Neuwied, Kriftel, Berlin: Luchterhand 1996.

Tschöpe-Scheffler, Sigrid: Elternkurse auf dem Prüfstand. Wie Erziehung wieder Freude macht. Leverkusen: Leske + Budrich 2003.

Tschöpe-Scheffler, Sigrid: Fünf Säulen der Erziehung. Wege zu einem entwicklungsfördernden Miteinander von Erwachsenen und Kindern. Mainz: Matthias-Grünewald-Verlag 2003.

Tschöpe-Scheffler, Sigrid/Deegener, Günther: »Es wird sich in den Schlaf weinen ...« Schlafprobleme – und welche Rezepte der Elternkurs Triple P gibt. In: Theorie und Praxis der Sozialpädagogik 8 (2004), S. 18–22.

Tschöpe-Scheffler, Sigrid: Qualitätsfragen an Elternkurse – Wie man Konzepte leichter beurteilen kann. In: Theorie und Praxis der Sozialpädagogik 8 (2004), S. 4–7.

Tschöpe-Scheffler, Sigrid: Konzepte der Elternbildung – eine kritische Übersicht. 2. durchges. Aufl. Leverkusen: Budrich 2006.

Tschöpe-Scheffler, Sigrid: Perfekte Eltern und funktionierende Kinder? Vom Mythos der »richtigen« Erziehung. 2. durchges. Aufl. Leverkusen: Budrich 2006.

Wahl, Klaus/Hees, Katja (Hg.): Helfen »Super Nanny« & Co.? Ratlose Eltern – Herausforderung für die Elternbildung. Berlin [u. a.]: Cornelsen Scriptor 2006.

Walen, Susan R./DiGuiseppe, Raymond/Wessler, Richard L.: RET-Training. Einführung in die Praxis der rational-emotiven Therapie. 3. Aufl. Stuttgart: Klett-Cotta 2011.

Walper, Sabine/Pekrun, Reinhard (Hg.): Familie und Entwicklung: Perspektiven der Familienpsychologie. Göttingen: Hogrefe 2000.

Winterhoff, Michael: Warum unsere Kinder Tyrannen werden. Oder: Die Abschaffung der Kindheit. Gütersloh: Gütersloher Verlagshaus 2008.